WANGLUOFA ANLI YANXI

网络法案例研习

主　编◎郭旨龙　邹劭坤

撰稿人◎（以撰写内容先后为序）

林洹民　隋涵弛　李　谦　袁纪辉　朱笑延

邹邵坤　徐伟康　李子豪　王伊慧　王　爽

姜依菲　夏进勇　农雅晴　武　峰　李贝贝

贺亚峰　田一丁　王译杰　敬力嘉　吴一兴

程　念　张延来　毛添萌　鲁　宁　董隽宏

张高媛　刘云开　苏　青　张夕夜　郭旨龙

李文慧　张心宇　石　魏　江珞伊　郭锦天

张修谱　王美霞　任留存

中国政法大学出版社

2024·北京

图书在版编目（ＣＩＰ）数据

网络法案例研习 / 郭旨龙, 邹劭坤主编. —— 北京 ：中国政法大学出版社, 2024. 8.
ISBN 978-7-5764-1634-3

　　Ⅰ. D922.175

中国国家版本馆CIP数据核字第2024C8Z151号

出　版　者　中国政法大学出版社

地　　　址　北京市海淀区西土城路 25 号

邮　　　箱　fadapress@163.com

网　　　址　http://www.cuplpress.com (网络实名：中国政法大学出版社)

电　　　话　010-58908435(第一编辑部) 58908334(邮购部)

承　　　印　固安华明印业有限公司

开　　　本　720mm×960mm　1/16

印　　　张　16.25

字　　　数　253 千字

版　　　次　2024 年 8 月第 1 版

印　　　次　2024 年 8 月第 1 次印刷

定　　　价　72.00 元

主编简介

郭旨龙 中国政法大学网络法学研究所副教授，刑法学博士生导师。英国格拉斯哥大学法学博士。西北政法大学国家安全学院校外专家、北京航空航天大学法学院数字正义研究中心校外研究员。多次为我国参加联合国有关公约谈判会议建言献策，接受中央电视台、中国国际电视台、人民日报海外版等媒体采访。

研究数字刑法、比较刑法、法与社会、智慧法治。在《法学研究》《Legal Studies》《Computer Law & Security Review》《Artificial Intelligence and Law》等SSCI、CSSCI正刊发表论文28篇，获《高等学校文科学术文摘》《人大复印报刊资料》等文摘全文转载10篇，《中国社会科学文摘》《检察日报》论点摘要3篇。独著、合著著作4部，主编、参编教材5部。在《中国社会科学报》《法制日报》与光明网、人民网等媒体发文23篇。主持国社科青年项目、教育部后期项目、司法部青年项目、京社科青年项目等课题11项。

联系方式：fadaguozhilong@163.com

邹劭坤 清华大学计算机系、清华大学互联网司法研究院 助理研究员。

2021-2023年期间，作为项目组核心成员，持续参与中央网信办网络法治局的"新技术新应用新业态前沿问题法律规制"立法服务研究项目，协助跟踪研究国内外新技术、新应用、新业态规制的最新发展情况、立法进展和理论动态。

2016年-2021年期间，带领团队参与多项国家重点研发计划项目课题，连续获得信息服务业新业态创新企业、中国电子信息行业创新成果奖等荣誉。

前　言

　　《网络法案例研习》是本人在中国政法大学本科生当中开设的案例研习课程。自 2019 年秋季以来，年年开设。在开设之初，主要参考了吴尚聪编著的《网络法典型案例：裁判要旨与分析》，社会科学文献出版社 2019 年 8 月版，以及浙江垦丁律师事务所主编的《网络法案：网络法典型案例裁判规则与实务要点》，法律出版社 2019 年 5 月版。但近几年来，几大互联网法院的新裁判，《个人信息保护法》等法律法规的出台，导致课堂上不断增加了新类型案例的分析与讨论。事实上，学界对于网络法案例的研究也不断推陈出新。

　　所以，为了系统反映我国近年来在网络法治建设上的司法经验和重要进程，本人组织编写了这本《网络法案例研习》。本书分为以下五个篇章：个人信息篇，合同、财产篇，网络侵权篇，数字经济篇，网络犯罪篇。

　　本书可以作为我国网络法学教学的参考教材和网络法学研究的参考文献。本书亦可为我国司法实务人员，包括律师、检察官、法官、法务人员在办理相关网络案例时提供重要参照。

　　感谢清华大学计算机系、清华大学互联网司法研究院助理研究员邹劭坤先生欣然答应成为本书的共同主编，感谢各位作者的鼎力支持，感谢我的学生曹莹同学的文字协助，感谢中国政法大学出版社李闯先生与同事的悉心编校。

郭旨龙

2024 年 6 月 5 日于北京

目录 CONTENTS

一、个人信息篇

二、合同、财产篇

三、网络侵权篇

四、数字经济篇

五、网络犯罪篇

一

个人信息篇

同意隐私政策未必具有合同意义上的拘束力

——李诗萌诉宁波太平鸟电子商务有限公司、浙江天猫网络有限公司网络侵权纠纷案 *

案例要旨

网络与信息技术的发展给个人信息保护带来了严峻的挑战，隐私政策是用户了解企业个人信息活动的重要渠道，而对于"隐私政策"的法律属性及对其同意产生的法律效力至今仍争议重重。对于用户同意是否为意思表示，司法适用必须洞悉其私法属性。在个人信息保护与数据交易齐头并进的当下，这一案件对于个人信息主体同意性质的认定，具有明显的时代价值与现实意义。

案例要点

隐私政策 知情同意 准法律行为

基本案情

原告李诗萌通过被告宁波太平鸟电子商务有限公司在被告的天猫商城开设的"乐町方旗舰店"购买了一件白色 T 恤，并支付款项。原告认为，两被告宁波太平鸟电子商务有限公司与浙江天猫网络有限公司在商品网络销售过程中泄露了其个人信息，造成了原告的财产损失，诉讼至辽宁省沈阳市于洪区人民法院，要求两被告宁波太平鸟电子商务有限公司与浙江天

---

* 案例来源：沈阳市于洪区人民法院（2020）辽 0114 民初 383 号民事裁定书；沈阳市中级人民法院（2020）辽 01 民辖终 289 号民事裁定书。

猫网络有限公司赔偿其经济损失与精神损失费。

分歧意见

沈阳市于洪区人民法院受理后，向原告发出补缴诉讼费通知书，由于原告李诗萌未在期限内缴费，裁定本案按原告撤诉处理。

上诉人浙江天猫网络有限公司因与被上诉人李诗萌、宁波太平鸟电子商务有限公司网络侵权责任纠纷一案，不服沈阳市于洪区人民法院（2020）辽0114民初383号民事裁定，向辽宁省沈阳市中级人民法院提起上诉。该案上诉人浙江天猫网络有限公司称本案系网络侵权责任纠纷，双方达成的《淘宝平台服务协议》《隐私权政策》中已约定由其公司住所地法院管辖，且约定的"有关争议"包括双方之间的网络侵权纠纷。一审法院认定《淘宝平台服务协议》及《隐私权政策》中约定的管辖条款是格式条款，其在被上诉人注册账户时做了明显提示，又在上述两份协议中对管辖条款额外做了加粗提示，已尽到合理的提示义务，协议约定的管辖条款合法有效，本案应由其公司所在地人民法院管辖，故请求撤销原裁定，将本案移送至浙江省杭州互联网法院审理。

两被上诉人未提交书面答辩意见。

二审法院认为，本案侵权结果发生地为被上诉人李诗萌住所地沈阳市于洪区，根据《中华人民共和国民事诉讼法》（2017）第28条、《最高人民法院关于适用〈中华人民共和国民事诉讼法〉的解释》第24条规定，沈阳市于洪区人民法院对本案具有管辖权。

同时，法院认为，关于上诉人提出双方达成的《淘宝平台服务协议》及《隐私权政策》中约定管辖条款有效，按约定管辖条款确定管辖法院的上诉理由，因该约定管辖条款属格式条款，格式条款是当事人为了重复使用而预先拟定的，并在订立合同时未与对方协商的条款，虽然上诉人对管辖条款履行了提示义务，但实际生活中消费者多不会阅读，而是直接点击同意，难以保证管辖协议的公平性，故该约定管辖条款并非被上诉人真实意思表示，对双方不具有法律约束力，上诉人提出的上诉理由不能成立。2020年7月28日，沈阳市中级人民法院驳回上诉，维持原裁定，该裁定为终审裁定。

评析意见

2013 年，工信部颁发《电信和互联网用户个人信息保护规定》，首次明确未经用户同意不得收集、使用其个人信息；2017 年，《中华人民共和国网络安全法》进一步确定了我国个人信息收集使用的一项基本规则：告知同意原则。在实践中，互联网企业大多选择在服务页面或网站主页上公布产品信息和隐私政策，并通过增强式告知或即时提示等方式完成告知与选择功能[1]。隐私政策独立成页，在司法实践中多认定为合同性文本。本案二审法院认定《隐私权政策》中的约定管辖条款依据《中华人民共和国民法典》（以下简称《民法典》）第 496 条第 1 款应属于格式条款。依据《民法典》第 496 条第 2 款，当提供格式条款一方没有充分进行告知义务；或即便提醒，也构成了对对方当事人利益的严重损害时，对方可以主张格式条款不纳入合同中。本案上诉人对管辖条款额外做了加粗提示，已尽到合理的提示义务，并不符合上述情形。

因此，本案的争议焦点就在于个人信息主体同意是否具有意思表示的属性。原告同意"隐私政策"的，未必具备法效意思。如果同意不属于意思表示，当事人之间就不成立合同关系，也就不存在合同严守与商业变更需求之间的冲突；反之，在一些情况下，同意确实具有意思表示的属性。当个人将自己的个人数据打包出售，允许他人自由处理时，法效意思直观地存在。因此，我们既不能仅凭法律感觉，就断定一个行为的法律性质。个人同意的法律性质，必须回归到基础概念层面进行讨论，在此基础上，再进一步讨论同意的规范适用问题。

1. 个人信息主体同意通常属于准法律行为

根据《中华人民共和国个人信息保护法》（以下简称《个人信息保护法》），个人信息主体的同意必须自愿、明确作出（第 14 条第 1 款），个人信息处理者传输数据时应征得个人信息主体的单独同意（第 23 条），个人信息处理者处理敏感个人信息时也应当单独征得个人的同意（第 29 条）。现行法重视个人信息主体意思的发出，事实行为理论不足以解释上述法律

---

〔1〕 高秦伟：《个人信息保护中的企业隐私政策及政府规制》，载《法商研究》2019 年第 2 期。

规则。因此，个人信息主体的同意并非事实行为，而是某种表示行为。

表示行为包括法律行为与准法律行为。法律行为是旨在产生特定法律效果的意思表示，法秩序通过认可表示出的内在意思，促使法律世界中的自我形成与自我实现。[1]意思表示的主观要素包括：行为意思、表示意识和法效意思。其中，法效意思是行为人欲依其表示发生特定法律效果的意思。[2]与法律行为不同，准法律行为并不需要法效意思，因为法律的后果是直接依据法律规定而发生的。例如，当事人发出催告，但决定当事人是否陷于履行迟延的是迟延履行的事实，催告仅仅属于这一事实的附属因素，因此催告不是法律行为而是准法律行为。[3]由此可知，同意属于法律行为还是准法律行为，关键在于对法效意思的判断。

用户勾选隐私政策、服务协议时，内心一般没有受到法律拘束的意思。个人信息主体往往不会阅读"用户协议""隐私政策"，而是不假思索地勾选"同意"并"下一步"。社会调查已经表明：个人对于隐私风险的认知往往非常有限，平台的隐私政策又非常复杂和冗长，用户不仅要花费大量时间阅读，而且其内容也很难理解，个人"理性地"几乎不阅读相关的隐私公告。[4]国家市场监督管理总局、国家标准化管理委员会发布的国家推荐性标准《信息安全技术 个人信息安全规范》（GB/T 35273 - 2020）第5.6（g）条注释也指出：个人信息保护政策的主要功能为公开个人信息控制者收集、使用个人信息范围和规则，不宜将其视为合同。个人的同意原则上应属于准法律行为。同意以一定心理状态表示于外部为特征，但个人的同意并不具备法效意思，个人与个人信息处理者之间不存在合同关系。

需要注意的是，个人原则上没有受拘束的法效意思，但如果双方之间存在某种对价关系，个人的同意表明以数据获取某种产品或服务的目的，此时很难认定双方之间不存在法效意思，此时的同意具有意思表示属性。

---

〔1〕 *Benno Mugdan*, Die gesammten Materialien zum Bürgerlichen Gesetzbuch für das Deutsche Reich, Band I, S. 421.

〔2〕 朱庆育：《民法总论》，北京大学出版社 2016 年版，第 196 - 197 页。

〔3〕 ［德］维尔纳·弗卢梅：《法律行为论》，迟颖译，法律出版社 2013 年版，第 125 页。

〔4〕 丁晓东：《论算法的法律规制》，载《中国社会科学》2020 年第 12 期。

对价关系是否存在需要结合具体场景进行分析。当个人信息处理者明确表示，提供个人信息注册可以获得折扣、抽奖服务、积分、航空里程或其他特权时，应当认为双方之间存在对价关系。如果平台经营者以付费的方式获得使用个人信息的许可，这种法效意思就更为明显。与之相对，并不能认为只要个人主动注册，双方之间就存在合同关系。

2. "准法律行为"属性下的规范适用

准法律行为能否参照适用《民法典》中的法律行为规则，必须在判断既有利益状态的基础上为之。立法者若已经通过《个人信息保护法》分配利益和风险，应优先适用《个人信息保护法》规则。例如，即便个人信息主体的同意是受欺诈、胁迫作出的，但个人信息处理活动具备《个人信息保护法》第13条第1款规定的其他合法性基础，个人信息处理活动仍然具备合法性。[1]但如果《个人信息保护法》未清晰规定特殊规则，即存在"找法"的需求。

用户的同意在性质上属于准法律行为，并不会导致企业与用户缔结有效的合同，因此隐私政策并非企业与用户之间的合同。从发生学的角度观察，隐私政策的诞生本就是为了增加消费者以及政府对互联网企业的信任，表明企业能够实现自我监管。[2]但这并不意味着隐私政策可以不受法秩序的规范。如果隐私政策中的规定不利于个人信息权益保护，法秩序也应当对此进行调整。

因此，可以参照适用《民法典》中的格式条款规则规整隐私政策。个人同意隐私政策的行为属于准法律行为，准法律行为得根据具体的利益状态参照适用法律行为规则。格式条款规则重在矫正条款使用人与相对人之间的不对等关系。只要存在不对等关系，即便是单方行为都可以参照适用格式条款规则。问题的关键，不在于是否成立合同关系，而在于判断是否存扰乱私人意志之情事。鉴于个人信息处理者相较于个人信息主体在技术、资金、人力等诸多方面有着明显优势，个人信息处理者可能会滥用优

---

〔1〕 Vgl. *Schulz*, in：Gola, DS-GVO Kommentar, 2. Aufl.，2018，Art. 6，Rn. 11.

〔2〕 Daniel J. Solove & Paul M. Schwartz, *Information Privacy Law* 1081（Wolters Kluwer Publisher 2018）.

势地位损害个人信息主体的利益，个人信息处理者和个人信息主体之间的利益状态符合格式条款的规范旨趣。因此，个人信息主体可以参照《民法典》中的格式条款规则保护自己的利益。

《个人信息保护法》区分概括同意和单独同意，以概括同意为原则，仅在向他人传输个人信息、公开个人信息、人脸识别、处理敏感信息等法定情形才要求单独同意。概括同意并不能反映用户的自由意志，因为用户往往不会阅读隐私政策。隐私政策多是为了重复使用而预先拟定，且未与用户协商，依据《民法典》第 496 条第 1 款应属于格式条款；即便是《个人信息保护法》允许概括同意的事项，也可能根据《民法典》第 496 条第 2 款被认定为"惊异条款"，从而不构成隐私政策的内容。

法条链接

《中华人民共和国民法典》

第 496 条 格式条款是当事人为了重复使用而预先拟定，并在订立合同时未与对方协商的条款。

采用格式条款订立合同的，提供格式条款的一方应当遵循公平原则确定当事人之间的权利和义务，并采取合理的方式提示对方注意免除或者减轻其责任等与对方有重大利害关系的条款，按照对方的要求，对该条款予以说明。提供格式条款的一方未履行提示或者说明义务，致使对方没有注意或者理解与其有重大利害关系的条款的，对方可以主张该条款不成为合同的内容。

（执笔：林洹民、隋涵弛）

公共安全视频图像采集者应履行保密义务

——王某与南京扬子江资产运营管理有限公司扬子江国际会议中心分公司个人信息保护纠纷案

案例要旨

公共安全视频图像数据具有涉众性、公开性、敏感性等基本特征。个人在行使查阅权、复制权等个人信息权利时，要求查阅和复制公共设备拍摄和记录的公共安全视频图像数据的，不得侵害他人享有的个人信息权利。公共安全视频图像采集者因未能切实履行有关地方标准要求的保密义务，致使他人图像数据泄露和非法使用的，构成对个人信息权利的实质侵权。结合实体要件，应判断查阅、复制是否遵循目的正当、必要性等原则和单独同意等规则。结合程序要件，应判断公共安全视频图像采集者准许查阅、复制的内部审批流程与操作是否合规。

案例要点

复制权　查阅权　目的正当　审批操作合规

基本案情

扬子江国际会议中心接受委托为某平衡车比赛提供比赛场地、接待等服务，其是现场监控系统的管理者。王某为其女甲报名参加该平衡车比赛。比赛当日，甲在比赛中与另一位参赛儿童乙有身体碰触摔倒，随后甲乙双方家长及所属俱乐部发生纠纷，乙母孙某指责王某怂恿其女甲推搡乙。次日，孙某至扬子江国际会议中心要求调取比赛现场监控录像，该中心接待人员负责接待来访并办理了查询审批手续。孙某在查阅过程中用手机拍摄了监控录像中的图像画面，之后进行剪辑、配音与配图，将之发布传播于多个网络平台，引发了王某与孙某等人名誉权纠纷。后王某通过公证方式对孙某发布的视频、文字内容等情况进行证据保全，并提起一系列诉讼。[1]

分歧意见

原告王某认为被告扬子国际会议中心向第三人提供了其本人的人脸信息和轨迹数据，没有遵循目的正当、必要性、最小化等原则和同意等规则，侵害其名誉权并要求被告承担侵权责任。被告扬子国际会议中心认为，原告参与赛事表明其自愿将其个人人脸信息置于公共视线下，这并未违反收集个人信息需要经过同意的规则。江北新区人民法院认为，收集个人信息需要保障安全，不得非法收集、传输、存储、提供他人个人信息。

经分析，江北新区人民法院认为，被告作为个人信息处理者和控制者，应当遵循个人信息处理基本原则和规则，这些基本原则和规则包括：①收集个人信息的单独同意；②个人行使查阅权、复制权中，个人信息处理者应履行内部审判操作合规义务和采取相应安全技术措施等义务。基于这两个方面，综合损害后果情形、行为与损害间的因果关系、被告过错等多个因素，江北新区人民法院支持原告要求被告公开赔礼道歉的诉讼请求，但不宜上网展示；不支持原告要求被告赔偿精神抚慰金的诉讼请求。江北新区人民法院判决作出如下判决：扬子江国际会议中心在本判决生效之日起 10 日内当面向王某公开赔礼道歉；驳回王某的其他诉讼请求。一审宣判后，原、被告均未提起上诉，相关判决现已生效。

评析意见

本案争议焦点在于，被告对于原告敏感个人信息的收集与提供是否承担侵权责任。本案中，原告敏感个人信息被发布传播于多个网络平台，致使其名誉受到不当贬损。造成这一后果的直接原因是孙某将原告敏感个人

---

[1] 案例来源：江苏省南京市江北新区人民法院（2022）苏 0192 民初 11220 号民事判决书。

信息发布传播于多个网络平台。问题焦点在于，被告对于原告敏感个人信息被复制和传播是否要承担责任。特别是涉众型敏感个人信息的查阅和复制，关于公共安全视频图像采集者是否履行了相应安全保护义务（本案为保密义务），就成为回答上述问题的关键要素。

1. 准予查阅、复制敏感个人信息目的正当的告知义务

根据《个人信息保护法》第26条的规定，在公共场所安装图像采集、个人身份识别设备，应当为维护公共安全所必需，遵守国家有关规定，并设置显著的提示标识。所收集的个人图像、身份识别信息只能用于维护公共安全的目的，不得用于其他目的；取得个人单独同意的除外。复制、查阅公共安全视频图像数据也应维护公共安全，不得用于其他目的。立法层面，尚无明文规定要求个人查阅、复制公共安全视频图像数据应当为维护公共安全所必需。个人查阅、复制敏感个人信息，应具有目的正当，不能将被收集敏感个人信息用于不正当用途。这就要求公共安全视频图像采集者履行告知他人敏感个人信息处理目的正当之义务：①目的明显不正当，应予拒绝；②目的是否正当不明确，应进行处理目的审查。

2. 准予查阅、复制敏感个人信息必要性的审查义务

必要性原则强调，查阅、复制敏感个人信息之活动与处理目的要成比例，旨在平衡维护公共安全与保障个人权益。未经权利人单独同意，个人申请查阅、复制公共安全视频图像并非一概被拒绝。公共安全视频图像采集者应对是否准予查阅、复制敏感个人信息必要性进行审查：①个人无法提供查阅、复制敏感个人信息必要性的说明及技术保障方案，公共安全视频图像采集者又无法采取对特定权利人敏感个人信息匿名化处理的技术保障措施的，应拒绝复制请求；②公共安全视频图像采集者能够采取对特定权利人敏感个人信息的加密、匿名化处理的技术保障措施的，可准许查阅、复制；③采取对特定权利人敏感个人信息的加密、去标识化等安全技术措施，并经审查后判断处理敏感个人信息方式与目的相称、风险最小并符合法律、行政法规的规定，可准许查阅、复制。

3. 准予查阅、复制敏感个人信息之前需优先考虑权利人单独同意

在被查阅、复制公共安全视频图像数据涉及特定权利人敏感个人信息时，公共安全视频图像采集者需优先获得特定权利人单独同意。申请人查阅、复制敏感个人信息，如果并非只用于维护公共安全的目的，公共安全视频图像采集者需优先获得特定权利人单独同意。如果没有获得特定权利人单独同意，对于具有正当目的、合理用途的复制请求，公共安全视频图像采集者就要综合处理方式、处理风险等多重因素，审慎判断是否准予查阅、复制敏感个人信息。

4. 准予查阅、复制敏感个人信息的内部审批操作合规义务

认定名誉侵权的必须要求具有过错。本案中，要判断公共安全视频图像采集者对敏感个人信息保密是否具有过错。《个人信息保护法》第 69 条第 1 款规定：处理个人信息侵害个人信息权益造成损害，个人信息处理者不能证明自己没有过错的，应当承担损害赔偿等侵权责任。按照侵权责任法一般原理，处理者违反法定的处理义务，即被推定存在过错。[1]《民法典》第 1038 条规定：信息处理者不得泄露或者篡改其收集、存储的个人信息；未经自然人同意，不得向他人非法提供其个人信息，但是经过加工无法识别特定个人且不能复原的除外。本案判断公共安全视频图像采集者是否具有过错的一个重要因素在于，准予孙某查阅、复制原告敏感个人信息是否具有过错。南京市地方标准《公共安全视频监控系统维护工作规范》（DB3201/T 1104 – 2022）第 8.2 条规定：运维人员应对监控图像及有关情况保密，无关人员不得随意进入监控室观看监控图像。有关部门调取、查阅监控有关资料，须经当班领导同意，并做好详细记录。调取单位必须妥善保管图像资料，不得丢失，不得随意扩散。这一标准规定对公共安全视频图像采集者内部审批操作合规义务提出了要求：①未经内部审批允许，申请人不得擅自允许他人查阅、复制；②未经内部审批允许，发现申请人私自偷拍、翻录的，公共安全视频图像采集者应采取合理有效措施及时制止；③经过内部审批允许，公共安全视频图像采集者应充分告知查阅、复制的权利和义务，同时应记录起止时间、事项及申请人身份信息。公共安全视频图像采集者是否履行准予查阅、复制敏感个人信息的内部审批操作合规义务，成为判断其是否具有过错的重要内容。

---

〔1〕 宁园：《"个人信息侵权"方案的反思及其重塑》，载《当代法学》2024 年第 1 期，第 54 页。

法条链接

《中华人民共和国民法典》

第 1038 条第 1 款 信息处理者不得泄露或者篡改其收集、存储的个人信息；未经自然人同意，不得向他人非法提供其个人信息，但是经过加工无法识别特定个人且不能复原的除外。

《中华人民共和国个人信息保护法》

第 26 条 在公共场所安装图像采集、个人身份识别设备，应当为维护公共安全所必需，遵守国家有关规定，并设置显著的提示标识。所收集的个人图像、身份识别信息只能用于维护公共安全的目的，不得用于其他目的；取得个人单独同意的除外。

第 69 条 处理个人信息侵害个人信息权益造成损害，个人信息处理者不能证明自己没有过错的，应当承担损害赔偿等侵权责任。

前款规定的损害赔偿责任按照个人因此受到的损失或者个人信息处理者因此获得的利益确定；个人因此受到的损失和个人信息处理者因此获得的利益难以确定的，根据实际情况确定赔偿数额。

（执笔：李谦）

搜索引擎服务提供者处理公开个人信息
"通知删除"规则的适用

——孙某某与北京某网讯公司、第三人北京
某互联网公司人格权纠纷案 *

案例要旨

信息处理者利用的公开信息是否属于民法典第1036条第2项规定的合法公开信息，应以信息初始收集者是否具有征得自然人授权同意等合法来源为判断标准。信息收集者缺乏合法来源，即使个人信息在客观上已被公开，仍不能被认定为合法公开信息。网络服务提供者提供全网通用数据搜索引擎服务，作为信息后续利用者难以直接预见其爬取的信息为未征得自然人授权公开的个人信息，应适用民法典第1195条"通知删除"等规则判定其是否承担侵权责任。

案例要点

搜索引擎服务 个人信息 通知删除规则 人格权

基本案情

原告孙某某诉称，其在北京某网讯公司主办的网站搜索姓名"孙某某"关键词，发现北京某网讯公司网站非法收录并置顶了其在校友录网站上传的个人账户头像，即个人证件照。2018年10月23日，原告向北京某网讯公司网站发出通知要求其删除证件照，但未获任何回复。原告认为，

---

* 案例来源：北京互联网法院（2019）京0491民初10989号民事判决书。

涉案照片及其与孙某某姓名的关联关系涉及个人隐私、个人信息，在校友录网站图片源地址已关闭的情况下，北京某网讯公司上述行为构成侵权。故诉至法院，要求判令北京某网讯公司赔偿经济损失 1 元和维权费用 40 元。北京某网讯公司辩称，涉案照片存储于可正常浏览的第三方公开网页，其只是基于搜索功能实施了正常合法的抓取行为。

分歧意见

法院经审理认为，在通知删除前，北京某网讯公司作为网络技术服务提供者是否存在主观过错，应结合是否进行人工编辑整理、应具备的信息管理能力、涉案信息侵权类型和明显程度、涉案信息社会影响程度以及是否采取了预防侵权的合理措施等因素综合进行判定：涉案信息不属于明显侵权或者极具可能引发侵权风险的信息，作为一般个人信息，存在权利人愿意积极公开、一定范围公开或不愿公开等多种可能的情形，为鼓励网络信息的利用和流通，对于网络公开的一般个人信息，应推定权利人同意公开，故北京某网讯公司在接到权利人的通知前，难以预见涉案信息是未经授权公开的信息。北京某网讯公司对涉案信息不存在明知或应知的主观过错，不构成对原告个人信息权益的侵害。通知删除后，网络服务提供者应及时采取必要措施，遏制侵权行为的扩大。在收到删除通知后，北京某网讯公司在其有能力采取相匹配必要措施的情况下，未给予任何回复，其怠于采取措施的行为，导致涉案侵权损失的进一步扩大，构成对原告个人信息权益的侵害，法院对原告要求赔偿损失的诉讼请求予以全额支持。

评析意见

公开的个人信息包括自然人自行公开的个人信息以及其他已经合法公开的个人信息。我国法律没有将公开的个人信息排除在个人信息保护的范围之外，而是在兼顾个人信息保护与利用的基础上，对公开的个人信息的处理作出了专门的规范。《民法典》第 1036 条与《个人信息保护法》第 13 条、第 27 条分别从免责事由与个人信息处理规则的角度对于公开的个人信息处理作出了规范，二者相互补充，合力实现个人信息权益保护与个人信息合理利用的协调。[1]

本案为民法典出台背景下首例涉及公开个人信息侵权认定的案件，涉及公开个人信息再利用的行为规则，以及个人信息初始收集者、后续信息利用者等信息处理节点主体的责任认定，及时回应了数字经济时代下数据利用的热点问题。本案裁判平衡了个人信息保护和公开数据利用的关系，对公开个人信息权属确定和侵权认定的裁判规则进行了有益探索。一方面，可通过落实信息后续利用者对信息来源授权范围的核查义务，加强对个人信息的全流程动态保护；另一方面，通过引入网络服务提供者"避风港"规则的过错责任调节阀，对某些中立的技术行为进行豁免，进行利益衡量来维持权益保护和数据利用的适度平衡。此案判决为个人信息提供精准保护，为数据行业健康发展提供了前瞻性的指引，是"通知删除"规则在个人信息权保护领域适用的典范。结合各方当事人的诉辩意见及在案证据，本案的争议焦点：一是涉案姓名、照片及其关联关系等信息是否属于原告个人隐私或个人信息；二是"通知删除"规则在处理公开个人信息方面的效力。

1. 涉案姓名、照片及其关联关系等信息是否属于个人隐私或个人信息

本案中，原告主张被告网页搜索结果中呈现的姓名、头像照片及二者之间的关联关系属于其个人信息和个人隐私，而被告认为上述公开信息不构成隐私，且该信息作为肖像照片亦不属于个人信息。根据《民法典》第110条、第111条的规定，自然人享有隐私权，自然人的个人信息受法律保护。在《民法典》对隐私权和个人信息采取二元保护的体系下，应精准划定二者的界限，以明确不同权利类型下社会行为的自由和界限。涉案信息是否构成个人隐私或个人信息，需要着重考察二者区分的界限，结合法律规定的认定标准，一般社会大众的普遍认知，以及信息的具体运用场景综合进行判断。

根据《民法典》和《个人信息保护法》中的规定，涉案信息属于个人信息。个人信息是指以电子或者其他方式记录的能够单独或者与其他信息结合识别自然人个人身份的各种信息，包括但不限于自然人的姓名、出生

---

〔1〕 程啸：《论公开的个人信息处理的法律规制》，载《中国法学》2022 年第 3 期。

日期、身份证件号码、个人生物识别信息、住址、电话号码、电子邮箱地址、行踪信息等。一般认为，个人信息的认定标准为具有"可识别性"，这种"可识别性"，既包括对个体身份的识别，也包括对个体特征的识别。对于单独或者结合其他信息可识别特定自然人的信息，都将纳入个人信息的范围。在本案中，涉案信息通过关键词搜索加结果展示的形式，将"孙某某"这一自然人姓名和带有其面目特征信息的头像照片进行关联，成为可识别为唯一特定自然人的信息，该信息反映了原告面部形象的个体特征，属于个人信息。

涉案信息属于个人信息并不意味着属于个人隐私。隐私是指自然人的私人生活安宁和不愿为他人知晓的私密空间、私密活动、私密信息。个人信息和个人隐私的保护范围存在交叉关系，构成私密信息的个人信息应通过隐私权加以保护。个人隐私和个人信息在保护客体、保护方式等方面均存在区别，故对于涉案信息是否构成个人信息中的私密信息，法院着重从以下两方面加以甄别。其一，从保护客体来看，个人隐私在客观上一般情况下呈现为不为公众所知悉的样态，在主观上权利人也具有不愿为他人知晓的意愿；个人信息指向的内容则更为广泛、更为中性，包含能够识别到特定个体的各种信息，权利人在某些情况下可能存在主动积极使用的情形。本案中涉及的原告姓名和载有面部肖像的证件照，与私密照片不同，一般情况下，可适用于正常的社交场合，用于个人身份的识别和社会交往。根据原告的陈述，其自行将涉案照片上传于社交网站中，主动向一定范围内的网络用户进行披露，可见，主观上原告并无强烈的将该信息作为隐私进行隐匿的意愿，客观上该信息亦未处于私密状态。因此，涉案信息的属性更接近于在某些场景下支持积极使用的个人信息。其二，从保护方式来看，一般认为个人隐私一经泄露即易导致人格利益受损，故其保护方式更注重消极防御，对他人的行为限制更为严格；个人信息的保护方式则包括消极防御和积极利用，一定情况下容许他人合理、正当的利用，仅在信息处理者不当、过度处理等情形下才引发侵权。本案中，涉案信息一般来说可容许人们基于社会交往的需要，在一定范围内通过披露的方式进行积极的正当利用。虽原告主张上述信息泄露会导致滥用、甚至冒用，给其生活带来困扰，但此种损害并非上述信息披露本身所带来的，而是超出范围和目的的公开，可能增加被非法滥用、引发人身财产损失的风险所致。可见，一般认为，单纯的上述信息泄露本身并不能直接引致人格利益的重大损失，涉案信息保护的关键并非消极的隐匿而是防止滥用，更适于采取个人信息的路径进行保护。因此，涉案姓名、照片及其关联关系等信息本身尚不足以构成私密信息，将涉案场景中利用的信息划入个人信息的保护范畴，更符合立法原意和当今网络社会下对上述信息利用的社会普遍认知。涉案信息属于个人信息，但不属于个人信息中的私密信息，不构成个人隐私。

2. "通知删除"规则在处理公开个人信息方面的效力

被告是否构成对原告个人信息权益的侵害应当区分时间段。对于网络服务提供者侵权责任的认定，案发时适用的原《中华人民共和国侵权责任法》（以下简称《侵权责任法》）第 36 条对网络技术服务提供者和网络内容服务提供者两类主体的规定进行了区分。前者提供的是中立的技术工具，具体侵权内容由其他网络用户提供，因此适用"避风港"等规则；后者自身直接提供内容或产品服务，因此不适用原《侵权责任法》第 36 条第 2 款和第 3 款规定的责任限制。具体到本案，原告以涉案照片呈现于被告运营的网站为由，主张被告承担网络内容服务提供者的直接侵权责任，而被告主张其仅提供搜索引擎的技术服务，因此，需首先判断被告在涉案行为中提供了何种性质的网络服务行为。该项区分的关键在于被告是提供了信息内容服务，还是仅提供了信息平台或通道服务。从本案中被告提供的图片信息搜索功能来看，其根据用户提供的关键词指令，在海量网站提取的图片库中进行关键词检索，通过搜索引擎系统自动生成检索结果，并向用户提供相关联的图片及其来源信息。上述功能的目的是为用户快捷方便地找到特定信息提供技术支撑，并非主动、有倾向性地提供某项具体的信息内容。因此，在上述过程中，被告属于中立的技术服务提供者。根据原《侵权责任法》第 36 条第 2 款的规定，对于网络技术服务提供者，通知删除的情节系考量侵权责任认定的关键因素，本案中，根据已查明的事实存在 2018 年 10 月 23 日和 2019 年 4 月 10 日两个时间点，两个时间节点对于是否构成侵权定性具有重要影响，故应对通知删除前后的情况分别讨论。

（1）通知删除前，被告是否构成对原告个人信息权益的侵害。通知删除前，被告作为网络技术服务提供者是否存在主观过错，需考虑其是否存在原《侵权责任法》第 36 条第 3 款规定的知道或应知侵权行为的情形。搜索引擎是互联网信息查询和信息定位工具，根据《最高人民法院关于审理利用信息网络侵害人身权益民事纠纷案件适用法律若干问题的规定》（2014）第九条的规定，其对公开呈现检索结果的审查和注意义务，应结合是否进行人工编辑整理、应具备的信息管理能力、涉案信息侵权类型和明显程度、涉案信息社会影响程度以及是否采取了预防侵权的合理措施等因素综合进行判定。其一，目前尚无证据表明，被告在涉案行为过程中，对涉案信息进行了超越搜索引擎中立服务目的的选取、编辑、推荐；其二，被告作为全网信息搜索引擎服务提供者，需对海量互联网信息进行搜索、存储、归目等技术处理，不应苛求其对所有信息是否侵权进行逐条甄别和主动审查；其三，涉案信息不属于裸照、身份证号等明显侵权或者极具引发侵权风险的信息，作为一般个人信息，存在权利人愿意积极公开、一定范围公开或不愿公开等多种可能的情形，为鼓励网络信息的利用和流通，对于网络公开的一般个人信息，应推定权利人同意公开，故被告在接到权利人的通知前，难以预见涉案信息是未经授权公开的信息；其四，现有证据不能显示涉案信息被大规模搜索或使用，以至于达到搜索引擎运营者可明显感知的程度；其五，被告已开通渠道，供权利人对可能存在的侵权行为进行投诉。

综上，由于涉案信息并非明显侵权或存在高度侵权风险的个人信息，不应对网络服务提供者苛以事先审查责任，被告亦不具备预见涉案信息构成侵权的可能性，故在通知删除前，被告对涉案信息不存在明知或应知的主观过错，不构成对原告个人信息权益的侵害。

（2）通知删除后，被告是否构成对原告个人信息权益的侵害。从原《侵权责任法》第 36 条第 2 款的规定可见，网络服务提供者在收到被侵权人的有效通知后，被视为知晓侵权信息的存在，进而将产生可归责的主观状态。故本案中，首先需考查被告是否曾收到过有效通知。根据《最高人民法院关于审理利用信息网络侵害人身权益民事纠纷案件适用法律若干问题的规定》（2014）第五条的规定，有效通知需包含通知人的姓名和联系方式、侵权内容的准确定位信息、删除信息的理由等内容，并以书面形式或者网络服务提供者公示的方式发送。根据本案查明的事实，原告早在

2018 年 10 月，即通过百度网站自行设定的用户问题反馈途径，提供了原告身份证明、要求删除信息的具体链接地址、要求删除的理由及初步证据，上述通知准确送达了被告，包含了所需的必要信息，构成有效通知。在上述通知到达被告后，被告对涉案侵权行为的主观状态变为明知。网络服务提供者在收到通知后，应及时采取必要措施，遏制侵权行为的扩大。对于何种措施属于必要措施，应根据网络服务的类型、技术可行性、采取措施所需成本、侵权情节等具体因素予以确定。与之相应的，网络服务提供者采取的必要措施，也不以删除、屏蔽、断开链接等为限，而是结合前述因素，采取与之相匹配的合理措施。

具体到本案，被告从技术上具备通过屏蔽、断开链接等方式遏制侵权信息扩散的能力，其在收到通知的情况下，对可能构成侵权的具体信息采取措施，并非对海量互联网信息进行审查，并不会不合理地增加其管理运营成本。当然，采取措施的方式并不限于删除、屏蔽、断开链接等，网络服务提供者可根据信息的特点、侵权具体情形选择相匹配的合理措施。本案中，被告提供的图片来源网址已不能访问涉案信息，但确存在其他公开网址来源。鉴于涉案信息呈现形态的特殊性，被告采取回复权利人缘由、告知权利人存在第三方公开信息来源等方式，可协助权利人知悉情况、查明真相和寻求救济，均可考虑为合理措施的范围。然而，被告未采取任何措施的行为，导致涉案信息长期置于公开网络搜索结果中，原告长时间无法知悉准确的信息源，进而无法采取有效措施阻止信息的传播，使得涉案信息被进一步扩散。

被告以原告缺乏侵权救济基础、投诉信息与事实不符为由，认为其并无采取措施之义务。对此，虽然本案涉及的个人信息权益属于新型的人格权益，且其指向的内容一般较为中性，在判定此类内容是否构成侵权时，较隐私权、名誉权、知识产权而言可能更为困难。然而，个人信息权益作为人格利益的一种，在网络瞬时性传播的环境下，一旦被泄露即可能遭到无限扩散，进而引发难以修复的损害。为及时遏制侵权，侵权责任法规定，在权利人通知时，是由网络服务提供者自行判断是否有必要采取措施，而并不以判决确定存在侵权为前提。网络服务提供者若错误删除不构成侵权的信息，可以免责，由通知人事后承担错误通知的责任；但若未及时对侵权信息采取必要措施，则需对扩大部分侵权损失承担连带责任。此项规则反映出，立法要求网络服务提供者在收到通知时，应尽到合理审查义务并采取相应措施，否则将自行承担错误判断引发的风险。而从本案情况看，现有证据未显示被告采取过任何措施，难认定其已尽到相应的合理审查义务。

综上，在收到删除通知后，被告在其有能力采取相匹配必要措施的情况下，未给予任何回复，其怠于采取措施的行为，导致涉案侵权损失的进一步扩大，构成对原告个人信息权益的侵害。

法条链接

《中华人民共和国民法典》

第110条 自然人享有生命权、身体权、健康权、姓名权、肖像权、名誉权、荣誉权、隐私权、婚姻自主权等权利。

法人、非法人组织享有名称权、名誉权和荣誉权。

第111条 自然人的个人信息受法律保护。任何组织或者个人需要获取他人个人信息的，应当依法取得并确保信息安全，不得非法收集、使用、加工、传输他人个人信息，不得非法买卖、提供或者公开他人个人信息。

《中华人民共和国网络安全法》

第41条 网络运营者收集、使用个人信息，应当遵循合法、正当、必要的原则，公开收集、使用规则，明示收集、使用信息的目的、方式和范围，并经被收集者同意。

网络运营者不得收集与其提供的服务无关的个人信息，不得违反法律、行政法规的规定和双方的约定收集、使用个人信息，并应当依照法律、行政法规的规定和与用户的约定，处理其保存的个人信息。

《中华人民共和国个人信息保护法》

第27条 个人信息处理者可以在合理的范围内处理个人自行公开或者其他已经合法公开的个人信息；个人明确拒绝的除外。个人信息处理者处理已公开的个人信息，对个人权益有重大影响的，应当依照本法规定取得个人同意。

《最高人民法院关于审理利用信息网络侵害人身权益民事 纠纷案件适用法律若干问题的规定》（2014）

第5条　依据侵权责任法第三十六条第二款的规定，被侵权人以书面形式或者网络服务提供者公示的方式向网络服务提供者发出的通知，包含下列内容的，人民法院应当认定有效：

（一）通知人的姓名（名称）和联系方式；

（二）要求采取必要措施的网络地址或者足以准确定位侵权内容的相关信息；

（三）通知人要求删除相关信息的理由。

被侵权人发送的通知未满足上述条件，网络服务提供者主张免除责任的，人民法院应予支持。

第9条　人民法院依据侵权责任法第三十六条第三款认定网络服务提供者是否"知道"，应当综合考虑下列因素：

（一）网络服务提供者是否以人工或者自动方式对侵权网络信息以推荐、排名、选择、编辑、整理、修改等方式作出处理；

（二）网络服务提供者应当具备的管理信息的能力，以及所提供服务的性质、方式及其引发侵权的可能性大小；

（三）该网络信息侵害人身权益的类型及明显程度；

（四）该网络信息的社会影响程度或者一定时间内的浏览量；

（五）网络服务提供者采取预防侵权措施的技术可能性及其是否采取了相应的合理措施；

（六）网络服务提供者是否针对同一网络用户的重复侵权行为或者同一侵权信息采取了相应的合理措施；

（七）与本案相关的其他因素。

（执笔：袁纪辉）

个人信息侵权中的过错和因果关系判决
——薛祥飞、浙江淘宝网络有限公司隐私权纠纷一审民事判决书[*]

案例要旨

1. 判断个人信息处理者侵权责任构成要件中的过错，应采取客观过错标准：一是个人信息处理者处理行为是否违反个人信息处理规则的相关法律规范，二是个人信息处理者是否采取了保护涉案个人信息的必要的合规措施，三是个人信息处理者是否尽到了与其专业能力、技术能力相匹配的安全保障注意义务，是否满足/达到勤勉尽责的个人信息处理要求。

2. 个人信息处理者处理个人信息与个人信息损害结果之间因果关系的判断，主要包括五个方面：一是个人信息处理者掌握被泄露个人信息的范围和程度，二是是否存在其他主体掌握被泄露个人信息，三是个人信息被泄露的时间、环节与特定主体个人信息处理活动之间是否吻合，四是个人信息处理者在个人信息被泄露时实际采取的个人信息保护机制和具体措施，五是个人信息处理者在处理涉案个人信息的时段是否发生过类似的个人信息泄露事件。

基本案情

2021年12月15日，薛某通过某网络购物平台购买零食怪味豆500克，并按平台要求填写了个人收件信息。此后，薛某于2021年12月17日

---

* 案例来源：杭州互联网法院（2022）浙0192民初4259号民事判决书。

先后接到 3 通 "00" 开头的境外诈骗团伙电话，通话中对方清楚知道薛某电话号码、收货昵称、购买商品的快递单号、购买商品名称、薛某支付宝账号、支付宝昵称等。这些信息和薛某在网络购物平台填写信息相同，因此薛某认为运营网络购物平台的淘宝公司泄漏了其个人信息，致使境外诈骗团伙利用这些信息多次拨打薛某电话，实施电信诈骗，使其生命财产安全受到了威胁。淘宝公司举证证明，该公司并未违法处理薛某的个人信息，且采取了合理、必要措施尽到平台对个人信息的安全保障义务。薛某主张的涉案信息与淘宝公司线上成交环节的交易订单信息存在较大差异，而与薛某举证的快递面单所示信息高度吻合，因快递面单致使案外人获取涉案信息具有高度盖然性。法院认为，淘宝公司已举证证明其在案涉个人信息处理活动中没有过错，且薛某不能举证证明淘宝公司的个人信息处理行为与薛某主张的损害事实之间达到高度盖然性的因果关系标准，故薛某主张的淘宝公司构成个人信息处理者侵权责任，缺乏事实和法律依据，并驳回了薛某的相关诉讼请求。

分歧意见

原告薛某认为，淘宝公司在交易订单中掌握的薛某的个人信息，与薛某被泄漏而遭受电信网络诈骗的个人信息完全一致。薛某认为淘宝公司泄漏了其个人信息，致使境外诈骗团伙利用这些信息多次对薛某实施电信诈骗，使其生命财产安全受到了威胁。薛某认为淘宝公司随意泄漏用户个人信息的行为，侵害了其个人信息权益和隐私权。

被告淘宝公司则认为，淘宝公司对薛某个人信息的处理活动并未侵害薛某的个人信息权益和隐私权。其理由是：其一，涉案交易流程分为用户在淘宝网上购买涉案商品达成交易的线上成交环节以及商品成交后的线下履约环节，不同环节生成及展示的个人信息不同，薛某主张的涉案信息与淘宝公司线上成交环节的交易订单信息存在较大差异，而与薛某举证的快递面单所示信息高度吻合，因快递面单致使案外人获取涉案信息具有高度盖然性。并且，薛某所主张的涉案信息相关的订单日志并无异常，涉案商家也未对涉案订单进行解密、下载。因而，涉案信息在淘宝公司的线上订单环节不存在泄露的可能性，淘宝公司的个人信息处理行为与薛某的个人信息泄露不存在直接的因果关系。其二，淘宝公司的个人信息合规管理体系较为完善，不存在违法、违规处理个人信息的行为。淘宝公司严格按照薛某的授权同意范围处理其个人信息，对于涉案信息中的收货人名称、电话号码的处理已遵循了合法、正当、必要的原则，并符合相关法律规定要求；此外，淘宝公司还依法采取了符合法律规定、业务标准合理可行的安全防护措施，充分保障了平台的安全性；就线上交易环节，淘宝公司也采取了必要的管理保护措施，以保障用户个人信息的可控性和安全性。在淘宝公司已经尽到举证责任的前提下，淘宝公司就涉案信息的处理行为不具有违法性，对薛某诉称的信息泄露不存在过错。综上，结合涉案信息泄露可能发生的环节，以及淘宝公司所采取的符合相关法规及行业要求的用户个人信息安全保护措施，淘宝公司提交的相关证据已经达到了高度盖然性的证明标准，足以证明淘宝公司对于薛某诉称的信息泄露不存在任何过错。淘宝公司认为在其已经对个人信息保护勤勉尽责的情况下，不宜再对淘宝公司过于苛责，以免过度拔高个人信息保护所带来的企业合规成本，造成个人信息保护与数据流动及合理利用之间的失衡。故恳请依法驳回薛某本案的全部诉讼请求。

专家评析

一般而言，个人信息处理者因信息处理行为侵害个人信息权益、造成损害的侵权责任构成要件为：①个人信息处理者实施了个人信息处理行为；②存在个人信息权益受损害的事实；③个人信息处理者不能证明自己没有过错；④个人信息处理行为与损害事实之间存在因果关系。由于个人信息处理行为、个人信息权益受到损害的判断较为容易，本案真正的争议焦点和审理难点在于，如何穿越淘宝公司错综复杂的个人信息合规管理体系，根据淘宝公司在涉案个人信息处理活动中的具体行为，衡量淘宝公司的过错程度，判断淘宝公司的信息处理行为与薛某损害结果之间的因果关系。

第一，在过错的认定上，该案采取客观过错标准来处理淘宝公司作为超大规模个人信息处理者的过错判断难题。《个人信息保护法》第69条确定了个人信息处理者作为侵权责任方可适用过错推定原则，即由个人信息处理者举证证明其不具有过错。但过错是一种相对复杂的主观心理状态，特别是对于淘宝公司这样一个拥有超大规模个人信息处理体量和个人信息合规体系的主体而言，如何判断其在海量的个人信息处理活动中对于林某的个人信息泄露不存在主观过错，可谓十分困难。对此，本案从客观过错标准出发，放弃了对个人信息处理者复杂主观心态的溯源考察，而是探索"合理的人"或"善良管理人"的客观化标准，即将合理的人放在与行为人相同的情形之下，从个人信息处理者的个人信息处理行为是否违反相关法律规范、是否对涉案的个人信息采取必要的合规保护措施、是否尽到与其专业能力相匹配的安全保障注意义务三个方面入手，为互联网公司这类超大规模个人信息处理者的过错判断提供了明确的裁判指引。首先是判断淘宝公司作为个人信息处理者是否依据相关法律、行政法规所确立的个人信息保护标准行事，即从建立个人信息合规内部管理制度和操作规程、个人信息分类管理情况、个人信息技术保护、个人信息操作规程、个人信息安全事件应急预案等方面，逐步审核淘宝公司的个人信息处理没有违反相关的法律规范，在日常的个人信息处理活动中并未忽视个人信息保护问题；其次是判断淘宝公司是否对涉案个人信息处理行为采取了必要的合规保护措施，由于淘宝公司处理的涉案个人信息主要为订单等非敏感个人信息，淘宝公司的相关处理行为并未违反正当、必要的处理原则，也没有违背相关的合规保护标准，在处理涉案个人信息时同样没有违背具体的个人信息保护标准；最后，判断个人信息处理者是否尽到了"合理的人"或"善良管理人"应达到的标准，即结合个人信息处理者的组织能力、技术能力、合规成本等方面综合判断，淘宝公司在处理涉案个人信息时已经采取去标识化、不可展示、下载管控、违规处罚等必要的手段，尽到了其作为超大规模个人信息处理者应该具备的勤勉尽责标准。

第二，在因果关系的认定上，该案要求淘宝作为个人信息处理者，必须提供充分的证据来推翻个人信息处理者的信息处理行为具有造成个人信息权益受损害的高度可能性。由于个人信息具有极强的流动性，能够被诸多主体收集、存储和利用，且个人信息处理者的合规体系较为复杂，故个人信息处理者的个人信息处理行为与损害结果之间的因果关系较难判断。对此，本案将因果关系的判断拆解为以下五个方面：①个人信息处理者掌握被泄露个人信息的范围和程度，即判断个人信息处理者掌握的个人信息是否与被泄露的个人信息完全吻合；②是否存在其他主体掌握被泄露个人信息，即涉案个人信息是否还存在被其他主体滥用的可能；③个人信息被泄露的时间、环节与特定主体个人信息处理活动之间是否吻合，即个人信息处理者是否属于在被泄露的时间点和空间点中唯一的处理者；④个人信息处理者在个人信息被泄露时实际采取的个人信息保护机制和具体措施，即个人信息处理者采取的保护机制和具体措施是否具备防泄露的能力；⑤个人信息处理者在处理涉案个人信息的时段是否发生过类似的个人信息泄露事件，鉴于淘宝公司这样的个人信息处理者通常会处理大量同类个人信息，如果有同类的订单信息泄露，会有助于个人信息处理行为与损害结果之间因果关系的判断。

具体到本案，淘宝公司提交的证据显示：①其处理的个人信息范围还包括电信网络诈骗团伙并不掌握的订单创建时间、交易金额、订单号等信息，薛某被泄露的个人信息与淘宝公司掌握的个人信息并不完全吻合；②快递公司处理的个人信息同样能够覆盖薛某被泄露的个人信息，且骚扰电话出现的时间在商品快递出库发货之后、商品快递被签收之前，这就指向了快递环节泄露涉案个人信息的可能性；③骚扰电话显示电信网络诈骗团伙主要围绕快递丢失可以赔付的情境设计诈骗话术，而不是扮演淘宝公司或淘宝商家的角色，这进一步证明了这一个人信息泄露事件可能指向了快递环节的个人信息合规保护问题；④淘宝公司在案发时对涉案个人信息采取的个人信息保护机制和具体措施相对完备，足以支持淘宝合法、合规、安全处理涉案个人信息；⑤在薛某个人信息被泄露的时间区间内，并无证据显示淘宝公司曾发生过大规模类似的个人信息泄露事件。通过对上述证据的综合判断，淘宝公司提交的证据可以推翻其个人信息处理行为具有造成薛某个人信息权益受损害的高度可能性，该案难以认定淘宝公司的个人信息处理行为与损害事实之间存在因果关系。除了个案治理之外，该案为超大规模个人信息处理者与个体性个人信息泄露之间复杂因果关系的判断提供了具体的判断标准和审核流程，个人信息处理者在面对类似纠纷时均可围绕着个人信息处理范围的匹配度、个人信息处理者的唯一对应性、个人信息处理活动与个人信息泄露的时空吻合性、个人信息处理者的合规体系、个人信息处理者是否泄露同类个人信息五个方面进行举证和应诉。

第三，随着《个人信息保护法》的颁布实施，在个人信息合规成为平台"规定动作"的背景下，面对涉及公司内部治理、数据安全、技术标准、组织架构等复杂的合规框架，法律如何引领个人信息处理者形成良好的合规保护体系，在充分推动数字经济发展的同时回应数字时代公民日益增长的个人信息权益保护诉求，愈发成为一个数字时代的重要议题。该案则锚定这一问题，结合个人信息处理者履行个人信息安全保障义务的具体实际，从过错认定、因果关系判断两个方面切入，将个人信息合规保护体系的各个要素穿插其中，不仅为司法裁判处理个人信息侵权案件贡献了一套富有操作性的裁判规则，更为市场主体合法、合规处理个人信息提供了明确的行为指引，这对于个人信息权益保护和促进个人信息合理利用的同步推进具有重要意义。

法律链接

《中华人民共和国个人信息保护法》

第 1 条　为了保护个人信息权益，规范个人信息处理活动，促进个人信息合理利用，根据宪法，制定本法。

第 51 条　个人信息处理者应当根据个人信息的处理目的、处理方式、个人信息的种类以及对个人权益的影响、可能存在的安全风险等，采取下列措施确保个人信息处理活动符合法律、行政法规的规定，并防止未经授权的访问以及个人信息泄露、篡改、丢失：

（一）制定内部管理制度和操作规程；

（二）对个人信息实行分类管理；

（三）采取相应的加密、去标识化等安全技术措施；

（四）合理确定个人信息处理的操作权限，并定期对从业人员进行安全教育和培训；

（五）制定并组织实施个人信息安全事件应急预案；

（六）法律、行政法规规定的其他措施。

第 69 条　处理个人信息侵害个人信息权益造成损害，个人信息处理者不能证明自己没有过错的，应当承担损害赔偿等侵权责任。

　　前款规定的损害赔偿责任按照个人因此受到的损失或者个人信息处理者因此获得的利益确定；个人因此受到的损失和个人信息处理者因此获得的利益难以确定的，根据实际情况确定赔偿数额。

（执笔：朱笑延）

利用已公开个人信息有误导致受众混淆构成侵权

——王某诉某科技公司侵害肖像权和个人信息权益纠纷案 *

案例要旨

个人信息处理者可以在合理范围内处理已合法公开的个人信息，但应当尽到相应的注意义务，保障信息的完整和准确。发现个人信息不准确或者不完整的，个人信息主体有权请求个人信息处理者更正、补充。个人信息处理者提供个人信息不准确或者不完整，存在过错，造成损失的，个人信息主体可主张损害赔偿责任。在王某诉某科技公司侵害肖像权和个人信息权益纠纷一案中，明确了公开数据处理者承担侵权责任的过错认定标准，要求数据处理者作出现有技术条件下的合理努力，尽到与处理信息类型、引发风险程度等相适应的注意义务。

案件要点

个人信息权益　已公开信息　信息处理　注意义务

基本案情

原告是一名执业律师，近期发现被告在未取得原告同意的情况下，在被告开发运营的互联网法律服务产品"某法律搜索"中，从包括"中国裁判文书网""中国法律服务网"等不同渠道搜集原告的个人信息，并基于

---

* 案例来源：北京互联网法院（2021）京0491民初45024号民事判决书。

不准确（原告所属律师事务所、原告执业年限、联系方式等信息均有误且原告照片来源不明）、不完整（被告汇总的原告经办案件仅从 2013 年至 2016 年且只是该期间的部分案件）的原告个人信息进行汇总加工，在被告设立的"擅长领域""案例数量趋势""最新案例"等栏目对处理后的原告个人信息进行公开展示，且相关信息如职业单位和案件数量有误。原告认为此举严重损害了原告的合法权益，故诉至法院，要求被告停止侵权、赔礼道歉和赔偿损失。

分歧意见

关于被控侵权行为相关的事实：

原告主张在"某法律搜索"中，被告对政府部门合法公开的原告个人信息进行搜集、使用、存储、加工、展示等，并且该等信息不准确、不完整，导致公众对原告的执业情况产生误解，原告的社会评价也因此降低，这一系列行为已经超出合理限度，侵犯了原告的合法权益。而且，原告还主张，"某法律搜索"作为被告上线的第一款产品暨主打产品之一，虽然其法律检索功能本身没有收费，但被告通过利用这种功能取得千万量级的数轮融资，可以认定被告具有基于商业性使用的目的来汇总和加工原告个人信息的意图。

被告答辩，某法律搜索上展示的信息都源自中国法律服务网和中国裁判文书网，其中律师身份信息（包括律师姓名、执业证号、运行信息等）来自于中国法律服务网，经办案例信息来自于中国裁判文书网。

关于涉案信息不完整、不准确的相关事实：

原告主张的不完整、不准确之处主要包括以下几点：①关于"职业单位"，原告主张页面展示的是"北京某 2 律师事务所"，但是，实际上应当从 2021 年 4 月就已经变更为"北京某 3 律师事务所"，并且提供了在 2021 年 11 月在北京市司法局公开查询的结果。②关于"职业照片"，原告表示涉案网站所展示的照片是其最早职业证上所附的照片，并认为，"中国法律服务网"等政府网站已经使用原告的新照片，被告无法证明案涉网站的照片合法来源，而且自己并未授权被告基于商业目的的使用自己的照片，被告的行为侵权。③关于"案件数量"，原告主张自己检索的结果是 22 篇，与涉案网站所展示的数量不一致。④关于"擅长领域""案例数量趋势"
"最新案例"等，原告认为被告通过汇总多个来源的信息，进行特定形式
的排列组合，再加上特定的标题，形成了一个带有评价性的展示，实际上
属于个人信息后期加工行为，极易对公众形成误导，导致对原告的不当
评价。

被告对相应的主张进行了答辩：①关于"职业单位"，被告表示，"北
京某3律师事务所"系2021年4月设立，原告在这之前并不归属该律师事
务所。同时表示，可能因为中国法律服务网的信息变更延迟，导致其网站
的更新延迟。②关于"职业照片"，被告表示，原告的职业照片及其他信
息都来源于中国法律服务网，因为中国法律服务网提供信息来源的其他网
站上的数据在不断发生变化，故可能因为中国法律服务网存在信息更新滞
后，导致展示结果与实际情况存在不同。③关于"案件数量"，根据原告
的检索方式，只能检索到原告在"北京市某2律师事务所"时期承办的案
件，无法检索到除此之外的案件，同时每年中国裁判文书网都在不断更新
各地数据，其信息更新可能存在滞后。④关于"擅长领域""案例数量趋
势""最新案例"等，被告认为，涉案网站提供的智能检索服务属于对网
络公开信息的再次利用，所有信息都是本着客观态度进行处理和使用的，
并没有人为干预，都属于系统自动生成。

审理法院认为：

被告所实施的涉案处理行为系对已合法公开个人信息的处理行为，处
理目的和方式尚属合理范围内，故该处理行为不直接构成违法处理行为。
但被告展示的部分信息确存在不准确、不完整的情形，通过对公开信息的
处理提供服务，虽可能出现被告所述的因技术原因导致信息更新滞后、不
同步的情况，但被告未举证涉案信息不同步属于合理时间差和现有技术制
约所致的范围，且按照被告所述，其本地并未直接存储相关数据，而是在
有用户检索的时候进行即时检索关联并提供检索结果，与被告所称信息更
新滞后、不同步的理由相悖。故被告作为数据处理和信息检索服务提供
者，从特定公开渠道抓取全国范围内某特定行业人员个人信息进行加工处
理，未尽到提供该服务相应的注意义务，存在一定过错。被告向不特定网
络用户提供该行业人员执业情况信息检索服务，对原告执业单位和经历

的错误展示，势必导致该信息检索服务的受众对原告执业所在单位和任职经历情况产生误认或混淆，可能影响原告的执业声誉或业务来源，造成损害。被告处理行为侵犯原告肖像权和个人信息权益，构成侵权。由于涉案服务已经停止，故法院判决对原告赔礼道歉、部分赔偿损失的诉请予以支持。[1]

该案一审裁判作出后，当事人均未上诉，判决已发生法律效力。

评析意见

当前，在国家数字化转型中，各方主体围绕着个人信息的利益冲突正在加剧，企业侵犯个人信息的情况时有发生，信息利用与信息保护之间的平衡路径尚未完全清晰，实践中的诸多难题也有待进一步深入探究。

（1）对于已公开信息是否可以进行二次加工处理。对于已公开信息是否可以进行二次加工处理，在《民法典》和《个人信息保护法》中都有着明确的规定。

《民法典》第 1036 条第 1 款第 2 项中明确规定，二次处理个人信息主体可合理处理自然人自行公开的或者其他已经合法公开的个人信息，但是，该自然人明确拒绝或者处理该信息侵害重大利益的除外。

《个人信息保护法》第 27 条也有类似的规定，个人信息处理者可以在合理的范围内处理个人自行公开或者其他已经合法公开的个人信息；个人明确拒绝的除外。个人信息处理者处理已公开的个人信息，对个人权益有重大影响的，应当取得个人同意。

需要注意的是，二次处理主体仍然有义务确保个人信息的使用是合理的、合法的，需要关注处理目的是否变更、传播范围是否扩大、二次处理方式及如何处理个人信息主体的通知请求等事项。此外，信息处理者处理已公开的个人信息时，并非一概不用向信息主体告知信息处理的方式等内容。告知义务的违反，不必然导致处理行为被评价为违法行为，但在处理行为之合理边界不明晰时，处理者怠于履行告知义务，可能会让裁判者作

---

〔1〕 对于原告要求赔偿损失的诉请，其中，判决肖像权侵权赔偿 100 元，个人信息权益侵权赔偿 400 元，共计赔偿损失数额为 500 元。

出对处理者不利的评价。

（2）对于已公开信息二次处理的真实准确义务。注意义务作为过错的归因，履行与否及适当程度决定个人信息类案件的二次处理行为的正当性。个人信息有着强烈的主体性，个人信息内容可能随着时间出现变化，二次处理行为本身已经是对个人信息处理的行为，其应当遵循个人信息真实准确的义务。

关于这一义务，国内外都有着明确的法律规定。

欧盟的《通用数据保护条例》（GDPR）第 5 条"与个人数据处理相关的原则"中就规定了数据处理的准确性原则，即信息处理者有着保证其所处理的个人信息准确性的义务，必须保证其所处理的信息准确且在必要的情形下保持不断更新，应当采取一切合理行为来就数据处理目的而言不准确的个人数据进行及时地删除或者修正。相应的，该条例的第 16 条也规定了数据主体的纠正权，即数据主体有权要求信息处理者对其不准确的个人信息进行及时纠正，包括如提供补充声明的方式来对其个人信息进行纠正。

在我国，对于个人信息主体来说，当二次处理行为出现个人信息不准确或者不完整的情形时，个人信息主体有权依据《个人信息保护法》第 46 条向二次处理者请求更正。对于二次处理者来说，其有权依据《最高人民法院关于审理利用信息网络侵害人身权益民事纠纷案件适用法律若干问题的规定》第 9 条之规定，针对根据国家机关依职权制定的文书和公开实施的职权行为等信息来源等发布的信息，以侵权责任构成要件的方式对二次处理行为的真实准确义务进行了类型化：①内容来源一致；②不得添加侮辱性内容、诽谤性信息、不当标题或者通过增删信息、调整结构、改变顺序等方式致人误解；③信息来源已公开更正但二次处理主体拒绝更正；④信息来源已公开更正但二次处理主体发布更正之前的信息。

对已公开个人信息的使用之正当性在于促进信息流通，释放经济效益。现实中，二次处理已公开信息的过程牵涉诸多主体的利益，既牵涉二次处理主体的传播利益，关乎个人信息主体的信息自决权益，也关乎首次处理主体的利益，裁判者选择何种利益更值得保护可能因个案情形、价值判断等会出现截然不同的结果。

在以数据为关键要素的数字经济背景下，本案平衡了人民群众合法权益保护与数据合理利用的关系，有利于提高数据要素有序流动的合规水平，促进数据开发的技术进步和商业创新。

法条链接

《中华人民共和国民法典》

第1000条 行为人因侵害人格权承担消除影响、恢复名誉、赔礼道歉等民事责任的，应当与行为的具体方式和造成的影响范围相当。

行为人拒不承担前款规定的民事责任的，人民法院可以采取在报刊、网络等媒体上发布公告或者公布生效裁判文书等方式执行，产生的费用由行为人负担。

第1036条 处理个人信息，有下列情形之一的，行为人不承担民事责任：

（一）在该自然人或者其监护人同意的范围内合理实施的行为；

（二）合理处理该自然人自行公开的或者其他已经合法公开的信息，但是该自然人明确拒绝或者处理该信息侵害其重大利益的除外；

（三）为维护公共利益或者该自然人合法权益，合理实施的其他行为。

《中华人民共和国个人信息保护法》

第13条 符合下列情形之一的，个人信息处理者方可处理个人信息：

（一）取得个人的同意；

（二）为订立、履行个人作为一方当事人的合同所必需，或者按照依法制定的劳动规章制度和依法签订的集体合同实施人力资源管理所必需；

（三）为履行法定职责或者法定义务所必需；

（四）为应对突发公共卫生事件，或者紧急情况下为保护自然人的生命健康和财产安全所必需；

（五）为公共利益实施新闻报道、舆论监督等行为，在合理的范围内处理个人信息；

（六）依照本法规定在合理的范围内处理个人自行公开或者其他已经

合法公开的个人信息；

（七）法律、行政法规规定的其他情形。

依照本法其他有关规定，处理个人信息应当取得个人同意，但是有前款第二项至第七项规定情形的，不需取得个人同意。

（执笔：邹邵坤）

在用户登录过程收集用户画像信息时未设置跳转选项侵害用户个人信息权益

——罗某诉某科技公司侵害个人信息纠纷案[*]

案例要旨

在移动互联网行业，基于个性化推荐模式的商业创新层出不穷。用户画像作为个性化推荐过程中需要处理的典型个人信息，其保护和处理规则的确立和完善对于行业发展具有重要的规范意义。在本案中，法院确认了用户画像作为个人信息的法律属性，并明确了其收集和处理中两个基本问题的重要规则：是否需要获得用户同意以及如何确定"有效同意"。该案的判决能够为包括用户画像在内的个人信息处理行为提供清晰的指引，有助于数字经济行业规范、有序、健康发展。

案例要点

个人信息处理　用户画像　强制收集　有效同意　履行合同必需规则

基本案情

原告罗某诉称，被告运营的软件在未告知隐私政策的情况下，要求用户必须填写"姓名""职业""学习目的""英语水平"等内容才能完成登录，属于强制收集用户画像信息。同时，原告还主张被告存在未经同意向其发送营销短信、向关联软件共享信息等行为，侵犯其个人信息权益。被

---

[*] 案例来源：北京互联网法院（2021）京0491民初5094号民事判决书。

告涉案软件运营者辩称，由于被告服务的性质，需根据不同用户需求，为用户推荐合适的服务内容。因此，收集相关标签是提供服务所必需，并未违反个人信息收集的必要性原则，且该信息是原告主动填写，原告通过自己主动作出的行为同意了被告的信息收集行为。法院查明，原告在登录涉案软件时，进入账号登录界面输入用户名和密码，点击登录，即出现若干问答界面，需要对用户"职业""学习目的""英语水平"等内容进行填写，填写完成后，还需填写个人基本信息界面，输入中英文名等必填内容才能完成注册并进入首页。上述过程中并无"跳过"选项，亦无关于同意收集个人信息的提示。原告另行取证，在新用户注册登录时，在上述过程中出现若干问答界面前，会出现个人信息收集授权同意界面，用户在勾选同意后方可进入下一界面。最终，法院判决被告涉案软件运营者向原告罗某提供个人信息副本、删除个人信息并停止个人信息处理行为，赔礼道歉并赔偿维权支出 2900 元。

分歧意见

本案中，原告罗某认为被告运营的软件在用户首次登录时强制收集用户画像信息用于个性化推送，侵犯其个人信息权益。法院经审理认为，涉案软件在首次登录界面收集用户画像信息时，未设置"跳过""拒绝"等路径，属于强制收集，构成侵权，依法判决被告涉案软件运营者承担相应侵权责任，主要分歧意见如下：

1. 被告收集行为是否构成履行合同所必需

从相关行业规范和标准上看，《常见类型移动互联网应用程序必要个人信息范围规定》规定，学习教育类 APP 基本功能服务为"在线辅导、网络课堂等"，必要个人信息为注册用户移动电话号码。从该规定可见，被告作为学习教育类软件，不应将电话号码之外的个人信息作为必要收集范围。与此同时，本案中，被告所称的通过对职业类型、英语水平、学龄阶段等信息的收集以提供有针对性的课程信息，实际上，属于收集用户画像、标签信息来提供个性化推送服务的行为。从涉案软件或网站功能设置本身上看，履行合同所必须的范围，应限定在软件或网络运营者提供的基本服务功能，或用户在有选择的基础上自主选择增加的附加功能。若收集的个人信息与该项基础服务和附加功能有直接关联，缺乏上述个人信息将导致相关功能无法实现，"履行服务所必须"之必要性才得以成立。本案中，被告抗辩其收集目的为针对不同用户需求、精准推送适合用户的个性化课程，属于为增进用户体验优化设置的一种信息推送模式。然而，被告软件或网站提供服务的基本功能为提供在线课程视频流和相关图文、视频等信息，对用户画像信息进行收集的目的并非用于支撑其基础服务功能，亦无证据表明本案原告曾自主选择使用该项优化设置功能，故被告以其软件或网站功能实现为由实施收集行为的依据不足。

2. 被告是否取得有效"知情－同意"

根据已查明的事实，由于被告在未经原告允许的情况下为原告配置了账户和密码，导致原告登录被告网站和软件时与一般用户注册界面不同，未经过勾选个人信息相关知情同意的步骤，直接进入登录页面。因此，被告在原告登录过程中收集用户画像信息，未事先征得原告同意。在此基础上，原告主张，即使勾选了同意界面，被告在登录环节强制收集非必要信息，仍构成侵权。被告则抗辩称上述信息为原告主动填写，原告主动作出提供信息的行为视为对相关信息收集行为的授权同意。在个人信息保护中，同意必须是由个人在充分知情的前提下自愿、明确作出的，基于欺诈、胁迫等情况被强制作出的同意并不产生相应效力。本案中，涉案软件在用户首次登陆界面未设置"跳过""拒绝"等不同意提交相关信息情况下的登陆方式，使得提交相关信息成为成功登录、进入到功能使用首页的唯一方式。此种产品设计将导致不同意相关信息收集的用户为实现使用软件的目的，不得不勾选同意或提交相应的信息，属于对个人信息的强制性收集，不产生获取有效授权同意的效力。

评析意见

从技术角度而言，用户画像是通过将用户标签化，刻画一个用户的需求模型。在法律层面，用户画像被定义为通过收集、聚合、分析个人信息，对特定自然人的个人特征，如职业、经济、健康、教育、个人喜好、信仰、行为等方面做出分析或预测，形成其个人特征模型的过程。数字经济时代，用户画像作为个性化推荐过程中需要处理的典型个人信息，是数字经济发展的重要基础。法院的这一判决结果，彰显了依法保护用户画像信息的司法价值取向，也是对强制收集用户画像信息不法行为的依法纠偏，具有鲜明的导向意义。

1. 明确了个人信息处理履行合同所必需之界限

"为订立或者履行个人作为一方当事人的合同所必需"（以下简称"履行合同所必需"）是我国《个人信息保护法》新增的一项信息处理合法性事由，只要处理行为是为"履行个人作为一方当事人的合同所必需"，处理者便能依据有效的合同而无需信息主体同意，直接取得合法处理个人信息的法律地位。[1] 不同于作为纯粹个人信息保护法制度的信息主体同意，"履行合同所必需"的文义解释范围极其宽广，能覆盖数字经济中许多常见的商业模式。例如，电子商务平台经营者有义务为用户提供交易匹配服务，为了提高交易匹配的成功率，有必要处理用户的浏览痕迹、订单记录等个人信息；搜索引擎运营商也可以将个性化广告投放作为服务内容，因此有必要处理用户搜索关键词和地理位置等个人信息；网约车应用运营商为用户提供优质、便捷的出行服务，亦有必要处理用户的手机号码、出行轨迹等个人信息。如果完全依赖"合同即合法"的原则，承认这些商业模式均能以履行合同所必需作为处理用户个人信息的合法性基础，将会对个人信息的保护带来极大的伤害。例如在用户画像中，虽然可以有效地节约用户信息搜寻成本，更好地满足不同自然人的个性化需求，但也容易产生欺诈行为和价格歧视，形成信息茧房、回音室效应，甚至会对自然人人身财产安全造成严重危害。[2]

故而，个人信息保护需要明确强调以"告知—同意"为核心，而包括履行合同必需规则在内的其他合法性基础，只是"考虑到经济社会生活的复杂性和个人信息处理的不同情况"所作的例外规定。[3] 该案判决明确了"履行合同所必需"的"客观必要性标准"（objecktiver Erforderlichkeitsmaß

---

〔1〕 陈甍：《论个人信息处理的"合同所必需"规则》，载《行政法学研究》2023 年第 6 期。

〔2〕 程啸：《个人信息保护法理解与适用》，中国法制出版社 2021 年版，第 229 页。

〔3〕 刘俊臣：《关于〈中华人民共和国个人信息保护法（草案）〉的说明——2020 年 10 月 13 日在第十三届全国人民代表大会常务委员会第二十二次会议上》，载申卫星主编：《个人信息保护法手册：条文梳理与立法素材》，中国政法大学出版社 2022 年版，第 322 页。

stab），只有为实现特定种类合同在客观上理解之特征性主要目的所必需的处理行为，才能直接基于有效的合同而具备合法性，即履行合同所必需的范围，应限定在软件或网络运营者提供的基本服务功能上。而"基本功能服务"的概念来自推荐性国家标准《信息安全技术 个人信息安全规范》关于"基本业务功能"和"扩展业务功能"的区分：处理者"应根据个人信息主体选择、使用所提供产品或服务的根本期待和最主要的需求"划定基本功能服务，此外的其他功能便属于扩展业务功能。这为在个人信息保护中，有效适用"履行合同所必需"的合法性基础，达致信息自决与合同自由之平衡提供了有效指引。

2. 明确了个人信息处理如何认定"有效同意"

个人信息保护旨在贯彻信息自决（informationelle Selbstbestimmung）的价值理念，以维护信息主体利益作为核心目标。故对个人信息的收集利用，须经信息主体充分理解与自由同意，以实现处理的正当性，是各国数据保护法的普遍性做法。[1]法律上之所以要确保个人的同意必须是自由作出，根本原因在于现代网络信息时代中个人信息处理者与个人之间的关系属于持续性的信息不平等关系。[2]但是在个人信息处理领域，长期以来，个人信息处理者（以下简称处理者）所设计推行的格式化告知同意机制重表示轻意思，对同意真实性的保障严重不足，导致同意非真实却有效的反差大规模存在。[3]该案判决明确了涉案软件在用户首次登陆界面要求用户提交画像信息，未设置"跳过""拒绝"等不同意提交相关信息的登陆方式，此种同意是在信息主体不自由或不自愿的情况下作出的，不能被认定为有效同意。此种认定有利于矫正用户画像中同意的形骸化，从形式同意向实质同意回归。

法条链接

《中华人民共和国民法典》

第 1032 条 自然人享有隐私权。任何组织或者个人不得以刺探、侵

---

〔1〕 吴文芳：《劳动者个人信息处理中同意的适用与限制》，载《中国法学》2022 年第 1 期。
〔2〕 程啸：《论个人信息处理中的个人同意》，载《环球法律评论》2021 年第 6 期。
〔3〕 于海防：《个人信息处理同意的性质与有效条件》，载《法学》2022 年第 8 期。

扰、泄露、公开等方式侵害他人的隐私权。

隐私是自然人的私人生活安宁和不愿为他人知晓的私密空间、私密活动、私密信息。

第 1034 条 自然人的个人信息受法律保护。

个人信息是以电子或者其他方式记录的能够单独或者与其他信息结合识别特定自然人的各种信息，包括自然人的姓名、出生日期、身份证件号码、生物识别信息、住址、电话号码、电子邮箱、健康信息、行踪信息等。

个人信息中的私密信息，适用有关隐私权的规定；没有规定的，适用有关个人信息保护的规定。

第 1035 条 处理个人信息的，应当遵循合法、正当、必要原则，不得过度处理，并符合下列条件：

（一）征得该自然人或者其监护人同意，但是法律、行政法规另有规定的除外；

（二）公开处理信息的规则；

（三）明示处理信息的目的、方式和范围；

（四）不违反法律、行政法规的规定和双方的约定。

个人信息的处理包括个人信息的收集、存储、使用、加工、传输、提供、公开等。

第 1036 条 处理个人信息，有下列情形之一的，行为人不承担民事责任：

（一）在该自然人或者其监护人同意的范围内合理实施的行为；

（二）合理处理该自然人自行公开的或者其他已经合法公开的信息，但是该自然人明确拒绝或者处理该信息侵害其重大利益的除外；

（三）为维护公共利益或者该自然人合法权益，合理实施的其他行为。

（执笔：徐伟康）

平台算法与个人信息权益侵犯

——余某诉北京酷车易美网络科技有限公司车辆数据披露案 *

案例要旨

在当前的数字化时代，个人数据的收集与利用已成为各行各业的普遍现象，尤其是在互联网、智能驾驶、物联网等技术广泛应用的情况下，数据已成为新时代的核心资产。这一进程既带来了便利，也对个人隐私和信息保护提出了挑战，引起了全球范围内关于法律、社会及技术层面的深入讨论。个人信息的概念、隐私权的界限以及数据使用的伦理标准成为判断个人信息是否被合理处理的关键点。2021 年的余某诉北京酷车易美网络科技有限公司（以下简称酷车易美公司）车辆数据披露案已然成为探讨与个人有密切关系的数据处理与个人隐私保护相互作用的重要案例。通过对该案的审理，法院提供了对于车辆数据处理活动合法性与个人隐私权保护之间平衡的法律解读，反映了在数字化背景下个人信息保护法律框架的适应性与挑战。

案例要点

个人信息与隐私权保护　数据处理的合法性与正当性　信息服务与个人权益的平衡

基本案情

本案的争议核心在于个人车辆数据的个人信息权益与隐私权保护。本

---

* 案例来源：广州互联网法院（2021）粤 0192 民初 928 号民事判决书。

案中，原告余某因其车辆的维保数据和行驶数据被被告酷车易美公司通过其运营的查博士 APP 未经授权公开披露，认为其个人信息权益和隐私权受到侵犯，遂向法院提起诉讼。余某认为，其车辆维护和行驶数据被未经授权披露在查博士 APP 上，这不仅侵犯了其个人隐私权，还可能对其造成经济损失，特别是在涉及车辆转让等事务时。因此，原告要求被告公司停止侵权行为，删除已披露的个人数据，并赔偿由此造成的损失。被告酷车易美公司则辩称，其提供的服务基于公开数据及合法获取的第三方数据，旨在提供车况信息服务，且认为该服务并未侵犯余某的个人信息权益和隐私权。被告强调，其行为具有合法性和正当性，且服务的提供是在现有法律框架和技术条件下的合理行为。原告余女士要求被告停止侵权行为，删除相关数据，并赔偿由于车辆信息公开所导致的车价降低的经济损失。被告酷车易美公司则辩称，所提供的车况信息服务未侵犯原告的个人信息权益和隐私权，其服务是基于公开数据和合法获取的第三方数据，具有合法性和正当性。

分歧意见

在本案件中，原告余女士与被告酷车易美公司之间的争议焦点主要涉及个人信息的界定、隐私权的保护以及公共信息的合理利用范围。余某指控被告公司未经其同意，通过其运营的查博士 APP 公开其车辆的维保记录和行驶数据，侵犯了其隐私权和个人信息权益，并因此要求被告删除相关信息并赔偿经济损失。被告公司辩称，所涉车辆信息属于公开可获得的数据，且其处理和使用该数据的行为完全基于合法获取的第三方数据，旨在为二手车交易提供信息服务，有助于增加交易的透明度，因此不构成对原告个人信息权益和隐私权的侵犯。

在此案中，广州互联网法院指出，本案立案案由为隐私权纠纷，但结合本案实际情况，余某的诉请同时涉及两种不同的请求权，且存在民事责任聚合。如若分开起诉受理，无法有效解决本案争议，因此法院将本案案由变更为隐私权、个人信息保护纠纷。广州互联网法院认为本案的争议焦点为：

（1）酷车易美公司提供历史车况信息的行为是否侵犯余某的个人信息权益；

（2）酷车易美公司提供历史车况信息的行为是否侵犯余某的隐私权。

法院在审理本案时，重点考察了以下几个方面：首先，法院对于个人信息和隐私权的界定进行了深入分析，指出个人信息应当是能够单独或结合其他信息识别特定自然人的信息，隐私权则是指个人在其私人生活领域内享有的一种权利，不应受到不当干扰。本案中的历史车况信息无法单独识别特定自然人，从内容上看，案涉历史车况报告中的信息包括了车架号、车辆基本行驶数据、维保数据、碰撞数据、评分项目及具体评分等，未出现自然人人身信息、行踪信息、通信通讯联系方式等能直接识别特定自然人的信息。其中，车架号显示在汽车车身外观，车架号仅为识别特定车辆的编码，无法识别到特定自然人。而基于前述数据形成的评分项目及具体评分，系酷车易美公司通过自主算法解析生成的结论，无法与特定自然人进行关联。

其次，法院对涉案数据是否可与其他信息结合以识别特定自然人进行了验证。尽管实践中存在通过第三方信息与车况信息结合识别到特定自然人的可能性，但一般理性人在实现上述目的时会综合考虑行为成本，比如技术门槛、第三方数据来源、经济成本、还原时间等，综合上述因素，进行结合识别的成本很高。酷车易美公司与数据提供方采用脱敏化技术传输数据，且不对外披露，降低了一般公众将车况信息与第三方信息结合重新识别特定自然人的可能性。因此，在车辆交易场景下，案涉车况信息与其他信息结合进行关联识别的可能性较低，不能以此认定为个人信息。

最后，法院探讨了信息公开的合法性和合理性，强调了在公共领域内，特定信息的合理使用和披露是被允许的，特别是当这种使用和披露能够促进社会公共利益，如增加市场透明度，保护消费者权益时。在二手车领域，二手车交易市场的发展需要推动相关信息开放共享。结合《二手车流通管理办法》第14条的规定以及《商务部办公厅关于印发商务领域促进汽车消费工作指引和部分地方经验做法的通知》的主要内容，二手车卖方应承担车辆的使用、修理、事故、检验以及是否办理抵押登记、交纳税费、报废期等真实情况的披露义务，并鼓励有关机构和行业组织向二手车市场相关方提供保险理赔、维修保养等车况信息查询服务。

在此基础上，法院对于被告公司提供的服务性质及其对原告隐私权的影响进行了综合评估。法院认为，尽管车辆维保记录和行驶数据涉及车辆的使用状况，但这些信息本身并不直接涉及车主的个人隐私，且在本案中，被告公司所披露的信息无法直接或间接地识别出车主的身份，因而不构成对原告个人信息权益的侵犯。最终，法院认定被告公司的行为没有侵犯原告的隐私权和个人信息权益。法院指出，信息技术的发展和信息社会的建设需要平衡个人权利保护与社会公共利益的需求，而在本案中，被告公司通过合法途径获取并处理车辆信息，旨在提升二手车市场的透明度和效率，这种行为符合社会公共利益的要求，并未超出合理范围。因此，法院驳回了原告的所有诉讼请求。通过此案的裁决，法院不仅对个人信息保护与社会公共利益之间的平衡做出了明确指引，也为信息时代下个人隐私权保护与信息合理使用之间的界限提供了重要参考。

评析意见

随着互联网和大数据技术的迅速发展，个人信息的收集、处理和利用成为企业获取竞争优势的重要手段。然而，这也带来了个人隐私保护的重大挑战，尤其是在处理和分析这些数据时，如何平衡个人隐私权益与商业利益的关系成为一个亟待解决的问题。在本案中，对车辆维修和行驶数据被未经授权披露的情形也是类似问题的一个典型情况。本案的核心争议点在于判断车辆数据是否属于个人数据，而这一问题触及到了个人信息"可识别"标准的应用困境，以及如何在技术进步和个人隐私保护之间找到合适的平衡点。

根据《个人信息保护法》第4条第1款的规定，个人信息是以电子或者其他方式记录的与已识别或者可识别的自然人有关的各种信息，不包括匿名化处理后的信息。从中不难看出，判断一个类型的数据是否属于个人信息的核心标准在于可识别性。在本案中，一方面，如果将车辆的车况信息视为个人信息，买方仅能通过卖方自愿提供的车况信息来决定是否购买；这种情况很可能损害购买方对车辆信息的知情权，造成后续的矛盾纠纷，无法保障公平交易；同时，若车况信息被视为个人信息，车险行业将不能共享投保车辆的车况信息，这可能会影响到车险行业的保费的定价以及其他第三方对该类个人信息的处理。另一方面，如若此类信息不属于个人信息，那么一些与个人身份或某种特征具有密切关系的数据也可能很难被划归为个人数据，从而使得平台可能会更加肆无忌惮的收集此类信息，从而滥用决策算法，损害个人权益。

正如《个人信息保护法》第 4 条所提及的，"可识别"或"已识别"这两个概念代表着不同的判断标准。其中，"已识别"代表着该数据有能力通过唯一设备识别号形成信息空间的唯一指向性，即通过该数据可以直接识别个人身份，例如身份证号码。[1]但是"可识别"的概念代表着该数据能够与个人具有强相关性。只要这种相关性能通过与其他数据的结合来识别特定个体的身份，那么就满足"可识别"的标准。例如，单一的姓名可能难以识别特定自然人，但姓名＋电话＋地址则可以识别特定自然人，满足"可识别"的标准。一旦某种数据对于个体身份或状态具有密切关系，或能揭示其某种状态，那么对于这种数据的判断往往会陷入争议。[2]这种争议也并不仅仅存在于中国，也是欧盟 GDPR 的立法模式所固有的。[3]

本案对于厘清个人信息在司法实践中的判断标准具有很强的参考意义。在本案中，原被告双方的争议焦点包括两个问题：一是 VIN 码、车牌号这类具有唯一指向性的信息要素是否会导致二手车车况信息纳入个人信息的范畴？二是维修记录信息这类能够反映车主维修保养轨迹的信息是否属于个人信息？如果按照前述标准，这些车辆信息可能均应被纳入个人信息的范畴。这些信息不能单独识别特定个体，但是与其他数据结合后（例如，车主对车辆的行驶证信息）便可识别特定个人身份。当然，正如本案法院所述，这种标准并不是绝对的，也不是固定的。本案中，法官主要建立了以下几个判断标准来对司法实践中此类信息进行定性：

1. 是否满足"已识别"标准，即能否单独识别自然人

在本案中，车辆的基本数据（包括车架号、车辆基本行驶数据、维保数据、碰撞数据、评分项目及具体评分等）均为直接识别出自然人身份信

〔1〕 赵精武：《个人信息"可识别"标准的适用困局与理论矫正——以二手车车况信息为例》，载《社会科学》2021 年第 12 期。

〔2〕 Zihao Li, Affinity-based algorithmic pricing: A dilemma for EU data protection law, Computer Law and Security Review Volume 46, 105705

〔3〕 ibid.

息、行踪信息、联系方式等信息。其中，车架号显示在汽车车身外观，车架号仅为识别特定车辆的编码，无法直接识别到特定自然人。车辆基本行驶数据仅记录已行驶里程数，而维保数据和碰撞数据中也未显示车辆维修保养机构的位置信息和维修保养的具体日期，不能以此直接识别出自然人的行踪轨迹。即使利用前述数据对车辆状况进行算法评估，也很难直接识别到某特定自然人。因为该数据是对车辆的评分，而非对驾驶者或个人的评分。

因此，这些数据均无法直接识别特定自然人，即不满足"已识别"的判断标准。同时，法院采用了"公众的一般认知标准"来判断车辆信息是否可以揭示出车主的某些具体行为特征和数据。原告余某认为案涉车辆的历史车况信息综合反映了其驾驶习惯、驾驶特征、消费能力、消费习惯等。然而，从公众的一般认知角度来看，案涉车辆的历史车况信息仅能反映所查车辆的使用情况，其内容既不涉及具体个人，也不用于评价具体个人的行为或状态，无法关联到车辆所有人等特定自然人。

2. 是否满足对个人的关联，即能否结合其他信息识别自然人

该标准符合前文所述的"可识别"标准。而在本案中，法院通过具体的分析，更加明确了该标准在实践中的应用条件。不可否认，本案中的车辆信息存在与其他信息结合从而识别特定自然人的可能性。但法官采纳了"行为成本"的考量标准，即从一般理性人在实现上述目的时的行为成本的综合考量，包括技术门槛、第三方数据来源、经济成本、还原时间等，综合上述因素后，认为结合其他信息进行识别的成本较高。且被告公司并不具备主观识别特定自然人以及原告的动机。其核心目的是通过车辆数据来判断车辆的好坏。因此，即使存在"可识别"的可能性，在该案件中，法院已经否决的车辆信息可以与其他信息结合来识别特定自然人。

3. 公共利益以及其他法律规定

在本案中，另一个建立起来的标准为，在其他法律法规中是否有对特定数据的相关规定。在二手车领域中，《二手车流通管理办法》第14条的规定以及《商务部办公厅关于印发商务领域促进汽车消费工作指引和部分地方经验做法的通知》均对二手车卖方规定了相关责任，即承担车辆的使用、修理、事故、交纳税费、报废期等真实情况的披露义务。同时，历史车况信息的开发共享关乎机动车运行安全、公众的人身安全和不特定消费者合法权益。将历史车况信息纳入隐私权保护范围，有可能增加二手车交易市场的信息不对称风险和交易安全隐患，不能充分保障消费者的知情权，损害社会公共利益。因此，在判断某特定数据是否属于个人信息时，相关的法律法规以及数据是否涉及公共利益的标准十分重要。

综合分析，《个人信息保护法》虽然明确规定了个人信息的定义和范畴。但其在实践中呈现的方式更为复杂和多样，如何判断信息是否属于个人信息依然具有很强的挑战性。本案中，广州互联网法院通过对二手车历史车况信息的分析，进一步确定了判断个人信息标准的实践准则。在我国的现行立法中，"识别"被明确为个人信息认定的核心要素。然而，信息技术的模式创新往往领先于立法进程，因此，"可识别性"不应仅被简单理解为关联性、相关性或身份读取等字面意义。相反，它应当根据商业实践中的前沿数据处理活动来调整其具体含义，以适应不断变化的信息技术环境和保护个人信息的需求。这要求对"可识别性"标准进行动态解读和应用，确保立法和实践之间的协调一致。同时，在判断过程中，应当体现出我国《个人信息保护法》的立法原则，即"保护与利用并举"的理念。以合理且确定的标准来建立起判断个人信息的标准，实现在保护个人信息与隐私权益的同时促进数据的流通与利用，寻求自然人保护与信息处理者权利和信息商业利用之间的平衡。

法条链接

《中华人民共和国个人信息保护法》

第1条　为了保护个人信息权益，规范个人信息处理活动，促进个人信息合理利用，根据宪法，制定本法。

第4条　个人信息是以电子或者其他方式记录的与已识别或者可识别的自然人有关的各种信息，不包括匿名化处理后的信息。

个人信息的处理包括个人信息的收集、存储、使用、加工、传输、提供、公开、删除等。

（执笔：李子豪）

个人信息处理者停用死者账号是否构成对近亲属权利的侵犯

——郭某等诉上海某科技公司等个人信息保护纠纷案 *

案例要旨

死者近亲属为自身合法、正当利益，有权对死者的相关个人信息行使权利。但死者生前个人账号通常还包含了死者以及第三人的隐私、个人信息等，允许死者近亲属直接登录账号存在侵害第三方合法权益的风险。个人信息处理者在用户死亡后停用其账号，未排除近亲属通过合理途径行使上述权利的，不构成侵权。本案为《中华人民共和国个人信息保护法》（以下简称《个人信息保护法》）颁布后首例近亲属对死者个人信息行使权利的案件。

案例要点

网络账号　个人信息处理者　近亲属　死者个人信息

基本案情

李某4，生前为北京 A 公司所属生鲜品牌店铺的专职配送员。2021 年 10 月 4 日，李某4不幸死亡，经由公安机关鉴定，其死因为猝死。由深圳 B 公司运营的"某驾到"App，系为配送骑手和物流配送消费者提供服务的第三方网络平台。其隐私政策表明，该平台会收集、使用部分用户在该

---

* 案例来源：北京互联网法院（2021）京 0491 民初 47643 号民事判决书。

平台的信息，并与关联公司共享，同时委托合作伙伴处理，因此北京 A 公司作为生鲜品牌经营业务在北京的责任主体，上海 C 公司作为生鲜品牌消费 APP 的开发主体，可与 B 公司共享用户信息，即包括李某 4 生前作为配送员在工作中所产生的部分相关信息。

李某 4 去世后，其近亲属发现，李某 4 的"某驾到"APP 账户已被停用，其生前作为专职配送员的考勤签到记录、薪资账单、保险记录等应当储存在"某驾到"APP 中的信息，已无法查阅。因此，李某 4 之妻郭某，子女李某 1、李某 2 与其父李某 3，四人作为共同原告向北京互联网法院提起诉讼，主张 A、B、C 三公司与另一受 A 委托承担发放李某 4 薪资的上海人力公司 D 侵害了四原告就李某 4 的上述信息所享有的权利，要求法院判令被告承担提供所属信息、支付精神损害赔偿金、道歉、更正 APP 数据管理规则等责任。

B 公司辩称，在李某去世后停用其账号属于正常管理活动。虽然深圳某公司停用了李某的账号，但在员工端 APP 的隐私政策中对于用户及近亲属调取个人信息有清晰指引，已经提供了调取李某个人信息的合理途径。四被告的行为不构成侵权，不应承担侵权责任。

分歧意见

北京互联网法院认为，原被告双方的分歧意见主要在于：

一、考勤签到记录、薪资账单、保险记录是否属于个人信息？

二、四原告是否有权对李某 4 的涉案信息主张权利？

三、李某 4 账号被停用是否构成对四原告就李某 4 信息所享有的权利的侵犯？

第一，法院认为，对于某信息是否属于个人信息，应当从以下两种方法判断：

一为"识别"，即由信息本身的特殊性即可识别出信息所属的自然人，此种信息可以是单独的信息，也可以是多个信息的组合。判断可识别性具有标准，需要从信息的特征与信息处理方的角度，并结合具体的场景来进行判断。二为"关联"，即已知特定自然人，则在该特定自然人活动中产生的信息为个人信息。上述两个标准符合其一即可认定为个人信息。本案中，原告所诉请的信息产生于李某4的具体工作中，能够反映自然人的工作时间、频率、由此产生的报酬与所应当接受的劳务保障范围、内容，属于上述第二种判断个人信息的路径，应当认定为个人信息。

第二，对于四原告是否有权对死者的个人信息主张权利，法院的判断分为三步。其一，法院认为，四原告的身份为死者的近亲属，并如上文裁判说理部分所述，四原告所要求查看的信息确为死者的个人信息。死者近亲属具有查阅死者个人信息的权利，应当予以认可。其二，需检视四原告要求行使查阅权的目的。法院认为，四原告查阅信息是用于判断李某4的用工主体是否存在损害其劳动权益的情况导致李某4死亡的情况，四原告亦另案提起生命权侵权损害赔偿，此种利益符合法律规定、不违反公序良俗、符合诚信原则，可见权利行使之目的具有正当性。其三，自然人生前可对其死后如何使用信息作出符合主体意思的安排，该安排可能具有限制其信息使用的效果。但从本案来看，李某4生前未做出有关限制的安排。因此，可以判定，四原告有权对李某4的个人信息行使查阅权。

第三，停用李某4的账号是否构成对四原告权利的侵犯的问题。法院首先认为：四原告使用直接登录李某4账号的方式行使查阅权存在不妥当之处。具体而言，处理个人信息的合法、正当、必要和诚信原则要求其近亲属应以适当的手段处理个人信息，而不是赋予其处理信息的绝对自由。本案中，死者生前的个人网络账号内除四原告所要求的信息外，还可能存在死者个人不愿为他人所知悉的隐私、涉及第三人的隐私与第三人的个人信息、其他主体的商业信息。若径直允许近亲属登陆死者账户查看相关内容，可能侵犯死者的隐私及有关第三人的相关权利，故法院不予认可。其次，法院认为，B公司的隐私政策已说明四原告可就个人信息保护问题联系何部门、联系方式为何。而原告未提供证据证明，其已根据此种方式主张权利。经查明，"某驾到"APP中确不存在四原告所请求的信息，B公司实际上不具有提供涉案个人信息的能力，而其余三被告因未参与APP运营，非该APP的个人信息处理者，不具有控制上述信息的可能。因此，法院驳回原告全部诉讼请求。

一审判决后，原被告均未上诉，该判决已生效。

评析意见

1. 利益权衡作为解释的依据，论证权利的边界

首先是死者权益与生者利益之间的衡量，应当以死者权益优先。在现行法之下，对死者的个人信息保护秉持的是死者权益优先的理念。死者去世后，部分权利仍然得到民法的保护，对其个人信息的保护即是如此。《个人信息保护法》虽然允许近亲属对死者的个人信息采取相应的行为，但其背后的逻辑出发点是对死者相应民事法律权益，如人格、尊严等的保护，而非本质改变了个人信息权益的主体。近亲属虽然可以为了自身合法权益进行一定的使用行为，但应当在不损害死者的法律权益下进行，不应当理解为近亲属就具有了与死者权利人本人完全相同的权利。根据我国民法典，自然人死后，个人信息不能作为财产被继承。[1]

从《个人信息保护法》第49条的消极条件中也可看出，自然人的个人信息在其死后如何被使用，应当以其生前自由意志的安排为决定因素。若自然人生前做出限制近亲属的查阅、复制、删除权利行使的要求，则无论如何近亲属不具有相应的权利，这也体现了立法背后的考量，即死者权益与生者利益的衡量。即使生者利益与死者权益产生冲突，也应当以死者权益优先。[2]

因此，本案中李某4的个人隐私应得到保护，构成了法院裁判和说理的首要出发点。不过，需要指出的是，法院并未对死者账号中可能存在的死者本人不愿意为人所知的隐私进行更为详细的论证，虽然这可能为判决说理锦上添花。因显而易见的是，李某4生前以外卖配送员的工作身份使用APP，此种使用所涉及的工作内容、工作流程及软件的功能（相较于他种网络平台，如微博、微信等而言仅具有较弱的社交属性），以通常人的理性推断，难以判断可能存在某种死者不愿让人知道的、甚至"对于死者的近亲属及家庭的和谐可能同样不利的隐私。"[3]个人信息所储存的平台

---

〔1〕《中华人民共和国民法典》第992条　人格权不得放弃、转让或者继承；程啸：《论死者个人信息的保护》，载《法学评论》2021年第5期。

〔2〕《法治圆桌派丨死者的哪些个人信息，近亲属有权处置?》，载微信公众号《法治网》，2024年2月5日。

〔3〕案例来源：北京互联网法院（2021）京0491民初47643号民事判决书。

类型、产生个人信息的自然人活动的性质不同，是否需要据此对信息的私密性做出差异化的判断，这也关系到法律上的"隐私"的概念与判断标准，有赖未来的立法与司法做出进一步的回答。

其次是生者利益之间的衡量。近亲属行使权利，应受制于对第三方主体的个人信息、商业信息的保护。本案中，死者李某4作为配送员，有可能在APP中接触到大量有关终端消费者的信息，包括但不限于个人住址、姓名、电话号码等，这些信息毫无疑问是受到《民法典》《个人信息保护法》认定并保护的个人信息。允许近亲属登陆死者账户查看相关内容，确有较大可能侵犯第三方主体的权利。《个人信息保护法》的相关条文体现了此种保护第三方主体权利的考量，并做出了相应的立法设计，即要求个人信息处理者应当建立处理有关权利人请求的机制并做出回复，在现实实践中，能够帮助减少侵犯与死者沟通交往过的民事主体的相关权益的可能性。

2. 自身的合法、正当利益的认定

《个人信息保护法》第49条要求，自然人死亡的，其近亲属为了自身的合法、正当利益，可以对死者的相关个人信息行使一定的权利。所谓自身的合法利益，可以理解为死者近亲属是为了自身合法的、不违反相关法律法规的规定的利益而要求，这种利益并非为了死者本人也并非为第三方主体；并且这种利益没有违反公序良俗、诚信原则。当前，对于何种情形能够较为典型地认定为符合了自身的合法、正当利益的要求，还需要最高法出台进一步的司法解释来明确。不过，本案作为典型案例，已经提供了一个典型的适用场景，即近亲属出于为另案诉讼收集证据的目的要求行使查阅死者个人信息的权利，可以认定系为维护其自身的合法、正当利益。此外，有学者认为，自身的合法、正当利益不仅包括死者近亲属为了维护人身权益、财产权益，此种属法律利益的需要，还包括维护其他的并非法律上的利益，如情感利益、追思利益的需要，例如为了解死者生前所思所想、获取死者生前所摄影像资料，这些都应当被认定为是合法的、正当的。[1]

---

〔1〕 程啸、霍丽芳:《"数字经济中的民事权益保护"系列之十五：近亲属针对死者个人信息的查阅复制等权利》，载法治网，http://www.legaldaily.com.cn/fxjy/content/2023-05/24/content_8857349.html，最后访问时间：2024年2月27日。

因此，本案有着非常典型的意义，展现了司法实践对于个人信息权利与其他主体的利益平衡，让利益平衡不再是一句空话，而是有着明确且可操作性的裁判逻辑。[1]

法条链接

《中华人民共和国民法典》

第 1034 条　自然人的个人信息受法律保护。

个人信息是以电子或者其他方式记录的能够单独或者与其他信息结合识别特定自然人的各种信息，包括自然人的姓名、出生日期、身份证件号码、生物识别信息、住址、电话号码、电子邮箱、健康信息、行踪信息等。

个人信息中的私密信息，适用有关隐私权的规定；没有规定的，适用有关个人信息保护的规定。

《中华人民共和国个人信息保护法》

第 4 条　个人信息是以电子或者其他方式记录的与已识别或者可识别的自然人有关的各种信息，不包括匿名化处理后的信息。

个人信息的处理包括个人信息的收集、存储、使用、加工、传输、提供、公开、删除等。

第 5 条　处理个人信息应当遵循合法、正当、必要和诚信原则，不得通过误导、欺诈、胁迫等方式处理个人信息。

第 45 条　个人有权向个人信息处理者查阅、复制其个人信息；有本法第十八条第一款、第三十五条规定情形的除外。

个人请求查阅、复制其个人信息的，个人信息处理者应当及时提供。

个人请求将个人信息转移至其指定的个人信息处理者，符合国家网信部门规定条件的，个人信息处理者应当提供转移的途径。

第 49 条　自然人死亡的，其近亲属为了自身的合法、正当利益，可以对死者的相关个人信息行使本章规定的查阅、复制、更正、删除等权利；

---

〔1〕　《时评｜张雪泓：对死者个人信息行使权利 亲属也要有边界》，张雪泓，载微信公众号《数字经济与法治》，2023 年 8 月 18 日。

死者生前另有安排的除外。

第50条 个人信息处理者应当建立便捷的个人行使权利的申请受理和处理机制。拒绝个人行使权利的请求的,应当说明理由。

个人信息处理者拒绝个人行使权利的请求的,个人可以依法向人民法院提起诉讼。

（执笔：王伊慧）

近亲属对死者个人信息的处理存在限制

——郭某等诉上海某科技公司等个人信息保护纠纷案 *

案例要旨

该案是《个人信息保护法》颁布后，首例近亲属对死者个人信息行使权利的案件，引发了外界广泛关注。本案明确了网络用户过世之后，个人信息处理者仍然应当承担死者个人信息权利保护的义务，明确了个人信息处理者对于死者个人信息保护义务的履行边界，首次就近亲属对死者网络账号的个人信息行使查阅权进行了论述，使死者个人信息保护的论述并不仅仅停留在法律纸面上。本案充分关照了死者个人信息保护、死者近亲属合法、正当利益的维护以及个人信息处理者的商业利益，为死者个人信息的保护模式提供了先导式的实践范本。

案例要点

死者个人信息　查阅权　复制权

基本案情

李某为四原告的近亲属，生前从事某平台北京地区的相关业务。被告一北京某公司为该平台北京地区业务运营主体，被告二深圳某公司与被告三上海某科技公司分别为该平台员工端与用户端 APP 的运营主体，被告四

　＊　案例来源：北京互联网法院发布 2023 年度十大典型案件之五：郭某等诉上海某科技公司等个人信息保护纠纷案——死者个人信息案（2021）京 0491 民初 47643 号。

上海某人力公司根据北京某公司提供的业务统计数据为李某结算薪资。

2021 年李某意外去世。四原告为维护自身合法权益，尝试登录李某在员工端 APP 上的账号查阅李某的考勤记录等个人信息，但发现该账号已被深圳某公司停用，相关信息无法查阅。四原告认为，被告二深圳某公司停用李某账号的行为导致其无法查阅李某的个人信息，进而严重阻碍其维护自身合法权益，侵犯了其享有的个人信息权利请求权。另外，四原告认为四被告基于各自的业务需要，均曾处理李某的上述个人信息。因此，四原告将四被告起诉到法院，请求法院判令四被告提供其主张的李某相关个人信息，并承担相应的侵权责任。

分歧意见

被告二深圳某公司认为，在李某去世后停用其账号属于正常管理活动，虽然深圳某公司停用了李某的账号，但在员工端 APP 的隐私政策中对于用户及近亲属调取个人信息有清晰指引，已经提供了供四原告调取李某个人信息的其他合理途径。另外，四被告共同辩称，其均未控制四原告主张的个人信息，四被告的行为不构成侵权，不应承担侵权责任，也无法向四原告提供其主张的个人信息。

法院认为，根据《个人信息保护法》第 49 条规定，自然人死亡的，其近亲属为了自身的合法、正当利益，可以对死者的相关个人信息行使本章规定的查阅、复制、更正、删除等权利；死者生前另有安排的除外。根据上述规定，在李某死亡的前提下，四原告作为李某的近亲属，主张李某的个人信息权益应当满足以下条件：针对李某的相关个人信息；为维护四原告自身的合法、正当利益；李某生前未另有安排。首先，四原告要求四被告提供李某的考勤记录等特定个人信息，属于对李某的相关个人信息行使权利；其次，经查上述个人信息可能涉及李某死亡原因，四原告已经据此另案起诉，四原告系通过对李某的个人信息主张权利来维护自身利益，并且不违反法律规定和公序良俗；最后，本案并无证据显示李某生前对其死后近亲属如何行使对其个人信息的权利作出相应安排，四原告有权对李某相关个人信息主张权利。

《个人信息保护法》虽然规定死者近亲属可以对死者相关个人信息主张

权利，但是该法第五条规定，处理个人信息应当遵循合法、正当、必要和诚信原则。因此，网络服务提供者在处理死者个人信息时应合法、正当、必要，不应不加任何限制地允许近亲属以一切手段对死者的相关个人信息主张权利。

对于死者生前个人网络账号而言，该账号内还可能涉及第三人的隐私、个人信息，直接允许近亲属登录死者账号查看相关内容可能侵犯第三人的相关权利，而这与《个人信息保护法》的具体规定和立法宗旨相违背。本案中，李某的账号还涉及案外第三人的个人信息、商业信息等内容，因此深圳某公司作为网络服务提供者不允许四原告直接登录李某账号行使权利并无不妥。

深圳某公司确已在员工端 APP 的隐私政策中规定了就个人信息保护问题行使权利的联系部门及具体联系方式，深圳某公司不存在拒绝四原告行使权利的情况。因此，深圳某公司已为四原告行使权利提供了其他合理途径，其停用李某账号的行为并未直接排除四原告就李某相关个人信息行使权利。此外，四被告确未控制四原告主张的个人信息，四被告不构成侵权，也无法提供李某个人信息。综上，四原告全部诉讼请求缺乏事实和法律依据，法院不予支持。法院作出一审判决，驳回四原告的全部诉讼请求。

评析意见

保护死者个人信息是弘扬社会主义核心价值观、贯彻诚信原则和公序良俗原则的必然要求。本案的意义表现在三个维度：首先，明确了用户去世之后，个人信息处理者仍然应当承担死者个人信息权利保护的义务，允许死者近亲属查询、复制死者的个人信息。其次，明确了个人信息处理者对于死者个人信息保护义务的履行边界，包括"提供调取死者个人信息的其他合理途径""基于业务关联的其他个人信息处理者不再实际控制死者的个人信息"等。最后，确认了自然人查询、复制个人信息的合理边界，即需要符合"合法、必要、正当原则"。[1]

从法律上来说，死者个人信息的保护有三种路径：一是继承法的路径，

---

〔1〕《2023 中国互联网法治大会丨法官讲案例（三）死者个人信息，近亲属有权查阅吗?》，载《北京互联网法院》公众号 2023 年 10 月 20 日。

即死者的个人信息可以被继承并据此得到保护；二是侵权法的路径，即当他人侵害死者的个人信息时，方可由死者的近亲属提起侵权诉讼；三是个人信息保护法的路径，即规定自然人死后，其近亲属依然可以针对死者的个人信息行使某些权利。我国分别采取第二、三种路径，《民法典》第994条对死者的姓名、名誉、隐私等的侵权法保护作出了规定，而《个人信息保护法》第49条则采取了第三种路径。与《个人信息保护法草案（第二次审议稿）》相比，最终出台的《个人信息保护法》第49条改变了立法目的，将保护死者的个人信息转化为保护死者近亲属的合法、正当利益。近亲属则只能针对死者的相关个人信息行使查询权、复制权、删除权等，所谓"相关个人信息"，是指与维护死者近亲属自身的合法、正当的利益具有直接、密切相关的个人信息。该规定的设立原因在于，死者的个人信息中可能包含有他人的个人信息或隐私，如果不对近亲属权利的行使边界加以限制，将会对他人的个人信息权益、隐私权产生侵害。因此，"相关"一词即限制了近亲属可以行使相关权利的死者的个人信息的范围。[1]关于死者近亲属能够对死者相关个人信息行使的权利，《个人信息保护法》第49条列举了查阅权、复制权、更正权、删除权，同时还使用"等"字对权利类型进行了兜底规定。对于死者近亲属是否享有《个人信息保护法》第四章规定的个人在个人信息处理活动中享有的知情权、决定权、可携带权等，学界存在不同观点：其一，有限权利说。该观点认为，死者近亲属对死者个人信息仅享有查阅权、复制权、更正权和删除权四项权利。有学者认为按照文义解释规则，死者近亲属可以代位行使的权利仅限于查阅权、复制权、更正权、删除权，而不包括知情权、决定权、可携带权、解释说明权等权利，因为这些权利的行使直接关系到信息主体是否信任信息处理者（如知情权、决定权、可携带权），或者在个人对个人信息处理规则难以理解时才可能行使相关权利（解释说明权）。这些权利的行使更依赖于信息主体本人的意愿，因此只能由信息主体本人行使，而不宜由死者近亲属等主体代为行使。[2]其二，宽泛权利说。该观点认为，死者近亲属对死者个人信息享有的权利

---

〔1〕 程啸：《论死者个人信息的保护》，载《法学评论》2021年第5期。

〔2〕 龙卫球：《中华人民共和国个人信息保护法释义》，中国法制出版社2021年版，第220页。

类型不限于上述四项权利,"等权利"这一兜底表述表明法律对死者近亲属权利类型的列举并非穷尽式列举,死者近亲属也可以依法行使其他权利。当然,死者近亲属是否可以行使《个人信息保护法》第四章所规定的其他各项权利,还需要具体分析,如知情权、决定权、可携带权等具有人身依附性,死者近亲属应无权行使,而补充权、解释说明权则可以由死者近亲属享有。[1]

法条链接

《中华人民共和国个人信息保护法》

第49条 自然人死亡的,其近亲属为了自身的合法、正当利益,可以对死者的相关个人信息行使本章规定的查阅、复制、更正、删除等权利;死者生前另有安排的除外。

《中华人民共和国民法典》

第994条 死者的姓名、肖像、名誉、荣誉、隐私、遗体等受到侵害的,其配偶、子女、父母有权依法请求行为人承担民事责任;死者没有配偶、子女且父母已经死亡的,其他近亲属有权依法请求行为人承担民事责任。

(执笔:王爽)

---

[1] 孙莹主编:《个人信息保护法条文解读与适用要点》,法律出版社2021年版,第150-151页。

二

合同、财产篇

"付费超前点播" 可能构成违约

——吴某某诉北京某科技公司网络服务合同纠纷案 *

案例要旨

　　近年来，视频网站的"付费超前点播"商业模式引发了广泛讨论。支持者认为，对新的商业模式应当持鼓励和宽容态度。反对者则认为，超前点播损害了 VIP 会员用户的权益，降低了用户体验。吴某某诉北京某科技公司网络服务合同纠纷案即是有关付费超前点播、会员专属广告的典型案件。该案判决有效衡平了互联网平台健康发展需求和用户权益需要，使得司法职能逐渐浸润至互联网经济发展的决策体系，并借此调节社会资源、带动网络空间治理体系法治化建设。

案例要点

　　付费超前点播　单方变更条款　公平原则　比例原则

基本案情

　　原告系被告平台的黄金 VIP 会员。原告在使用被告平台观看被告公司自制剧时，发现剧前仍然需要观看"会员专属广告"，须点击"跳过"方可继续观影，并非爱奇艺公司所承诺的"免广告、自动跳过片头广告"的会员特权。与此同时，被告平台承诺的黄金 VIP 会员所享有的"热剧抢先

---

　　* 案例来源：北京互联网法院（2020）京 0491 民初 3106 号民事判决书；北京市第四中级人民法院（2020）京 04 民终 359 号民事判决书。

看"特权也被被告单方面更改"付费超前点播",原告需再支付 3 元/集方可观看该影视剧,而不能仅依据黄金 VIP 会员观看。此外,"涉案 VIP 会员协议"存在多处违反《中华人民共和国合同法》(以下简称《合同法》)第 40 条规定内容的格式条款,违反了公平原则,应属无效。原告请求法院认定"涉案 VIP 会员协议"多项条款无效,要求被告取消所有广告内容及超前点播功能。

分歧意见

一、被告提供"付费超前点播"是否构成对其约定义务的违反

原告认为,黄金 VIP 会员"权益内容"内容界面的"热剧抢先看"标签及其说明明确了其作为黄金 VIP 会员可以免费享有观看被告提供的卫视热播电视剧、被告优质自制剧的最新剧集的会员权利。被告则认为,"权益内容"中的相关文字应该理解"提前看",而不是原告所理解的"看最新剧集"。同时,被告主张"热剧抢先看"的会员权益不能仅依靠"权益内容"来确定,还需要结合实际提供服务时的相关文字说明和标识来理解和确认。此外,被告认为此做法已经成为被告平台和用户之间的交易习惯,该交易习惯符合互联网视频平台的服务特性,对合同双方均有约束力。

在庭审中,被告另外提出,根据被告"VIP 特权展示页面"中的"热剧抢先看"载明的"权益内容","热剧抢先看"仅针对"卫视热播电视剧"和"被告优质自制剧"两类情形。提出涉案电视剧《庆余年》不是由被告制作的,不属于"被告优质自制剧",同时认为涉案电视剧《庆余年》在被告平台上播出前未在电视台卫视频道播出过,亦不属于"卫视热播电视剧"。因此,涉案电视剧《庆余年》不属于"权益内容"中约定的两类情形,原告不应该享有对涉案电视剧《庆余年》"热剧抢先看"的权益。

法院认为,不论从"权益内容"的文义,还是从整体会员体系来看,原告应当享有观看被告提供的卫视热播电视剧、被告优质自制剧最新剧集的权利,而无需额外付费。被告的相关行为既不成立单方变更合同,又不

成立协商一致变更合同，被告于 2019 年 12 月 8 日增加的"付费超前点播"条款对原告不发生法律效力。被告推出"付费超前点播"服务违反了其与原告之间"热剧抢先看"的约定，是对其"热剧抢先看"会员权益完整性的切割，实质性缩减了会员权益。因此，被告构成违约，应当承担违约责任。针对原告提出的判令被告取消超前点播功能的请求，法院认为，"付费超前点播"是被告商业模式的探索，该模式本身不违反法律规定，故对于原告要求取消"超前点播"的请求，没有法律依据，本院不予支持。针对原告提出的"向其提前供应包括'庆余年'在内的所有卫视热播电视剧、被告自制剧"的请求，其明确为"享有被告卫视热播电视剧、爱奇艺自制剧已经更新的剧集的观看权利"，系要求被告承担继续履行的法律责任。

二、被告提供的影视剧片头存在"会员专属推荐"是否构成违约行为

"涉案 VIP 会员协议"第 3.3 条约定："您理解并同意部分视频出于版权方等原因，视频的片头仍会有其他形式的广告呈现，上述呈现不视为被告侵权或违约"。原告认为，VIP 会员享有的权益内容项下载明："VIP会员专享广告特权，观看影视内容时，为您节省前贴片广告时间；同时VIP 会员可手动跳过精品影视、福利权益等会员专属推荐内容，省时省心不用等待！"被告提供的影视剧片头存在"会员专属推荐"虽然名为"推荐"，但实属"会员专属广告"，且该"会员专属推荐"需要手动关闭，故被告违反了免广告、自动跳过片头广告的"广告特权"约定。法院认为，"涉案 VIP 会员协议"中明确约定了"广告特权"和"会员专属推荐"的具体内容，在 VIP 会员权益介绍页面中，被告通过文字描述和图片示例的方式明确说明了"广告特权"的具体权益内容。被告平台影视剧片头存在的"会员专属推荐"符合上述约定，被告并未违约。

三、"涉案 VIP 会员协议"导言第二款相关内容的效力

"涉案 VIP 会员协议"导言第二款约定："双方同意前述免责、限制责任条款不属于《合同法》第 40 条规定的'免除其责任、加重对方责任、

排除对方主要权利'的条款，即您和北京某科技公司均认可前述条款的合法性及有效性，您不会以北京某科技公司未尽到合理提示义务为由而声称协议中条款非法或无效。"原告认为，该规定应属无效。被告认为，该条款未偏离公平原则，也不违反法律规定。法院认为，导言第二款中"即您和北京某科技公司均认可前述条款的合法性及有效性，您不会以北京某科技公司未尽到合理提示义务为由而声称协议中条款非法或无效"内容是对合同法第四十条的排除适用，故该部分内容无效。本案中，被告以格式条款提供方的地位，要求合同相对方承诺放弃以被告未尽到合理提示义务为由而主张格式条款非法或无效，从而达到免除或者降低其法定义务的目的，属于用格式条款的形式来拟制其已尽到法定义务的情形，实质是通过格式条款，排除合同相对方的法定权利，规避了应尽的法定义务，这一安排设计限制甚至排除消费者权利的意图明显，属于对消费者不公平、不合理的规定，应认定为无效。

评析意见

"付费超前点播"是数字时代互联网差异化、适配型服务的典型体现，网络平台经营者基于消费意愿推出会员制服务模式，属于正常经营范围。[1]但本案也同时凸显出网络平台经营者单方变更数字服务合同以适时调整服务内容与消费者权益保护之间的矛盾。具言之，网络服务合同作为长期合同，在履行过程中不可避免地会因为法律变迁、政策变化、技术更新等原因需要修改，平台和消费者逐个单一协商并不具有现实可行性，也会大大降低商业发展效率。虽然单方变更权可能会对契约严守原则造成冲击，使合同关系陷入不稳定状态，但是对于网络平台经营者而言，只有通过行使单方变更权才能够探索新型服务模式，实现平台盈利。对于消费者而言，消费者的消费体验和平台的服务质量息息相关，平台通过行使单方变更权能够有效增进消费者福祉。因此，网络服务平台行使单方变更权具有一定的正当性，关键在于，如何将网络服务平台的单方变更权限制在合理范围

---

〔1〕《北互法官说｜涉互联网社交媒体平台典型案例之"超前点播"网络服务合同案》，载微信公众号《北京互联网法院》2021年6月9日。

内，衡平网络服务平台商业发展与消费者权益保护。

对于单方变更权条款应从形式和实质两个维度予以规制：其一，形式维度。一方面，网络服务平台在与消费者订立合同时应当对单方变更权条款进行着重提示，以实质显著的方式充分履行提示说明义务。另一方面，网络服务平台在对条款进行单方变更时应当以实质有效的方式向消费者履行告知义务，告知其合同变更的情形及对消费者权益的影响，并以简洁易懂的方式告知消费者变更条款的原因及依据。在本案中，被告虽然履行了提示说明义务，但是在共有九千多字的"涉案 VIP 会员协议"中，加粗、加下划线的部分就多达六千多字，此种提示说明义务的履行并不能达致预设效果，造成了"显著提醒非显著"的现象。与此同时，还应当赋予消费者便捷的异议申诉途径和退出机制，否则会导致权利和义务的显著失衡。[1]其二，实质维度。现有立法中尚缺乏单方变更权的相关规定，在后续立法中应当从正面和负面双重视角对单方变更权边界进行厘清，制定单方变更条款的负面清单制度，以比例原则作为基准审查单方变更条款具有正当性和必要性、是否与法律规定、公序良俗相抵触、是否侵犯了消费者的合法权益、是否对商业秩序造成了负面影响。以公平原则界定单方变更权的底线正义，公平规则可归纳为类似民法的功能和任务意义上的"公平正义"和"双务合同中的利益均衡"两类定义，[2]对单方变更条款的约束基于"利益均衡说"的标准，即单方变更条款应当保障网络服务平台和消费者之间的利益均衡，如果单方变更条款使得双方利益不均衡时，该条款无效，不应对消费者产生效力。[3]

法条链接

《中华人民共和国民法典》

第 466 条 当事人对合同条款的理解有争议的，应当依据本法第一百

〔1〕 林洹民：《数字服务合同单方变更权之规制》，载《现代法学》2023 年第 2 期。

〔2〕 贺栩栩：《〈合同法〉第 40 条后段（格式条款效力审查）评注》，载《法学家》2018 年第 6 期。

〔3〕 陈玉梅、杜政辰：《网络服务平台单方变更权的法律规制——以爱奇艺超前点播案为例》，载《湖南科技大学学报（社会科学版）》2022 年第 1 期。

四十二条第一款的规定，确定争议条款的含义。合同文本采用两种以上文字订立并约定具有同等效力的，对各文本使用的词句推定具有相同含义。各文本使用的词句不一致的，应当根据合同的相关条款、性质、目的以及诚信原则等予以解释。

第 496 条　格式条款是当事人为了重复使用而预先拟定，并在订立合同时未与对方协商的条款。

采用格式条款订立合同的，提供格式条款的一方应当遵循公平原则确定当事人之间的权利和义务，并采取合理的方式提示对方注意免除或者减轻其责任等与对方有重大利害关系的条款，按照对方的要求，对该条款予以说明。提供格式条款的一方未履行提示或者说明义务，致使对方没有注意或者理解与其有重大利害关系的条款的，对方可以主张该条款不成为合同的内容。

第 497 条　有下列情形之一的，该格式条款无效：

（一）具有本法第一编第六章第三节和本法第五百零六条规定的无效情形；

（二）提供格式条款一方不合理地免除或者减轻其责任、加重对方责任、限制对方主要权利；

（三）提供格式条款一方排除对方主要权利。

第 498 条　对格式条款的理解发生争议的，应当按照通常理解予以解释。对格式条款有两种以上解释的，应当作出不利于提供格式条款一方的解释。格式条款和非格式条款不一致的，应当采用非格式条款。

第 543 条　当事人协商一致，可以变更合同。

（执笔：姜依菲、夏进勇）

游戏公司"365天未登录则删号"的
条款有效吗？
——周某能诉上海某网络科技有限公司服务合同纠纷案

案例要旨

游戏公司在为用户提供服务时，应当确保所提供的格式条款遵循公平原则和诚实信用原则，切实保护用户的合法权益。2022 年，上海一中院对一起涉及游戏服务合同纠纷的上诉案作出判决，认定游戏公司关于"如用户连续 365 天未登陆游戏，公司有权删除账号"的格式条款违反了公平原则、诚实信用原则，不符合交易习惯，且可能导致用户的合同目的落空。这一判决表明，游戏公司在制定用户协议时，必须充分考虑用户的权益，确保条款的公平性和合理性。随着玩家维权意识的提高，游戏公司面临的法律和公众审视也将更加严格。因此，保障用户条款的公平合理已成为行业发展的必然趋势。游戏公司应当加强自律，制定合理的用户协议，以维护用户的合法权益，促进游戏行业的健康发展。游戏玩家在遇到此类事件时也应当积极取证维权。

基本案情

2020 年 1 月，原告小周下载了一款热门手机卡牌游戏。下载完成后，他点击进入注册，页面弹窗《游戏许可及服务协议》，小周点击阅读并同意，根据提示完成了实名认证，绑定好手机号。为了更好的游戏体验，他前后充值 4 千余元购买道具等，并达到 VIP11 特权等级。

2020 年 5 月初，他想换绑一个新手机号，但试了几次都未能成功。客服答复称"暂时不支持解绑,之后会进一步优化和改善,抱歉"。他发现APP内的《客服—常见问题—账号—如何解绑已经绑定的账号?》中亦载明"为了保证您的账号安全,已绑定的第三方账号无法更换或解除绑定"。

他还仔细查阅了注册时签订的《游戏许可及服务协议》,发现有诸多不合理之处。尤其是第5.3条"用户充分理解并同意,为高效利用服务器资源,如果用户长期未使用游戏账号登录游戏,公司有权视需要,在提前通知的情况下,对该账号及其账号下的游戏数据及相关信息采取删除等处置措施,上述处置可能导致用户对该游戏账号下相关权益的丧失,对此本公司不承担任何责任……"

小周认为,游戏公司的这些规定已经侵犯了正常用户的合法权益,遂向法院提起诉讼,请求法院确认游戏内前述两款条款内容无效。

分歧意见

被告游戏公司认为删除休眠账号条款有效。一是设定删除休眠账号条款主要是为了保护活跃玩家利益,打击黑产和租号行为,保护未成年人,以及维护游戏运行秩序。该措施被认为是应对网络游戏黑色产业链和批量注册账户问题的必要条款,旨在防止被黑产利用进行非法活动。二是条款还旨在防止未成年人通过租号平台绕过游戏限制,符合行业内防沉迷政策。服务器容量有限,休眠账户过多可能影响游戏体验。三是删除休眠账号是网络游戏行业的普遍做法,证明了其必要性和合理性。

原告玩家小周提出:一是游戏公司未能证明其因休眠账号管理运营负担过重,且仅一年时间该公司就有权删除账号,期限也不合理。二是即便该条款系游戏行业通用规则,亦不能认定该公司制定的格式条款合法有效。三是该公司提出制定该条款系为打击黑产,休眠账号占用服务器资源等,均不能成为该公司制定格式条款,侵犯玩家权益的合法理由。该公司可以有很多手段、渠道打击黑产,比如注册端就可以进行限制,不能以删除365天不登陆账号这个手段以偏概全来打击黑产。

法院意见:该条款系游戏公司为了重复使用而预先拟定,其内容具有不可协商性,属格式条款。且该处置措施将使账号及账号下的道具等存在失权且无法恢复之风险,故该条款是对游戏用户主要权利的限制。根据

《民法典》第 497 条，该类条款是否有效，取决于是否满足合理性要件。

第一，游戏公司主张该条款系为打击 "网络黑产" 等目的而设置，但从当事人的庭审陈述看，休眠账号删除条款并非打击 "网络黑产" 的唯一手段，且休眠账户与 "网络黑产" 之间并无直接的关联性，游戏公司以此为由限制玩家的主要权利，并不合理。

第二，游戏公司主张大量休眠账号的存在，增加了其运营成本，影响了正常用户的游戏体验。但其未举证因此所致运营成本增长与否、成本增长幅度、游戏体验是否受到影响及影响程度，且足以达到必须通过删除账户的方式予以解决的程度，故游戏公司据此限制游戏用户的主要权利并不合理。

第三，在对双方权利进行限制与保护时，需要考量是否导致利益失衡。变更后的休眠条款虽然对休眠期间进行了明确，但并未提供事先提醒或者事后补救等救济措施，该条款仍使游戏用户面临无救济措施而直接丧失合同主要权利的风险，玩家的过失与其承担的风险并不相当。玩家必须保持一定的登录频次才能保有主要权利，就此难言良好的服务体验，亦与游戏公司提供优质服务的合同义务不相符合。

综合上述分析，游戏公司对涉案游戏进行必要的管理或者对游戏玩家的权利进行必要的限制，只要不存在法律规定的无效情形，则并无不当，亦是其合法权利。但该权利的行使不得超过必要限度而损害服务合同相对方的利益。涉案休眠账号删除条款，超过了必要限度，对被上诉人主要权利的限制并不合理，属于《民法典》第 497 条规定的格式条款无效的情形。

专家评析

在当前的数字时代，游戏公司制定的各种用户协议条款受到了广泛的关注和讨论。其中，"连续 365 天未登录即删除账号" 的条款成为争议的焦点。这一条款在一些游戏公司的用户协议中普遍存在，旨在清理长期不活跃的游戏账号，以优化服务器资源。然而，这一做法是否合理，是否符合法律规定，以及它对玩家权利的影响，都是值得深入分析的问题。

首先，从法律角度来看，根据《民法典》等相关法律规定，合同条款应当遵守公平原则和诚实信用原则。条款不应单方面过分倾斜于一方，且应充分考虑双方权利和义务的平衡。在这一框架下，"连续365天未登录即删除账号"的条款可能会被认为是对玩家权利的不合理限制，尤其是如果玩家有充值或其他投入，比如删除账号及相关数据、信息，关系游戏玩家能否继续使用原有账号及账号内的游戏道具、装备、游戏币等，游戏道具、装备等又直接关系游戏玩家的游戏体验，由此看，此类条款确实是对游戏玩家的主要权利的限制。

其次，此类条款是否违反了诚实信用原则？如果游戏公司未能提供充分的通知，或在删除账号前未给予玩家合理的时间来响应或恢复账号，则可能被视为违反了诚实信用原则。用户协议应当明确、易于理解，并应当在执行前给予用户足够的通知。

最后，此类条款是否符合交易习惯？在数字内容和虚拟物品日益重要的今天，用户对自己的游戏账号和其中的虚拟物品具有深厚的情感和经济投入。因此，任意删除这些账号可能违背了现代数字产品服务的一般交易习惯，尤其是当这些账号包含有价值的虚拟物品时。

对于玩家而言，面对此类条款，建议采取以下策略来保护自己的权利：

首先，定期登录游戏账号，以防止账号被视为休眠并被删除。

其次，仔细阅读并理解游戏的用户协议，特别是其中关于账号管理和删除的条款。如果有变动，游戏公司通常会通过邮件或游戏内通知玩家，因此保持联系信息的更新也很重要。

此外，如果玩家发现自己的账号被错误地删除，应立即保存下相关的证据，包括但不限于：

（1）截图或录屏：当遇到可能影响账号状态的情况时，比如游戏内提示、交易记录、账号状态变化等，立即截图或录屏；

（2）保留邮件和通讯记录：所有与游戏公司的通信，包括电子邮件、在线客服对话、社交媒体消息等，都应当保存。

（3）记录登录日志：如果可能，保留或记录登录游戏的日期和时间，尤其在长时间未登录前，记录最后一次登录的时间。

留存好证据后，可联系游戏公司的客服，提供必要的信息和证据，要求恢复账号。如果通过客服途径无法解决问题，玩家还可以考虑寻求法律咨询，探讨是否有必要通过法律途径来维护自己的权利。

总之，"连续 365 天未登录即删除账号"的条款引发的争议，不仅关乎法律的解释和适用，也触及了数字时代下用户权利保护的新问题。对此，游戏公司应在制定相关条款时更加谨慎，确保其合法性和合理性，同时也应提供足够的通知和救济途径，以尊重和保护玩家的权利。而玩家则应更加积极地了解自己的权利，并在必要时采取措施予以保护。

法条链接

《中华人民共和国民法典》

第 497 条 有下列情形之一的，该格式条款无效：

（一）具有本法第一编第六章第三节和本法第五百零六条规定的无效情形；

（二）提供格式条款一方不合理地免除或者减轻其责任、加重对方责任、限制对方主要权利；

（三）提供格式条款一方排除对方主要权利。

（执笔：农雅晴）

电子商务平台经营者的安全保障义务

——王某诉深圳依时货拉拉科技有限公司等机动车交通事故责任纠纷案 *

案例要旨

《电子商务法》第38条第2款明确规定了电子商务平台经营者的安全保障义务。该款规定的"相应的责任"包括民事责任、行政责任、刑事责任。就民事责任而言，根据具体情形的不同，可指向连带责任、按份责任、补充责任。在认定民事责任时，若特别法对电子商务平台经营者的责任有专门规定，应当适用该规定；如果没有特别法规定，应适用民法上侵权责任的相关规定，全面考量平台经营者的安全保障能力、过错程度、对消费者保护的特殊需要等因素，公平合理地确定平台经营者的责任。

案例要点

电子商务平台　审核义务　安全保障义务

基本案情

货拉拉APP的经营者为货拉拉公司，黄某建为货拉拉APP平台注册司机。2018年11月25日22时03分许，张某州通过手机货拉拉APP下单，从广州运送货物到深圳，货拉拉公司接单后指派黄某建驾驶赣KG9667号

---

* 案例来源：广东省深圳市宝安区人民法院（2019）粤0306民初3266号民事判决书；广东省深圳市中级人民法院（2020）粤03民终943号民事判决书，该案是深圳市中级人民法院发布的2020年全市法院典型案例（市中级法院篇）之一。

小型车承运（搭载乘客王某）。途中发生单方道路交通事故，造成王某受伤并被实施开颅手术。交警认定黄某建未按规范操作安全驾驶负事故全部责任。王某诉请黄某建赔偿阶段性医疗费用331 576.68元，货拉拉公司承担连带责任。

分歧意见

一审法院认为，本次事故系因黄某建未按操作规范安全驾驶而造成的单方道路交通事故，且黄某建负事故的全部责任，王某无责任，故黄某建应承担本案赔偿责任。关于货拉拉公司的责任承担，《电子商务法》第38条第2款规定，对关系消费者生命健康的商品或者服务，电子商务平台经营者对平台内经营者的资质资格未尽到审核义务，或者对消费者未尽到安全保障义务，造成消费者损害的，依法承担相应的责任。具体到本案中，货拉拉公司是货拉拉APP营运方，黄某建是货拉拉APP上的注册司机，但黄某建不具有普通货运从业资格证书，黄某建的车辆不具有交通运输部门颁发的车辆营运证，而黄某建事故发生时承接订单并承担运输任务明显是营运行为，货拉拉公司没有审核司机的相关资质，增加了司机从事营运时发生事故的几率，故货拉拉公司应对黄某建的赔偿义务承担补充清偿责任。

货拉拉公司与王某不服广东省深圳市宝安区人民法院作出的一审判决，向广东省深圳市中级人民法院提起上诉。

王某辩称，黄某建属于"以挂靠形式从事道路运输经营活动"情形，货拉拉公司系被挂靠方，货拉拉公司应对黄某建赔偿义务承担连带责任。

货拉拉公司辩称，其仅为用户提供免费信息服务，与承运司机黄某建和托运人张某州形成居间合同关系，其并非承运人或营运资质挂靠方，无需承担连带责任。

二审法院认为，从货拉拉APP运营服务过程来看，张某州通过平台下单托运前已确认《货拉拉用户协议》，并在确认订单前与平台签订《货物托运居间服务协议》，说明张某州认可和接受《货拉拉用户协议》申明的关于货拉拉公司仅为平台用户与参与运输的面包车、货车方货运信息中介服务提供者，并非双方的代理人，亦非运输合约的任何一方主体。货拉拉公司与黄某建并非挂靠关系，货拉拉公司仅为张某某与黄某建提供货物运输信息中介服务。

货拉拉公司开发货运 O2O 软件 APP，为社会公众提供关于货物运输车辆的信息平台乃至交易平台，货拉拉公司应当按照道路运输和电子商务经营相关规范开展经营活动。2018 年 8 月 31 日表决通过并自 2019 年 1 月 1 日起施行的《电子商务法》第 38 条第 2 款规定，对关系消费者生命健康的商品或者服务，电商平台经营者对平台内经营者的资质资格未尽到审核义务，或者对消费者未尽到安全保障义务，造成消费者损害的，依法承担相应的责任。该规定虽然在案涉交通事故发生之时尚未实施，但作为已颁布的法律，在无相关互联网平台经营者责任法律规范情况下，可以作为确定互联网平台经营者安全保障义务和资质资格审查义务的参考依据。本案中，货拉拉公司未审查黄某建营运资质，放任不具有营运资质的黄某建为其平台注册司机，有违电商信息平台和交易平台经营者对平台内经营者资质审核、把关义务以及消费者安全保障义务的要求。货拉拉公司因未尽安全保障和资质资格审查义务，应当就涉案交通事故对王某造成的损害承担与其过错相适应的补充责任。

关于货拉拉公司应当承担补充清偿责任的范围。本案中，由于货拉拉公司向张某某提供信息为无偿信息，而且，张某某最终系与实际承运人黄某建就具体承运标的、承运行程、运费数额及支付形式、承运业务执行等事项进行协商后达成协议，加之，本案交通事故的发生系因黄某建未按操作规范安全驾驶所致，货拉拉公司有违诚信居间和报告义务以及未尽安全保障和资质资格审查义务并非涉案交通事故发生的直接原因。本院综合考量上述因素认为货拉拉公司承担补充赔偿的比例不宜过高，本院酌定货拉拉公司应对黄某建不能清偿义务的 50% 部分承担补充责任。

2020 年 11 月 26 日，广东省深圳市中级人民法院判决将广东省深圳市宝安区人民法院关于货拉拉公司对黄某建本案赔偿义务 329 133.68 元承担补充清偿责任的判决，变更为货拉拉公司对黄某建本案赔偿义务中的 164 566.84 元部分承担补充清偿责任。该判决为终审判决。

评析意见

随着数字经济时代的到来,拥有海量数据生产要素的平台在社会经济运行和民众日常生活中发挥着越来越重要的基础性作用,成为各类社会资源配置和人际连接、互动的中枢。[1]与此同时,我国的电子商务也在蓬勃发展。根据中国互联网络信息中心发布的第 52 次《中国互联网络发展状况统计报告》,截至 2023 年 6 月,我国网络购物用户规模达 8.84 亿人,占网民整体的 82.0%;[2]商务部的统计数据也显示,2023 年我国电子商务交易总额为 43.83 万亿元,实物商品网上零售额占社零总额的比重超过 1/4,连续 11 年成为全球最大网络零售市场。[3]在此背景下,2018 年颁布的《电子商务法》加强了平台的义务和责任,首次将安全保障义务从线下拓展至线上,明确规定了电子商务平台经营者的安全保障义务。然而,囿于起草过程中平台经营者、平台内经营者和消费者等各方的巨大意见分歧,立法最终放弃了"连带责任""相应的补充责任"等清晰的表述,将电子商务平台经营者违反安全保障义务的法律责任定为"相应的责任",以期搁置争议。[4]但是,这样模糊的表述也同样造成了理解中的障碍,其含义有待进一步阐释。在适用《电子商务法》第 38 条第 2 款时应当把握以下三个问题。

1. 适用范围:关系消费者生命健康的商品或者服务

第 38 条第 2 款规定的安全保障义务只适用于"关系消费者生命健康的商品或者服务"。常见的关系消费者生命健康的商品如日用工业产品、食品、药品、保健品、健身用品、易燃易爆物品、有毒有害物质等;常见的

---

〔1〕 薛军:《〈电子商务法〉平台责任的内涵及其适用模式》,载《法律科学(西北政法大学学报)》2023 年第 1 期。

〔2〕 中国互联网络信息中心:《中国互联网络发展状况统计报告》(第 52 次),2023 年 8 月 28 日发布,第 30 页。

〔3〕 《电子商务法实施五周年 中国电子商务规模效益显著提升》,载中华人民共和国商务部官网 2024 年 1 月 16 日,http://www.mofcom.gov.cn/article/tj/tjzc/202401/20240103466709.shtml,最后访问日期:2024 年 2 月 1 日。

〔4〕 王姝:《电商法第 38 条 平台责任条款五次修改背后的深意》,载新京报网 2018 年 8 月 31 日,https://www.bjnews.com.cn/detail/155153201314423.html,最后访问日期:2024 年 2 月 1 日。

关系消费者生命健康的服务领域如医疗、美容、护理、餐饮、旅游、交通、劳务等。[1]但除前面列举的商品和服务，还有哪些商品和服务"关系消费者生命健康"，目前尚无明确的标准，需要在个案中结合实际情况进行具体分析。但有一点是明确的：相较于《电子商务法》第 38 条第 1 款的"人身、财产安全"，"生命健康"在范围上小得多，不仅排除了财产性权益，也排除了姓名权、隐私权等精神性人格权益，仅限于物质性人格权。因此，不可盲目扩大该款的适用范围。

2. 主观过错：违反审核义务或安全保障义务

民法上违反一般安全保障义务的侵权责任是一种过错责任；[2]同理，平台经营者违反安全保障义务的民事责任也是一种过错责任，其过错就表现在未尽审核义务或者安全保障义务。[3]

这里的"审核义务"系指平台经营者依据《电子商务法》第 27 条[4]之规定，对进入平台的经营者应当尽到审查、登记及定期核验的义务。需要注意的是，虽然《电子商务法》第 38 条第 2 款在"审核义务"之前增加了"资质资格"的限定，但这并不意味着此处审核的对象仅限于平台内经营者的资质资格信息，而不包括基本身份信息。因为根据《中华人民共和国消费者权益保护法》第 44 条第 1 款的规定，平台经营者若不能提供平台内经营者的真实名称、地址和有效联系方式，则消费者有权向其要求赔偿。可见，无论是资质信息还是基本信息都在审核义务的范围之内；"资质资格"的表述也只是一种强调性规定：对于关系消费者生命健康的商品销售者或者服务提供者，要尤其注重对其经营资格的审查。

这里的"安全保障义务"专指消费者安全保障义务。广义的平台安全

---

〔1〕 全国人大财经委员会电子商务法起草组编著：《中华人民共和国电子商务法条文释义》，法律出版社 2018 年版，第 118 页。

〔2〕 最高人民法院民法典贯彻实施工作领导小组主编：《中华人民共和国民法典侵权责任编理解与适用》，人民法院出版社 2020 年版，第 288 页。

〔3〕 全国人大财经委员会电子商务法起草组编著：《中华人民共和国电子商务法条文释义》，法律出版社 2018 年版，第 121 页。

〔4〕《电子商务法》第 27 条："电子商务平台经营者应当要求申请进入平台销售商品或者提供服务的经营者提交其身份、地址、联系方式、行政许可等真实信息，进行核验、登记，建立登记档案，并定期核验更新。电子商务平台经营者为进入平台销售商品或者提供服务的非经营用户提供服务，应当遵守本节有关规定。"

保障义务除了消费者安全保障义务，还包括网络安全保障义务[1]、交易安全保障义务[2]、个人信息安全保障义务[3]。正如前文所述，该款的保护对象仅限于物质性人格权，而对物质性人格权的侵害必须采取线下的、物理性的方式。[4]只有消费者安全因以商品的使用与服务的提供为主要内容而涉及线下环节，才有可能发生对物质性人格权的侵害；网络安全、交易安全、个人信息安全均属于线上安全的范畴，主要是财产权的问题，偶有涉及精神性人格权，但不涉及物质性人格权。就消费者安全保障义务而言，可进一步划分为防止消费者遭受其自身侵害的安全保障义务与防止消费者遭受平台内经营者侵害的安全保障义务，二者的区别是：在前者中，只要消费者受到来自平台经营者的损害，即可认定为是对安全保障义务的违反；在后者中，只要平台经营者在合理的限度范围内采取的风险防范措施已降低平台内经营者实施侵权行为的概率或者缩小了损害的范围，即可认为其尽到了安全保障义务，并不要求其必须阻断损害的发生。[5]

3. 法律后果：承担相应的责任

平台经营者违反审核义务和安全保障义务时究竟应当承担何种责任，理论界和实务界尚未形成一致意见。[6]因此，在适用该款时首先要确定"相应的责任"的涵摄范围，这又可分为责任属性与责任形态两个问题。就责任属性而言，"相应的责任"不仅指民事责任，同时还包括行政责任与刑事责任。从《电子商务法》的起草过程看，平台违反审核义务与安全保障义务时应承担的"相应的责任"与行政处罚[7]是被同步规定在草案中的，可见在立法者的角度，"相应的责任"包含民事责任以外的内容。全国人大常委会有关负责人在该法通过后的新闻发布会上已明确表示如果平台经营者未尽到安全保障义务，除了承担民事责任，还要依法承担行政

〔1〕《电子商务法》第79条。
〔2〕《电子商务法》第30条第1款。
〔3〕《电子商务法》第32条。
〔4〕王利明：《人格权法》，中国人民大学出版社2022年版，第20页。
〔5〕莫杨燊：《电子商务平台经营者违反安全保障义务的侵权责任构造》，载《重庆大学学报（社会科学版）》2023年3月20日。
〔6〕武腾：《电子商务平台经营者的侵权责任》，载《法商研究》2022年第2期。
〔7〕《电子商务法》第83条。

责任和刑事责任;[1]电子商务法起草组在对该法的解读中也强调"相应的责任"既包括民事责任,也包括行政责任与刑事责任。[2]当然,实践中该款在绝大多数情况下指向民事责任,因此下文主要围绕民事责任展开。就民事责任的形式而言,"相应的责任"应当理解为一种开放式的规定,根据具体情况的不同,可能指向连带责任、补充责任、按份责任。事实上,立法者之所以舍弃"连带责任""相应的补充责任"等确定性规定而采"相应的责任"这一模糊的表述,就是因为实践中平台经营者违反审核义务和安全保障义务的情况比较复杂,需要根据实际情况具体认定。[3]实践中法院也认为这是立法者授权法官根据案件情况具体判定。[4]

而关于平台经营者民事责任的认定,应当把握两个原则。一是"特别法优先原则",即在特别法对平台经营者的责任有专门规定时,应当适用该规定。例如,根据《食品安全法》第 131 条第 1 款的规定,网络食品交易第三方平台提供者未对入网食品经营者进行实名登记、审查许可证,或者未履行报告、停止提供网络交易平台服务等义务,使消费者的合法权益受到损害的,应当与食品经营者承担连带责任;根据《广告法》第 56 条第 2 款的规定,若平台经营或者发布关系消费者生命健康的商品或者服务的虚假广告,造成消费者损害,应当与广告主承担连带责任;根据《消费者权益保护法》第 44 条第 1 款的规定,平台若不能提供销售者或者服务者的真实名称、地址和有效联系方式的,消费者可以向平台要求赔偿,平台作出更有利于消费者的承诺的,应当履行承诺。二是"具体分析原则",即在没有特别法规定时,应适用侵权责任法等相关规定。例如,在第三人侵权的情况下,若平台经营者知道或者应当知道其未尽审核义务或者安全保障义务使消费者处于危险之中,此时平台经营者与第三人构成共同侵权,根据《民法典》第 1168 条的规定,应由平台经营者与第三人承担连

---

〔1〕 全国人大常委会办公厅 2018 年 8 月 31 日新闻发布会,载中国人大网,http://www.npc.gov.cn/zgrdw/npc/zhibo/zzzb36/node_27366.htm,最后访问日期:2024 年 2 月 1 日。

〔2〕 全国人大财经委员会电子商务法起草组编著:《中华人民共和国电子商务法条文释义》,法律出版社 2018 年版,第 119 页。

〔3〕 《全国人民代表大会宪法和法律委员会关于〈中华人民共和国电子商务法(草案四次审议稿)〉修改意见的报告》,2018 年 8 月 31 日。

〔4〕 案例来源:上海市第一中级人民法院(2020)沪 01 民终 4520 号民事判决书。

带责任；若不构成共同侵权，则可以适用《民法典》第1198条第2款的规定，由第三人承担侵权责任，平台经营者承担相应的补充责任。[1]在具体适用中应准确把握"相应的"一词，全面考量平台经营者的安全保障能力、过错程度、对消费者保护的特殊需要等因素，公平合理地确定平台经营者的责任。[2]

法条链接

《中华人民共和国电子商务法》

第38条 电子商务平台经营者知道或者应当知道平台内经营者销售的商品或者提供的服务不符合保障人身、财产安全的要求，或者有其他侵害消费者合法权益行为，未采取必要措施的，依法与该平台内经营者承担连带责任。

对关系消费者生命健康的商品或者服务，电子商务平台经营者对平台内经营者的资质资格未尽到审核义务，或者对消费者未尽到安全保障义务，造成消费者损害的，依法承担相应的责任。

《中华人民共和国民法典》

第1198条 宾馆、商场、银行、车站、机场、体育场馆、娱乐场所等经营场所、公共场所的经营者、管理者或者群众性活动的组织者，未尽到安全保障义务，造成他人损害的，应当承担侵权责任。

因第三人的行为造成他人损害的，由第三人承担侵权责任；经营者、管理者或者组织者未尽到安全保障义务的，承担相应的补充责任。经营者、管理者或者组织者承担补充责任后，可以向第三人追偿。

（执笔：武峰）

---

〔1〕 崔聪聪主编：《电子商务法》，知识产权出版社2019年版，第109－110页。
〔2〕 赵旭东主编：《电子商务法学》，高等教育出版社2019年版，第121－123页。

跨境贸易中卖方钱货两空的纠纷解决

——跨境贸易信用卡交易拒付案 *

案例要旨

跨境在平台内商家与跨境电商平台签订有信用保障服务相关协议的情况下，海外买家使用境外发卡行发放的信用卡支付，买家在交易达成后于银行端发起信用卡拒付申请，跨境平台经营者已将信用卡拒付信息通知商家，并提醒其及时提交抗辩材料，也告知逾期提交的不利后果，因商家自身原因未提交抗辩材料，信用卡银行判定拒付成功的，商家应自行承担相应不利后果。

案例要点

跨境贸易信用卡　交易拒付　诚实信用原则

基本案情

原告某电商公司系某跨境电商平台内经营者，与跨境电商平台签订有《信用保障合作协议》和《信用保障服务规则》，开通了信用保障服务。根据信用保障服务的相关约定及信用卡支付的相关交易准则，在海外买家使用境外发卡行发放的信用卡支付时，买家可在交易达成后于银行端发起信用卡拒付申请，若卖家未在合理期限内提交有效抗辩材料，信用卡银行可

---

　* 案例来源：杭州互联网法院司法护航跨境数字贸易高质量发展十大典型案例，网址：https://mp. weixin. qq. com/s/O5hkSu0uKggDJL-ozlRd6KQ。

判定买方拒付成功。2022 年 5 月，原告某电商公司通过某跨境电商平台与海外客户签订了多笔信保订单，海外客户通过信用卡发卡行支付了信保订单金额 5000 余美元，某电商公司依约发货。某电商公司发货后，该海外客户以"假冒商品"为由向信保订单支付的信用卡发卡银行发起拒付。在该海外客户发起拒付后，某跨境电商平台经营者均通过邮件方式向原告发送"信用卡拒付通知"，告知原告每笔信用卡拒付关联的订单信息，并告知原告"收到拒付通知后尽快联系买家了解拒付原因，请在收到本邮件后的 7 个自然日内提供抗辩资料，逾期未提交资料将默认贵司放弃申诉接受拒付退款"。后原告未在合理期限内提交抗辩材料，信用卡银行判定买方拒付成功，上述订单基于信用卡支付的货款金额自原告账户扣划后均返还至信用卡银行账户。原告向法院提起诉讼，主张某跨境电商平台经营者自其平台账户扣划资金用于退回信用卡发卡行违法，请求某跨境电商平台经营者承担赔偿责任。

分歧意见

法院经审理认为，根据原告与跨境电商平台经营者签订的信用保障服务的相关协议及信用卡支付的相关交易准则，在海外买家使用境外发卡行发放的信用卡支付时，买家可在交易达成后于银行端发起信用卡拒付申请，若原告未在合理期限内提交有效抗辩材料，信用卡发卡行可判定买方拒付成功。案涉跨境贸易订单的海外买家选择了信用卡支付方式，使用境外发卡行发放的信用卡付款后，于银行端发起了拒付申请，跨境平台经营者已将信用卡拒付信息通知原告，并提醒其及时提交抗辩材料，也告知了逾期提交的不利后果。后因原告未在合理期限内提交抗辩材料，信用卡银行判定买家拒付成功，跨境电商平台经营者或其关联公司已依约先行替代原告履行返款义务。该情形符合前述协议约定的因原告原因（例如，举证不力或放弃举证）导致抗辩失败，原告应承担赔偿平台经营者或其关联公司代付金额的责任。故某电商平台经营者扣划原告案涉店铺账户内资金并无不当，法院驳回了原告的全部诉讼请求。

在跨境出海贸易中，海外买家多选择信用卡支付方式进行货款结算，跨境电商平台亦会与平台内商家签订相关信用保障服务协议，约定双方注意事项和权利义务。该案即属于海外买家在使用信用卡支付后向信用卡发卡银行提出拒付申请，在跨境电商平台已将相关拒付通知告知商家的情况下，商家应自身原因错过了信用卡发卡银行的抗辩期间，导致买家拒付申请成立，信用卡发卡银行向平台或关联机构收回了已付的款项，导致商家钱、货两空。通过此案足以警醒跨境电商平台内商家，一定要注意及时应对买家向支付货款的信用卡发卡银行提出的拒付申请，并根据买家的申请事项提出有效的抗辩材料，以维护自身的合法权利。跨境电商平台亦应在能力范畴内，协助商家应对好类似信用卡拒付申请事项，共同维护好跨境出海数字贸易的经营环境。

评析意见

在跨境电商交易中，信用卡拒付不仅涉及买卖双方的合同责任，还涉及跨境支付、银行信用卡管理以及国际法的域外效力问题。

1. 买卖双方签订的信用保障服务协议及相关法律问题分析

跨境电商平台与商家之间签订的信用保障服务相关协议明确买卖双方的权利和义务，包括发生信用卡拒付时的处理流程和责任分配。如果协议中规定了在发生信用卡拒付时商家需要提交抗辩材料的义务，并且平台已经履行了通知商家的责任，那么商家未按时提交抗辩材料通常需要自行承担相应的不利后果。当事人的权利和义务是基于他们之间的合同关系。跨境电商平台、商家和消费者需要根据合同法和电子商务法等相关法律来确定各自的责任。合同中通常会包含关于支付条款、商品或服务的描述、退货退款政策、争议解决机制等内容，这些都可能对信用卡拒付的处理产生影响。跨境支付涉及不同国家和地区的支付系统，可能需要遵守不同的金融监管规则。[1]跨境支付涉及汇率转换、支付处理时间以及反洗钱等国际金融合规要求。[2]发卡行通常根据所在国的法律和信用卡网络的规则管理信用卡业务。信用卡拒付可能是因为未授权使用、欺诈行为、交易合规性

---

〔1〕 韩龙：《国际金融法》，高等教育出版社 2020 年版，第 63－65 页。
〔2〕 Mangai Natarajan edited：International And Transnational Crime and Justice，Second Edition，Cambridge University Press2019，pp. 299－303.

问题或产品和服务不满意等多种原因。当金融数据跨境流动，不仅涉及公民个人信息权，还涉及一国的公共利益。[1]银行在处理拒付请求时，需要平衡消费者保护和防止欺诈的需要。

国际贸易法、国际私法以及各国签署的双边或多边条约可能对跨境电商交易和信用卡拒付的处理有所影响。某些国际条约可能允许在一国法院提起与跨境交易有关的诉讼，并要求其他缔约国承认和执行这些判决。在跨境电商中解决争议可能涉及诉讼、仲裁或调解等多种途径。商家和消费者可以在合同中预先设定争议解决的管辖地和适用法律，例如通过仲裁条款指定仲裁地点和适用的仲裁规则。各国的消费者保护法律在跨境电商中的适用可能存在差异，消费者保护的强度和范围可能因国家而异。跨境电商平台和商家需要了解目标市场的消费者保护法规，并确保其商业实践符合这些要求。跨境交易涉及的个人数据传输受到严格的国际数据保护法律的监管，如欧盟的《通用数据保护条例》（GDPR）。[2]商家和平台需要确保他们的数据处理活动符合所有相关的数据保护法律要求，特别是在处理支付信息时。

总之，跨境电商交易中的信用卡拒付问题是一个多维度的问题，需要综合考虑合同义务、支付规则、国际法律和消费者权利保护等多方面的因素。为了妥善处理这类问题，跨境电商平台和商家需要具备跨国法律和合规意识，避免出现此案例中商家未能及时反馈导致的信用卡拒付损失。

2. 买家的信用卡拒付权利与卖家的抗辩义务

买家使用信用卡进行支付时，通常享有拒付的权利，这是为了保护消费者免受欺诈和不公平交易的保障。拒付申请可以在交易存在争议或商品或服务未按约定提供时由买家发起。一旦买家发起拒付，商家有机会通过向跨境电商平台提交抗辩材料来证明交易的合法性，且商品或服务已按约定提供。这些材料可能包括交易证据、物流信息、买家确认收货的证明等。如果商家未能在规定时间内提交这些材料，可能会失去抗辩的机会。

〔1〕 李爱君、王艺：《数据出境法学原理与实务》，法律出版社 2023 年版，第 55 - 56 页。

〔2〕 〔英〕IT Governance 隐私小组：《欧盟通用数据保护——GDPR 合规实践》，刘合翔译，清华大学出版社 2021 年版，第 79 页。

跨境贸易中，买家信用卡拒付是卖家面临的一个主要风险。卖方可以通过如下途径减少买方信用卡拒付风险。

一是制定并公布清晰的退货和退款政策，并确保买家在购买前了解这些政策。提供准确的商品描述和高质量的图片，确保买家了解他们购买的产品。使用有声誉的支付网关，这些网关通常提供防欺诈措施和安全协议来减少未授权交易的风险。

二是利用提供者如银行或第三方服务的风险评估工具来识别高风险交易并在必要时采取预防措施。提供优质的客户服务，快速响应客户询问和投诉，这可以帮助解决问题，从而避免拒付。对于实体商品，使用可追踪的运输服务，并要求签收证明，以此证明商品已经被送达。商家可以考虑购买信用卡拒付保险或通过支付服务商提供的担保服务自我保护。[1]保持交易记录的完整性和可追溯性，包括通信记录，以便在争议发生时提供证据。银行需要提供多币种交易和多语种客户服务以降低由于理解错误导致的拒付。对于电子产品和服务，确保买家了解如何正确使用，避免因误解产品功能而导致拒付。确保遵守所有相关的国内外法律和规定，包括遵守跨境税收和关税缴纳相关政策。

三是如果发生信用卡拒付，应及时与买家沟通，并使用支付平台提供的争议解决工具。如果必要，可以寻求法律途径或通过仲裁解决争端。与有经验的国际支付处理商合作，他们可以提供专业的跨境支付解决方案和支持。通过实施以上策略，卖家可以显著降低跨境贸易中买家拒付信用卡的风险。然而，完全消除消费者信用卡拒付风险非常困难，因此卖家应该准备好处理这些问题，并将其视为跨境电子商务的一部分成本。

3. 跨境平台经营者的责任

平台通知商家发生拒付并提示提交抗辩材料，履行了其在协议中的责任。平台提醒了商家逾期提交材料的不利后果，这一行为有助于商家了解情况并采取相应措施。该案中跨境电商平台已经尽到了自身责任，而商家未在答辩期内提交异议材料，因此导致了商家被信用卡拒付的损失。跨境

───────────

〔1〕 余劲松、吴志攀主编：《国际经济法》，北京大学出版社、高等教育出版社2009年版，第410–411页。

平台经营者在其中的告知责任均已尽到，故该案中不承担责任。

4. 信用卡银行拒付的责任

信用卡发卡行在接到拒付申请后，会根据自己的规程和相关国际法规进行审查和判定。如果银行判定拒付成功，而商家未能提供充分的抗辩材料，银行会支持买家的拒付申请。如果因为商家未能履行其在信用保障服务协议中的义务导致拒付成功，在该案中表现为买方以"商品假冒"为由拒付，并且商家在答辩期内并未提出异议，商家需要自行承担损失，这可能包括交易金额的损失、可能产生的罚金以及信用记录的影响。

综上分析，跨境电商平台的商家在签订相关协议后，严格遵守协议内容是其基本义务，在处理信用卡拒付问题时，商家要按时提交必要的抗辩材料。这样才能最大限度地减少由于买方信用卡拒付导致的损失。同时，跨境电商平台应当提供必要的支持和指导，帮助商家正确处理这类问题。

法条链接

《中华人民共和国民法典》

第7条 民事主体从事民事活动，应当遵循诚信原则，秉持诚实，恪守承诺。

《中华人民共和国电子商务法》

第73条 国家推动建立与不同国家、地区之间跨境电子商务的交流合作，参与电子商务国际规则的制定，促进电子签名、电子身份等国际互认。

国家推动建立与不同国家、地区之间的跨境电子商务争议解决机制。

《中华人民共和国消费者权益保护法》

第16条 经营者向消费者提供商品或者服务，应当依照本法和其他有关法律、法规的规定履行义务。

经营者和消费者有约定的，应当按照约定履行义务，但双方的约定不得违背法律、法规的规定。

经营者向消费者提供商品或者服务，应当恪守社会公德，诚信经营，保障消费者的合法权益；不得设定不公平、不合理的交易条件，不得强制交易。

《银保监会 人民银行关于进一步促进信用卡业务规范
健康发展的通知》银保监规〔2022〕13 号

七、加强消费者合法权益保护

（三十一）银行业金融机构应当建立消费者权益保护审查制度和工作机制，并纳入信用卡业务风险管理和内部控制体系。定期严格审查信用卡格式合同，避免出现侵害消费者合法权益的条款和内容。

（执笔：李贝贝）

初始注册人享有网络游戏账号使用权和账号内游戏数据迁移的权益

——胡某诉某（北京）科技公司、北京某科技公司、第三人王某网络服务合同纠纷案[1]

案例要旨

技术在日新月异的同时，也在改变着社会关系和生产关系，由此带来的变革产生了诸多新型法律问题，关于网络虚拟财产的归属问题成为热点之一。胡某诉某（北京）科技公司、北京某科技公司、第三人王某网络服务合同一案明晰了网络游戏账号和账号内游戏数据等网络虚拟财产的归属权问题。该案件明确了实务当中在没有具体法律依据情形下，网络服务协议是网络虚拟财产的归属判定的重要依据，并认为初始注册人的认定应结合游戏账号注册时的实际情况以及账号使用情况来综合判定。

案例要点

网络虚拟财产　初始注册人　游戏账号归属游戏数据迁移

基本案情

涉案游戏原为甲公司运营，2020 年 7 月被告乙公司、丙公司从甲公司获取授权并获得涉案游戏的运营权，原告胡某与第三人王某同为涉案游戏的玩家。原告胡某于 2015 年 9 月在涉案游戏注册账号，并绑定其实名认证的手机号码和邮箱，后续一段时间停止游玩涉案游戏。第三人王某于

---

〔1〕　案例来源：北京互联网法院（2021）京 0491 民初 44088 号民事判决书。

2019 年 12 月通过第三方网站购买了该涉案账号，并将账号绑定的身份证号变更为本人身份证号，但未变更该账号绑定的手机号和邮箱号。

2020 年 7 月被告乙公司、丙公司从甲公司获取授权后正式开始运营该游戏，并在登录页面公示了《甲服务器玩家账号数据继承至乙服务器数据继承规则》（以下简称继承规则），该规则规定用户如果想继续在乙服务器（由乙公司与丙公司运营）上使用涉案游戏及相关服务，并且保留在甲服务器（由甲公司运营）现有账号中的所有游戏进度和成就，需要将现有的甲服务器上的账号数据继承至乙服务器的账号中。

2020 年 9 月，原告胡某根据继承规则试图完成涉案账号相关数据继承，在操作未果后提起了数据迁移账号争议申诉，被告二公司判定涉案账号使用权归属原告胡某，原告胡某由此完成涉案账号数据继承。2020 年 12 月第三人王某提交数据迁移账号争议申诉，表示涉案账号被其他玩家继承，申诉找回涉案账号数据。二被告判定后再次认定涉案账号使用权归属第三人王某，该账号数据应由第三人王某继承，故封停了原告胡某的乙服务器账号。涉案账号数据被第三人王某继承至其在乙服务器的账号中。

因此原告胡某诉至法院，称与第三人王某并不相识，请求判令被告将原告的游戏账号解封，并判令二被告承担本案的诉讼费用。

分歧意见

原告胡某认为：游戏注册时的各项协议明确规定"禁止对账户进行任何出售、购买、租赁、出租、交换或其他商业使用""登录账号使用权仅属于初始申请注册人，禁止赠予、分配、转让、继受或售卖"，原告于 2015 年 9 月 17 日注册了涉案游戏的账号并一直使用，相关手机号码、QQ 号码、邮箱均系原告本人实名认证，原告作为游戏账号初始注册人应当享有涉案游戏账号使用权。甲公司未能保护好原告的个人信息与账号安全，导致涉案账号被盗，侵害了原告的合法权益，致使原告无法继承涉案游戏账号的数据，继续正常使用游戏账号。二被告作为新的运营者应对此负责，有义务帮助原告解决历史遗留问题，应当判定涉案游戏账号使用权归属于原告，并由原告继承游戏数据。因此请求法院判令二被告解封游戏账号。

被告乙公司和丙公司共同辩称：账号实名信息是判断账号权属的核心标志。本案中，原告胡某首先继承了原账号中的数据，第三人王某随后提出申诉，并提交了与涉案账号一致的实名信息和相关充值消费记录，被告丙公司在原告提交的证据未能反驳第三人证据的情况下，判定账号数据归属于第三人王某并无不当。涉案游戏推出时，原告已经成年，基于游戏常识理解，玩家应当提供真实信息进行实名注册并承担提供虚假信息导致的结果。原告述称其注册涉案游戏时因记不住身份证号而胡乱填写的这一说法可信度极低，被告基于实名认证信息判定归属并无不当且已经尽到了平台的应尽义务，封禁原告账号的行为也具有充分的法律事实依据。综上，请求法院驳回原告全部诉讼请求。

第三人王某述称：其一，虽然与原告不认识，但可以推断出原告曾出售涉案游戏账号并获取利益，现在涉案游戏火爆后，原告又希望要回该账号；其二，本人不存在盗号行为，曾于2019年12月在第三方网站购买了涉案游戏账号，并已经支付了合理对价，同时获得了该账号中原告所认证的身份证号、手机号等信息，此后一直使用该账号进行游戏，涉案游戏账号继承数据和使用权应当归本人所有。

法院认为网络用户与平台之间签订有网络服务协议，系网络服务合同关系。用户因签订协议而取得授权使用，并要在使用过程中遵守相关规则。涉案账号的绑定手机号码和个人邮箱均为原告实名注册持有且长期使用，而且原告的充值记录最早于2016年开始。在涉案游戏账号数据继承发生争议时，虽然涉案账号的绑定身份证号与原告身份证号不同，但第三人述称其在购买账号后将涉案账号所绑定的姓名、身份证号进行了更改，且本案原告或甲公司均并非出卖方。根据双方协议规定涉案账号使用权主体不因第三人购买行为发生变更，可以认定原告为涉案账号的初始申请注册人，享有涉案账号使用权。因原告享有涉案账号的使用权，根据二被告发布的"继承规则"原告有权按照数据继承流程继承涉案账号数据。

同时，原告先后在甲服务器和乙服务器注册游戏账号，与甲公司、二被告分别成立了网络服务合同关系。二被告作为原甲服务器玩家账号数据服务器实际管理者、涉案游戏实际运营者，在明知第三人系通过买卖方式取得涉案账号的情况下，未通过手机和邮箱验证信息等方式查证身份实名信息，而是仅根据争议申诉时，已经变更后涉案账号身份信息便认定涉案账号使用权归属第三人并封停了原告在乙服务器中的游戏账号，其行为构成违约。且二被告皆在协议页面的版权署名，因此二被告应承担连带责任。网络游戏用户对创建的账号、角色和获取的虚拟财产享有权利，该权利受法律保护。在服务期限内，网络游戏服务商非依法律规定或者当事人约定，不得删除或者修改用户数据，不得干扰用户对数据、虚拟财产的使用，否则便侵害了用户对数据、虚拟财产的使用权益。二被告应当解封原告在乙服务器注册的账号。

评析意见

当今社会网络游戏已成为人们日常休闲娱乐的重要方式。截止到2022年，中国电子竞技产业收入达1445.03亿元，电竞用户规模约4.88亿人，在产值规模、用户人数、发展速度等方面稳居世界第一位，中国已成为全球最大的电竞市场。[1]甚至某些网络游戏随着受众群体的壮大已成为大型体育赛事的竞技项目，2020年12月16日，在第39届亚奥理事会全体代表大会上，7项电子竞技项目获准列为杭州亚运会正式比赛项目。[2]游戏用户为获得更好的游玩体验，会对其账号投入相应的时间精力，以及通过充值方式投入金钱。不同的账号根据投入的不同在特定的"游戏圈"内的价值有所区别，游戏账号及其中的道具数据在"游戏圈"内已然成为"财产"，在现实生活中也演变成网络虚拟财产。目前而言，仅有《民法典》第127条规定，法律对数据、网络虚拟财产的保护有规定的，依照其规定。这是网络虚拟财产的概念第一次写入民事基本法律，也宣告了法律对数据、网络虚拟财产的保护，为之后相关法律的规定提供了法律基础。但同时也需注意到民法典及其他法律并未对具体的保护细节进行规定，后续的相关保护仍需进一步完善相关法律。虽然目前关于网络虚拟财产保护的法

---

〔1〕 苏瑞淇：《正视电子竞技产业的价值》，载人民网，http://finance. people. com. cn/n1/2023/0416/c1004 – 32665437. html，最后访问时间：2024年2月15日。

〔2〕 杭州第19届亚运会电子项目介绍，载杭州第19届亚运会官网，https://www. hang-zhou2022. cn/sssg/ssxm/202203/t20220330_46418. shtml，最后访问时间：2024年2月15日。

律规定并不明确，但在司法实务中已然存在大量判例。就网络游戏虚拟财产而言，公开数据查询结果显示，2009 年至 2022 年，全国法院共受理涉网络游戏虚拟财产类一审案件 190 件，各案件中包含游戏中的虚拟货币、装备以及游戏账号等诸多关于网络游戏虚拟财产类案件。[1]该案虽为网络服务合同纠纷案，但实际上是涉及游戏账号类网络虚拟财产的权利归属以及数据继承问题，其核心在于涉案游戏账号归属权。

在该案当中二被告两次将涉案账户的归属权分别判定给原告胡某与第三人王某的原因在于涉案账号的实际注册人与当时的账号实名认证人有所区别，并且原告与第三人都分别在不同时间段使用过涉案游戏账号。法院则认为根据涉案游戏的协议规定，账号的归属权应属于注册人，根据原告所提交的证明材料判定涉案账号的实际注册人为原告，涉案游戏账号应当归属于原告，并由原告继承游戏数据。网络服务协议关于账号的归属约定以及账户的实际注册人的认定对于账号的归属判定尤为关键。在青岛末那识文化传媒有限公司、李靖物权确认纠纷案[2]与广州中印色彩数码科技有限公司、刘清桃等物权保护纠纷案[3]中，用户协议都规定账号的使用权归属于初始注册人，但最终账号的使用权并未判定给账号初始注册登记人。由此可见，即使平台协议约定账号归属于初始注册人，在司法判例当中并不绝对会将账号判定归属于初始注册登记人。其原因在于实际生活当中账号的初始注册的登记人、实际使用者、账号内容呈现者可能存在差别。在游戏账号中的纷争相对简单，只会存在初始登记人与实际使用者不同，但在社交平台的账号归属问题中则会出现上述三

---

〔1〕 封瑜：《金玉之言：网游案件虚拟财产的审理思路》，载《法治时代杂志》微信公众号 2023 年 3 月 16 日。

〔2〕 根据《用户协议》规定，账号的使用权归属于初始注册人。公司经案外人同意以案外人名义购买手机号码，并使用该手机号码注册账号，完成抖音账号信息，系通过事实行为取得抖音账户的使用权。公司作为该抖音账号初始注册手机号码的持有人应当享有该抖音账号的使用权。即使之后的账号实名认证人与初始注册人不一致，也不能因此排除公司对账号享有的使用权。案例来源：山东省青岛市中级人民法院（2023）鲁 02 民终 3845 号判决书。

〔3〕 法院认为公司虽不是账号的初始注册人，但账号是公司员工基于职务行为注册并用于工作用途的，可以认定账号为工作账号，公司对其享有账号使用权。即使之后有员工对账号变更实名认证，导致账号初始注册人与实名认证人不一致，公司也可继续以账号为工作账号为由，享有账号使用权。案例来源：广州互联网法院（2022）粤 0192 民初 2446 号判决书。

者都不相同的情形。究其核心，关于账号归属的关键考量还是在于注册账号的"真实注册人"是谁，"真实注册人"的判定不能仅依据注册时所登记的身份信息来判断，还应综合考虑账号的注册意图以及账号的实际使用者或运营者。

在该案中，原告胡某在初始注册时并未实名登记其身份证号，也因此导致其账号被转卖。但法院的判决中并未依据此唯一的证据判定涉案账号归属，而是综合考量了涉案账号注册时登记的手机号码、QQ 账号、邮箱等信息，以及原告胡某提交的账号使用情况和充值记录来综合判定其为初始注册人。

当然，在不同案件中关于账号类网络虚拟财产的归属也不尽相同，具体的归属情况主要考虑以下几个方面：其一，平台用户服务协议中对账号归属的规定，现有判例当中无论何种账号纷争，用户协议规定都是主要依据，虽然大部分平台都规定账号归属于初始注册人，但部分平台关于注册登记人与实际使用人不同时的账号归属规则不同或并无规定，因此首先应考虑用户协议的规定；其二，账号初始注册所用的实名登记情况，账号初始注册的实名登记是平台认定账号归属直接依据，实名登记人与实际使用人不同容易导致纷争；其三，账号注册原因及用途，在实际登记人与实际使用者不同时，账号注册原因以及用途是判定账号"真实注册人"的核心依据。

法条链接

《中华人民共和国民法典》

第 119 条 依法成立的合同，对当事人具有法律约束力。

第 127 条 法律对数据、网络虚拟财产的保护有规定的，依照其规定。

第 496 条 格式条款是当事人为了重复使用而预先拟定，并在订立合同时未与对方协商的条款。

采用格式条款订立合同的，提供格式条款的一方应当遵循公平原则确定当事人之间的权利和义务，并采取合理的方式提示对方注意免除或者减轻其责任等与对方有重大利害关系的条款，按照对方的要求，对该条款予以说明。提供格式条款的一方未履行提示或者说明义务，致使对方没有注意或者理解与其有重大利害关系的条款的，对方可以主张该条款不成为合同的内容。

第 577 条 当事人一方不履行合同义务或者履行合同义务不符合约定的，应当承担继续履行、采取补救措施或者赔偿损失等违约责任。

（执笔：贺亚峰）

游戏停服后玩家的虚拟财产应予补偿

——成利勇诉天津云畅科技有限公司网络侵权纠纷案 *

案例要旨

近几年随着大量游戏的停服，游戏玩家与游戏厂商关于游戏停服涉及的游戏数据所有权、合同违约、损失确认与赔偿等争议日益突出并广受关注，其中争议较大且较难调和的是玩家损失确认与赔偿。2022 年 8 月，北京互联网法院审结了一起因游戏停服导致的网络游戏虚拟财产侵权案件，认定手游运营商具有过错，构成侵权，应向玩家赔偿游戏道具损失。该案由于进一步明晰了网络虚拟财产的整体保护范围、损害赔偿等细节问题，有利于维护交易安全和发挥虚拟财产的价值效用，保障数字经济良好发展，因而获评"2022 年度中国网络治理十大司法案件"〔1〕。

案例要点

游戏停服　游戏道具　虚拟财产侵权　损失确认

基本案情

云畅公司是《刀剑神域：黑衣剑士》网络游戏的运营商，在向游戏玩家提供网络服务时未签订详细的网络服务协议。其于 2019 年 10 月 31 日发

　＊　案例来源：北京互联网法院（2020）京 0491 民初 5335 号判决书。
〔1〕《北京互联网法院平台治理十大典型案件丨砥砺五载·典型案例篇》，载微信公众号《北京互联网法院》2023 年 9 月 3 日。

布《停运公告说明》，同日公布补偿方案：提供云畅公司旗下其他网络游戏以供游戏转移，并给予《刀剑神域：黑衣剑士》网络游戏玩家历史充值总额 5% 绑定元宝作为补偿。成利勇系该网络游戏玩家，拥有该游戏两个账号，并给两游戏账号累计充值约 20 万元。在云畅公司宣布游戏停服后，成利勇将其诉至法院，主张云畅公司停止游戏运营侵害了自己的合法权益，要求退还尚未使用的虚拟货币 3 万余元，以及赔偿因终止运营而失效的游戏服务折合 100 万余元及利息等。

分歧意见

原告成利勇主张，云畅公司宣称《刀剑神域：黑衣剑士》为国内唯一正版授权手游，但未公告该游戏授权期限，误使玩家认为该游戏会一直持续运营，然而 2019 年 10 月 31 日却发布《停运公告说明》。其本人作为该手游的玩家，在该款游戏中投入时间、精力和心血，以自己的智慧和物质财产在网络游戏中达到一定的成就和"身份地位"，得到相应的钻石、饰品、装备、道具、角色卡等。现云畅公司终止运营游戏，并且公布的补偿方案显失公允，致使其在该款网络游戏中虚拟人物身份和成就永久性灭失，给自己造成了极大的经济损失，理应赔偿。

被告云畅公司答辩称，其终止网络服务运营并无过错，无需承担侵权责任。成利勇作为一个资深网络游戏玩家，应该充分了解和可以预见任何一款网络游戏都有其生命周期，不可能永久持续运营，而且云畅公司在涉案游戏的宣传中并无任何虚假宣传和永久持续运营的承诺。根据《网络游戏管理暂行办法》第 22 条规定，网络游戏运营企业终止运营网络游戏，或者网络游戏运营权发生转移的，应当提前 60 日予以公告。除非明确承诺，网络游戏服务并不设定持续有效期，网络游戏运营者均按照该办法提前 60 天发布停运公告，已经是行业惯例。因此，云畅公司在提前 60 日发布停运公告的情况下，符合法律规定程序和商业习惯，其对涉案游戏停止运营，并不构成侵权。

法院经审理认为，被告云畅公司的行为构成侵权。根据查明的事实，云畅公司并未举证证明终止运营网络游戏前 60 日予以公告已经成为行业惯例，故对该辩称不予支持。被告处分原告账户内的网络虚拟财产时，既没有法定的权利，也没有与原告约定的同意，因此主观上存在过错，应当承担赔偿损失等侵权责任。

其次，对原告的损失应根据具体情况综合确定。对于涉案手游停止运营时剩余的游戏货币，手游中的游戏货币由法定货币直接购买获得，在其没有兑换成其他游戏道具之时，原告并没有获得对应的服务，故手游运营商应当赔偿对应的人民币金额。对于涉案手游停止运营时剩余的游戏道具，系原告在游玩过程中取得的，即便涉案手游继续运营，亦无法将该部分游戏道具直接兑换成人民币。鉴于原告已经接受了一定期限的游戏服务并享受了游戏乐趣，法院根据原告充值的全部金额、游戏时间等酌情确定游戏道具灭失的赔偿金额。目前该案判决已生效。

评析意见

2023 年，我国游戏行业市场规模同比增长 13.95%，首次突破 3000 亿元关口，玩家规模近 6.7 亿人[1]；在如此巨大的体量下，因游戏生命周期或运营权到期等各种原因，每年都有大量网络游戏停止运营。例如，2022 年 11 月 16 日晚全球知名游戏厂商动视暴雪发布声明，宣布结束与网易的代理合作。声明指出，代理协议到期后，将暂停在中国大陆的大部分暴雪游戏服务。包括《魔兽世界》《炉石传说》《守望先锋》《星际争霸》等 8 款游戏[2]。此外，第三方机构调研报告显示，2022 年，国内手机应用市场在线游戏数量不足 10 万款，而 2021 年游戏市场中存在手机游戏 68.7 万款，降幅高达 85%[3]。在网络游戏停服后，如何妥善处理玩家在游戏中投入所形成虚拟财产的相关权益，既涉及游戏相关虚拟财产如何认定及衡量价值，更关乎游戏开发者、游戏运营者和玩家间三方利益平衡的问题。

---

〔1〕 新华网：《〈2023 年中国游戏产业报告〉正式发布》，载新华网，http://www.xinhuanet.com/ent/20231215/f670a4330eac41d6859e9f11d9226d5b/c.html，最后访问日期：2024 年 2 月 20 日。

〔2〕 网易：《致暴雪游戏玩家的一封信》，载网易，https://www.163.com/dy/article/HMD4A03F0552N3G0.html，最后访问日期：2024 年 2 月 20 日。

〔3〕《七麦数据报告：2021 年游戏数量锐减，但总分发量增加且突破 3000 亿次》，载游戏陀螺，https://www.youxituoluo.com/528893.html，最后访问日期：2024 年 2 月 20 日；《近 90 页！〈2022 年移动互联网白皮书〉重磅发布！中国在线游戏数量不足 10 万款；直播电商赛道竞争白热化；云游戏再起浪潮!》，载微信公众号《七麦数据》2023 年 2 月 21 日。

但是，就游戏停服后如何处理玩家游戏内虚拟道具的问题，目前立法层面暂无明确规定。《民法典》第127条虽承认了网络虚拟财产受法律保护，但仅作了"依照其规定"的原则性安排。2009年原文化部及商务部发布的《文化部、商务部关于加强网络游戏虚拟货币管理工作的通知》（下称《通知》）虽早已明确：网络游戏若停服，其运营企业需提前60天公告。对于用户未使用的虚拟货币，企业须以法定货币或其他用户接受的方式退还[1]。但上述《通知》，作为规范性法律文件的效力较低，司法实践中难以作为适用法律的依据，仅对于案件审理具有参考意义。并且，《通知》也仅局限于对"充值且未使用"的游戏代币需退还进行了明确，但对游戏道具（无论充值或非充值所得）对应的经济利益该如何处理，并未予以任何规定。

1. 涉游戏道具案件的司法认定现状

涉及游戏停服的司法案件，争议往往聚焦于玩家充值金额的返还问题。在上述立法现状下，司法实践往往将游戏虚拟财产按取得来源是否为"充值"分为两类：充值类虚拟财产及非充值虚拟财产。围绕相关判决就两类虚拟财产的认定及支持情况，案件结果可归纳为以下三种情形[2]：

（1）玩家充值总金额予以全部赔偿。这类判决结果，司法实践中鲜有案例，仅在游戏运营商无法说明停服时间、也未提供证据证明剩余未使用代币的数额的特殊情况下，才可能出现[3]。

（2）玩家未消耗的游戏代币对应充值金额予以退还。该种情形在司法实践中几乎没有争议。法院通常认为，游戏货币由法定货币直接购买获得，在其没有兑换成其他游戏道具之时，玩家便并没有获得对应的服务，

---

[1] 《文化部、商务部关于加强网络游戏虚拟货币管理工作的通知》（十一）：网络游戏运营企业计划终止其产品和服务提供的，须提前60天予以公告。终止服务时，对于用户已经购买但尚未使用的虚拟货币，网络游戏运营企业必须以法定货币方式或用户接受的其它方式退还用户。网络游戏因停止服务接入、技术故障等网络游戏运营企业自身原因连续中断服务30天的，视为终止。

[2] 《金杜知卓｜游戏停服后，玩家虚拟财产怎么办?》，载微信公众号《知产力》2022年11月20日。

[3] 案例来源：（2018）川0191民初4867号民事判决书；在该案中，成都高新法院认为，游戏公司未说明游戏停服时间，玩家在游戏停服后已无法通过登录游戏的方式查看剩余充值金额，故支持了玩家赔偿充值总额的诉求。

因而"未使用的网络游戏虚拟货币"应按充值购买的相应比例由游戏公司退还[1]。在本篇评析的案件里，法院便认为，涉案游戏《黑衣剑士》中"钻石"由法定货币直接购买获得，在其没有兑换成其他游戏道具之时，原告并没有获得对应的服务，被告云畅公司应当赔偿剩余钻石对应的人民币金额。

（3）就"尚未失效的游戏服务"进行酌定处理。对此司法实践存在不同裁判观点。有部分法院认为，玩家在游戏中投入金钱、时间、精力等获得的虚拟物品均属于游戏中本可以继续使用的部分，即属于"尚未失效的游戏服务"，在停服的情况下，因相关价值难以精准计算，酌定按玩家累计充值情况、游戏道具的使用时间、游戏公司曾确定的补偿方案等因素酌情确定补偿金额。但也有法院认为，游戏中的道具等虚拟物，其本质是为游戏服务，用户之前享受了游戏的乐趣，在停服后便失去价值，不属于未失效的游戏服务，不应予以退还。

在本篇评析的案例中，北京互联网法院认为，游戏停运后，涉案游戏账号中剩余的游戏道具，系玩家在游戏游玩过程中取得的，即便游戏继续运营，亦无法将该部分游戏道具直接兑换成人民币，但该部分道具具有财产属性，涉案游戏停止运营损害了玩家合法权益，依法应以赔偿。同时，由于原告接受了一定期限的游戏服务并享受了游戏乐趣，法院最终根据原告游玩该游戏所充值的全部金额、游玩游戏的期间等酌情确定游戏道具灭失的赔偿金额。此外，深圳中院、北京三中院也有相关判决[2]对"网络游戏装备、角色、等级"等尚未失效的游戏服务进行酌定补偿。

笔者认为，对"尚未失效的游戏服务"酌定补偿，而不是以"玩家已享受游戏服务，合同已履行完毕"一概不支持，是较为适宜的做法，更有利于维护交易安全，发挥虚拟财产的价值效用。本篇评析的案件便是持这一观点，其最终获评"2022 年度中国网络治理十大司法案件"，也能一定

---

[1] 案例来源：（2021）粤 01 民终 3985 号民事判决书；（2020）赣 0103 民初 5303 号民事判决书；（2021）粤 0192 民初 22811 号民事判决书；（2017）京 0101 民初 12493 号民事判决书、（2017）京 02 民终 11821 号民事判决书；（2021）粤 01 民终 16116 号民事判决书。

[2] 案例来源：（2019）粤 03 民终 3273 号案民事判决书；（2019）京 03 民终 10897 号民事判决书。

程度说明对这一问题的司法认定新风向。

2. 网络游戏虚拟道具的价值认定

但是，考虑到网络游戏本质属于一种网络服务，在酌情认定是否予以赔偿或补偿及其对应的价值数额时，应结合游戏道具的获取来源、获取时间、获取难度、已获游戏乐趣、已享受服务的时间等因素综合考虑。基于"网络游戏道具是以充值所得"区分，可分为以下两种情形：

（1）"人民币直接购买的道具、消耗充值代币取得的道具"的价值认定。对这类道具，其取得方式实际是"人民币—（代币）—道具"，从代币角度看，取得该道具的代币已耗费，该部分金额已被排除在"未使用的虚拟货币应予退还"的范围外；但是，从道具角度看，归根结底其还是玩家花费人民币所得，若全然视为已享受服务不予补偿，可能有失妥当。比如，对停服前不久才获取的道具，玩家可能还并未享受多少游戏服务与乐趣，道具便不再能使用了。因此，应综合考虑取得时间、停服时间、运营中版本更新时间综合予以评价。

在网络游戏中，游戏道具和游戏版本具有高度关联性。在某一版本中发挥作用巨大的道具，在下一次版本中，随着新道具的推出，其作用和玩家价值评价则会大大降低。因此，笔者认为，应以停服时版本为判断标准，对于该版本上线后推出的道具，应考虑其尚存未被玩家所享用的服务或价值。对于停服时版本之前版本所推出的道具，其主要功能和价值在之前版本中就已实现，其所承载的游戏服务已被玩家享受；而且，就如现实中买新不买旧一样，有新版本的新道具，玩家通常也不会买之前版本的老道具，所以非停服时版本的道具应视为无剩余价值。

（2）"基于游戏行为获得的道具"的价值认定。这类道具的本质更接近于游戏服务，且在玩家获取时即享受了对应服务。停服时，可以不另行补偿为原则，以特别补偿为例外。

一方面，游戏道具是游戏的一部分，游戏功能发挥离不开各种道具的存在。道具在玩游戏过程中，往往已发挥其作用和价值。因此，不能简单以停服时游戏账户还存在游戏道具，就认定需要补偿。另一方面，基于游戏行为获得的道具，通常具有概率性，即越普通的道具，越易获得；越特别的道具，越难获得。但是，获取难度又与玩家获得该道具时所获得的游戏快乐呈正比。所以,对于那些极难取得的道具,虽然玩家可能认为价值高,但当玩家获得该道具时,其享受的游戏乐趣也极高。玩家玩游戏主要是为了乐趣,而非盈利,故道具作为游戏奖励的价值与能带给玩家游戏乐趣的关联度,应远大于与价值本身的关联度。玩家应是理性的,虽然其为取得稀有道具,在游戏中花费大量时间、精力,但在取得之时,其获得喜悦和乐趣,也应足以值回其投入;否则,玩家就不会投入如此高的成本。

当然,对于某些极为特殊的道具,如掉落率极低,获得难度极大,且玩家群体普遍认为其持续性具有极高价值,可以予以特别考虑。但应由玩家就其主张的剩余价值承担举证责任,并以证据可证明的价值为基础,来酌情认定补偿金额。同时,这类道具的取得时间距离停服时间的长短,以及取得版本与停服版本的差距,也应作为衡量其剩余价值的考量。

综合分析,在网络游戏中,虚拟财产可以根据获取来源的不同分为充值类虚拟财产和非充值类虚拟财产。充值类虚拟财产是玩家充值后直接获取或兑换的尚未使用的游戏道具。对于充值类虚拟财产,玩家在受到损失时,尚未享受该财产所带来的回报,则网络游戏运营商有义务将玩家的该部分充值金额予以返还。非充值类虚拟财产是指玩家在游戏的过程中获得的虚拟财产,如任务奖励、关卡掉落等。对于非充值类虚拟财产[1],在判断玩家的虚拟财产损失时,应当结合该财产的获取来源、难度,玩家在消费中产生的乐趣、享受服务的时间长短等因素综合考虑,合理确定虚拟财产的数额。

法条链接

《中华人民共和国民法典》

第 127 条　法律对数据、网络虚拟财产的保护有规定的,依照其规定。

《文化部、商务部关于加强网络游戏虚拟货币管理工作的通知》

（十一）　网络游戏运营企业计划终止其产品和服务提供的,须提前60

---

[1]　《网络游戏停服,游戏道具的损失谁承担?》,载微信公众号《最高人民法院司法案例研究院》2022 年 11 月 2 日。

天予以公告。终止服务时，对于用户已经购买但尚未使用的虚拟货币，网络游戏运营企业必须以法定货币方式或用户接受的其它方式退还用户。

网络游戏因停止服务接入、技术故障等网络游戏运营企业自身原因连续中断服务 30 天的，视为终止。

（执笔：田一丁）

网络游戏中的"游戏币元宝"
是刑法保护的财产

——叶茂等非法获取计算机信息系统数据、
非法控制计算机系统案 *

案例要旨

作为现代人休闲娱乐的重要方式，网络游戏已经成为许多人生活中不可或缺的组成部分。在如今的数字社会之中，游戏账号等网络游戏虚拟财产形成了新的个人财产形式。而在这个全新的领域中，新技术为社会带来的巨大变革也带来了诸多全新的法律问题，对司法的空白领域发出新的挑战。本案中，法院承认网络游戏中的"游戏币元宝"具有财产价值，属于刑法分则中财产犯罪的犯罪对象，侵犯网络游戏虚拟财产的行为可以构成盗窃罪等财产犯罪，同时对于侵犯网络游戏虚拟财产犯罪的犯罪数额认定提供了一种比例化的可行进路。

基本案情

2018 年 10 月起，被告人钟辉发现《××》游戏中存在可以绕过支付流程直接向游戏账号充值的充值漏洞，遂利用相关软件扫描上海 A 有限公司（以下简称 A 公司）《××》游戏运营服务器端口后，非法获得该服务器的账号及密码，随后，钟辉又侵入服务器获取相关源代码等数据信息。嗣后，钟辉为非法牟利，通过自制程序，利用上述账号权限，侵入 A 公司游戏服务器，绕过《××》游戏币正常充值程序，直接修改相关充值数

---

* 案例来源：二审刑事判决书：(2020) 沪 01 刑终 35 号。

据,为玩家账户发放游戏币"元宝"(游戏官方售价人民币 1 元 = 100 元宝)并收取玩家费用。

2018 年 11 月初至 12 月 5 日,被告人钟辉、叶茂经商议后,钟辉将上述充值程序权限交给叶茂,由叶茂负责向其他《××》游戏玩家按照游戏币官方售价 5.5 折对外出售并修改游戏中传输数据,从而向相应游戏账户非法充值。期间,钟辉、叶茂二人不定期核对充值收费记录及非法获利情况,其中,钟辉获利人民币 12 万余元(以下币种均为人民币),叶茂获利 8 万余元。经查,上述期间内,二人给 A 公司造成经济损失共计 30 余万元。

2018 年 12 月 5 日至同月 10 日,被告人钟辉将充值程序的权限收回,单独向玩家收费、充值。期间,同年 12 月 5 日、10 日,A 公司二次尝试修复计算机信息系统漏洞,第二次彻底修复漏洞。经查,上述期间,钟辉通过 IP 地址"××.××.××.××"向多名玩家账户充值游戏币达 80 532 元。

2019 年 1 月 2 日、7 日,被告人钟辉、叶茂相继被公安机关抓获,到案后供述犯罪事实。在案件审理过程中,钟辉、叶茂分别退赃 12 万元、8 万元。

分歧意见

原审法院认为,被告人钟辉单独或与被告人叶茂结伙,以非法占有他人财物为目的,非法侵入被害单位计算机信息系统,通过修改计算机信息系统中游戏币充值数据的方式向他人出售牟利,其行为均已构成盗窃罪,部分系共同犯罪,应予处罚。本案中,被告人非法侵入、获取被害单位计算机信息系统中处理、传输的数据之行为系手段行为,而未经被害单位同意,私自修改游戏币充值数据向他人低价出售牟利的行为系目的(结果)行为,根据刑法牵连犯择一重罪处罚的一般原理,本案应当以目的(结果)行为构成的盗窃罪定罪处罚。

上诉人钟辉及其辩护人提出:其一,原判认定的罪名有误,钟辉的行为不构成盗窃罪,主要理由是:①涉案的"元宝"充值数据不属于刑法意义上的财物,不能成为盗窃罪的客体;②钟辉的行为不符合秘密窃取的行为特征,应以非法获取计算机信息系统数据罪定罪处罚。其二,原判以被害单位出具的"元宝"官方价格乘以增加的"元宝"数量来认定涉案金额,事实认定有误,导致量刑畸重。

上诉人叶茂及其辩护人提出：其一，涉案游戏币"元宝"非实物财产，不能成为盗窃罪的犯罪对象。其二，原判认定的盗窃罪罪名有误，钟辉、叶茂是采用技术手段虚增游戏币，A公司的游戏币并没有减少，并且可以通过技术手段将虚增的游戏币复原，故两人没有采用秘密手段窃取游戏币，本案应当认定为诈骗罪。

针对上诉人的上诉理由和检辩双方的意见，结合原审判决认定的事实、证据，本院评判如下：

1. 关于本案的定性问题

上诉人钟辉、叶茂及辩护人均认为两名上诉人的行为不构成盗窃罪。本院认为，本案两名上诉人的行为应当认定为盗窃罪，主要理由在于：

第一，涉案游戏币"元宝"具有财产属性。"元宝"是被害单位A公司代理的游戏《××》发行的游戏币，是一种网络虚拟财产，玩家在游戏中通过支付一定的现实货币，即可获取相应的"元宝"，两者通过游戏运营商的官方定价产生了1元（人民币）：100元宝（游戏币）的对应关系，并得到游戏公司提供的网络服务。因此，该游戏币体现着游戏公司提供网络服务的劳动价值，不仅是网络环境中的虚拟财产，也代表着A公司在现实生活中享有的财产权益，具有刑法意义上的财产属性，可以成为侵财犯罪的对象。

第二，上诉人实施了秘密窃取的行为。上诉人钟辉、叶茂利用技术手段非法侵入A公司服务器，将本应该支付货币购买的"元宝"，通过修改相关充值数据的形式，为自己或其他玩家发放。上诉人这种非法侵入计算机信息系统，绕过公司的正常充值程序，私自修改游戏充值数据的行为，不仅未给付对价非法获取游戏币，而且使A公司失去对该部分游戏币的控制，并带来直接的经济损失。

第三，上诉人具有明显的非法占有目的。上诉人钟辉、叶茂作为游戏玩家，两人均知晓涉案游戏币的价值意义，并采用秘密修改游戏数据的方式为自己或他人游戏账户充值，目的就是供自己使用或通过出售的途径非法获利，故两人的行为符合以非法占有为目的窃取他人财产利益的盗窃罪本质属性。

第四，上诉人的行为不构成诈骗罪。上诉人钟辉、叶茂系利用非法获取的 A 公司服务器等数据信息，绕过游戏支付流程为自己或玩家发放游戏币，在行为手段和方式上并不存在 A 公司或玩家受欺骗的问题，两人的行为均不符合诈骗罪的构成要件。

综上，上诉人钟辉、叶茂及其辩护人所提不构成盗窃罪的相关上诉理由和辩护意见，与事实不符，本院不予采纳。

2. 关于犯罪金额的认定

原审公诉机关以上诉人钟辉、叶茂虚增的"元宝"数量对应的充值金额认定为给被害单位造成的损失数额，原判进而以该数额认定为盗窃数额。本院认为，游戏币属于虚拟财产，对于虚拟财产在现实生活中对应的财产数额，可以通过现实生活中的实际交易价格来确定，但直接以被修改的"元宝"充值数据对应的金额，即游戏币的充值交易金额认定为盗窃数额不尽合理。就本案来说，被害单位 A 公司因盗窃行为遭受损失，该损失转化为现实生活中的财产，盗窃行为与被害单位受到的财产损失密切相关，应以损失数额来认定盗窃数额。具体而言，A 公司作为游戏代理商，对于玩家购买"元宝"游戏币收到的充值金额，既包含了 A 公司与游戏开发商的结算金额、渠道合作分成、运营成本支出，还包括该公司可能赚取的利润，该部分利润属于 A 公司的预期收益，不宜认定为被害单位实际遭受的损失。就非法充值的数额，被害单位 A 公司先后出具了多份情况说明，虽然相关情况说明中载明的时间表述不明，但均明确非法充值的 IP 地址为"××.××.××.××"，且上海弘连网络科技有限公司出具的计算机司法鉴定意见亦证实，2018 年 11 月 18 日至 30 日之间，该 IP 地址对应的"RMB"列值总和为 396 796。钟辉亦对其租用腾讯云服务器利用"××.××.××.××"的 IP 地址进行非法充值的事实进行供认，故本案可按照 A 公司确认的充值结算金额的 70% 认定作为其实际损失金额，从而认定为盗窃金额。

专家评析

"虚拟财产"的抽象概念作为网络游戏产业的衍生品，大众已不陌生。尽管其精确定义与边界在学界还未完全达成共识，但是长久以来，网络游戏用户已经普遍形成了"网络游戏虚拟财产"的认知意识和保护意识。

"网络游戏虚拟财产"的类别主要包括游戏装备、游戏币、游戏账号等。该案中，行为人所侵害的网络游戏虚拟财产种类为"游戏币"。在网络游戏发展初期，有学者主张网络游戏虚拟财产没有任何的实际财产价值，与现实世界财产存在无法逾越的鸿沟，应当让其永远留在虚拟世界，不值得刑法保护，这种观点已经逐渐为时代所淘汰。而在当今学界，对于侵犯虚拟财产行为，亦有"纯粹的计算机犯罪论"，持该观点的论者主张虚拟财产的数据本质，将其排除在盗窃罪等财产犯罪的犯罪对象中。但是，虚拟财产属于计算机系统数据，并不意味着其不是财物或财产。该案中，法院的判决首先对于网络游戏虚拟财产的财产价值予以肯定，这也是说理以及最终认定为盗窃罪的立论之基。

事实上，财产性利益比财物的涵摄范围更加广泛，属于财物的上位概念，财物应当是财产性利益的一种具体表现形式。目前我国刑法中财产犯罪的犯罪对象已经由财物向财产性利益过渡，亦有将"盗窃财产性利益"的行为以盗窃罪予以规制的判例。但是，将所有侵犯网络游戏虚拟财产的行为以侵犯财产性利益为由，简单地适用纯粹的财产犯罪进行评价，抑或在承认其他罪名的该当性之后，以想象竞合或牵连犯的理论，从一重罪处罚最终认定为财产犯罪的观点是存在缺陷的。该案中，非法获取计算机信息系统数据罪是检方在一审中提出的指控。同时，辩方在二审中提出的观点并非完全没有可取之处。钟辉、叶茂是采用技术手段虚增游戏币，A公司的游戏币并没有减少，并且可以通过技术手段将虚增的游戏币复原，这是不争的事实，亦是侵犯虚拟财产行为在以财产犯罪评价时难以绕开的障碍。在传统的盗窃罪领域，犯罪人实现了"转移占有"，意味着同时发生了犯罪人的财物增加和被害人的财物减少，并且增加与减少的数额是相吻合的。事实上，造成侵犯网络游戏虚拟财产行为刑法评价存在诸多争议的原因就在于虚拟财产的数据与财物双重属性。网络游戏虚拟财产具有双重属性是客观事实，如果无法在具体情形中将两种属性的内在本质厘清，那么财产犯罪论者与计算机犯罪论者很难相互说服。侵犯网络游戏虚拟财产的行为依据行为人与被害人的关系存在着根本的界分。用户与用户或第三人间基于占有、使用、收益、处分等关系，更凸显出虚拟财产的物权属性，亦即刑法中的财物属性。如果行为人通过某些手段获得了其他用户的游戏账号，并且将账号中的游戏币变卖并获利，应当评价为该案中法院最终认定的盗窃罪。且在该种行为发生之后，被害人的游戏币已经遭受到了现实的损害，辩方在该案中提出的辩护意见将不会成为盗窃罪认定的障碍。而该案中的侵犯网络游戏虚拟财产行为发生在用户与运营商之间，此时，虚拟财产的数据属性应当在刑法评价中占据主导地位。

以网络游戏运营商的视角，他们并不接触在游戏中可以实现多种功能的游戏币本身，而只是接触游戏币背后的数据结构与技术逻辑。网络游戏运营商并不在意每位用户账号中究竟拥有多少游戏币，只在意用户获取这些游戏币的途径为其提供了多少真实利益，这些真实利益是游戏运营商的主要收入来源之一。但是，这些真实利益是潜在的，待获取且未必一定可以获取的，并非已经完全由网络游戏运营商支配。用户虚拟财产的增多与减少，对网络游戏运营商而言，通过修改数据的技术操作即可完成，这也就意味着如果面对网络游戏运营商，还强调虚拟财产的财物属性，那么运营商所掌握的财物将无穷无尽，这显然是有些荒谬的。所以，该案中虚拟财产的数据属性更为凸显，应当在计算机犯罪的领域内进行讨论。而在该案中，最终造成实害结果的是对相关充值数据的"修改"行为，而非"获取"行为。该种修改行为完全符合"破坏计算机信息系统罪"第2款的"对计算机信息系统中存储、处理或者传输的数据和应用程序进行删除、修改、增加的操作"。其非法获利的数额以及给A公司造成的财产损失应当作为使用该罪评价的情节与后果要素。同时，行为人侵入A公司服务器的行为不可避免地会获取服务器中的相关数据，甚至从技术层面而言，获取数据是修改数据的前提条件，犯罪人的行为亦该当"非法获取计算机信息系统数据罪"，但是"获取"行为与"修改"行为是典型的手段行为与目的行为的关系，应当遵循牵连犯从一重处的原则，以破坏计算机信息系统罪一罪论处。

法条链接

《中华人民共和国刑法》

第25条 共同犯罪是指二人以上共同故意犯罪。

……

第52条　判处罚金，应当根据犯罪情节决定罚金数额。

第64条　犯罪分子违法所得的一切财物，应当予以追缴或者责令退赔；对被害人的合法财产，应当及时返还；违禁品和供犯罪所用的本人财物，应当予以没收。没收的财物和罚金，一律上缴国库，不得挪用和自行处理。

第264条　盗窃公私财物，数额较大的，或者多次盗窃、入户盗窃、携带凶器盗窃、扒窃的，处三年以下有期徒刑、拘役或者管制，并处或者单处罚金；数额巨大或者有其他严重情节的，处三年以上十年以下有期徒刑，并处罚金；数额特别巨大或者有其他特别严重情节的，处十年以上有期徒刑或者无期徒刑，并处罚金或者没收财产。

第285条　违反国家规定，侵入国家事务、国防建设、尖端科学技术领域的计算机信息系统的，处三年以下有期徒刑或者拘役。

违反国家规定，侵入前款规定以外的计算机信息系统或者采用其他技术手段，获取该计算机信息系统中存储、处理或者传输的数据，或者对该计算机信息系统实施非法控制，情节严重的，处三年以下有期徒刑或者拘役，并处或者单处罚金；情节特别严重的，处三年以上七年以下有期徒刑，并处罚金。

......

第286条　......违反国家规定，对计算机信息系统中存储、处理或者传输的数据和应用程序进行删除、修改、增加的操作，后果严重的，依照前款的规定处罚。

......

（执笔：王译杰、敬力嘉）

三

网络侵权篇

攻击企业及企业高管人员的网络言论
均构成民事侵权

——小米科技有限责任公司及雷军诉凌建平
网络侵权纠纷案 *

案例要旨

商誉等于企业的社会形象，很难想象商誉低下的企业能够获得市场竞争的成功及消费者的普遍认可。同时，商场如战场，网络贬损言论对企业商誉的破坏性后果值得企业认真应对。在此背景下，市场竞争对手、自媒体发布针对特定企业及企业高管人员的网络贬损言论等争议日益突出并广受关注，其中争议较大且较难调和的是责任主体及责任类型的确认，以及对违法网络言论的及时规制。2023 年 5 月，北京互联网法院审结了一起因知名自媒体发布诋毁、侮辱、贬损知名企业及其创始人的法人及自然人名誉侵权案件，认定自媒体对其散布贬损及不实言论行为具有过错，构成名誉侵权，应向言论针对的企业主体及企业高管人员赔礼道歉并赔偿损失。该案由于进一步明晰了网络言论对企业主体及企业高管的名誉侵害后果、规制网络贬损言论的紧迫性等细节问题，有利于维护市场正常竞争秩序和净化网络环境的价值效用，保障了企业主体商誉及企业高管名誉，因而入选"北京互联网法院 2023 年度十大典型案件"[1]。

---

* 案例来源：北京互联网法院（2021）京 0491 民初 51722 号判决书。

[1]《北京互联网法院 2023 年度十大典型案件（上）》，载微信公众号《北京互联网法院》2024 年 1 月 21 日。

案例要点

贬损及不实言论　名誉侵权　网络舆论　行为保全

基本案情

被告凌建平曾在多家知名媒体任职，包括《上海经济报》（《第一财经日报》的前身）和《每日经济新闻》。自2021年开始，凌建平将其工作重心转移到其自营的微信公众号"国际投行研究报告"，专门从事科技类公司资本市场研究，在行业内具有一定影响力。2018年7月，被告在多个平台发布了多篇关于原告的评论文章及视频，围绕原告一的专利、销量、裁员、股价等方面的主题发布针对原告的批评言论，而将原告方推向风口浪尖。虽然原告方及时澄清该言论属于子虚乌有的污蔑抹黑，但被告言论已在网络环境下广泛传播并造成巨大舆论影响。针对被告上述言论内容及传播行为，原告方将其诉至法院，主张被告上述言论不实并造成原告方名誉受损，要求被告删除所有侵权文章，赔礼道歉并赔偿经济损失人民币100万元。同时，原告还向法院申请行为禁令，请求法院裁定要求被告立即删除部分被诉侵权文章及视频并获得法院支持。

分歧意见

原告小米科技有限责任公司及雷军主张，小米科技有限责任公司及其关联企业是国内知名科技企业，公司经多年成功经营已享有广泛商誉；雷军系其创始人及现任法定代表人，作为成功企业家的代表亦享有社会威望及个人声誉。被告作为知名自媒体人，围绕原告一的专利、销量、裁员、股价等方面的主题长期、频繁在网络上发布针对原告的不实言论，给原告造成了极大的经济损失，理应赔偿。

被告凌建平答辩称，对包括原告在内的科技企业进行报道是其日常工作，其发表关于原告的文章均根据公开信息撰写，并未侮辱或诽谤原告，不属于恶意贬损言论，无需承担侵权责任。被告同时认为，小米科技并非本案中的适格原告（指与案件有直接利害关系的公民、法人和组织），其文章所指的是小米集团，小米集团是一家注册在开曼群岛的境外企业，与小米科技之间没有中国公司法承认的法律关系，因此小米科技不具备成为本案适格原告的资格；小米科技没有按照法院规定的举证期限提交证据，后来提交的证据应该被视为无效；遭小米申请行为保全的4篇被删除稿件中有3篇并未出现在一审法庭的辩论中，属于民事诉讼法中的错误保全。因此，被告在其自媒体及多家平台上发布的言论不构成对原告名誉的恶意贬损，并不构成侵权。

法院经审理认为，被告发布的言论内容主要是对原告经营模式、企业风险、企业价值观等方面的评论以及对其法定代表人的评论，查明在被告发布的案涉文章和视频中，含有未经证实的涉贬损性言辞。法院认为案涉文章及视频已经引发了广泛社会舆论关注，且针对原告二作为法定代表人职务行为的言辞直接影响原告一，依法据实认定上述言辞对原告具有明确的指向性，已造成原告社会评价降低，已实际侵害原告的名誉权。被告对其发布言论的行为存在主观过错，应当承担赔偿损失等侵权责任。

同时，法院认为案涉文章和视频发布于互联网上，具有传播速度快、传播范围广等特征，且被告在诉讼中仍针对原告持续发文，关注度进一步提高、不良影响持续扩大。法院在谈话中当庭登录案涉文章和视频链接，及时认定如不立即停止案涉文章和视频的传播，将严重影响某科技公司商誉和正常经营活动，从而造成难以弥补、无法救济的损害。被告行为存在及时制止的紧迫性和必要性，法院因此颁布诉中行为禁令，裁定要求被告在诉讼过程中删除其部分案涉文章和视频。

评析意见

1. 企业和企业高管均依法享有名誉权，且存在关联关系

名誉权，是指自然人和法人、非法人组织就其自身属性和价值所获得的社会评价，享有的保有和维护的具体人格权。名誉权的基本内容是对名誉利益的保有和维护的权利。

其中，自然人的名誉权作为一种社会评价，是指社会或他人对特定自然人的品德、才干、信誉、资历、声望和形象等方面的客观评判。这种评价直接关系到民事主体的人格尊严和社会地位，属于重要的人格利益。

而法人的名誉权是指社会公众对法人的评价，表现为商业信誉、产品

声誉、外在形象、经营能力、履约能力、产品质量、服务态度等社会各方面对于企业法人的综合评价。

需要关注的是，企业高管作为特殊的自然人，其代表、代理企业从事商业活动过程中、甚至是非履职行为中的个人形象均与企业商誉息息相关，对企业高管品德、操守等个人品质的社会评价会延伸至社会公众对其就职企业的评价。在现代商业社会中，知名企业高管作为一类特殊的公众人物，本身便具备较高的社会声誉，其个人形象作为特别类型的商业符号也与企业主体的商誉形成较强的绑定关系，企业及其高管人员的名誉权往往存在一种"一荣俱荣、一损俱损"的依存关系。

在此前提下，以打击竞争对手或以抹黑、贬损特定企业主体为目的的名誉权侵权事件时有发生，而且通常会同时出现侮辱、诽谤企业及其高管人员的情形。行政主管机关及司法机关应对二者名誉权的强关联性予以重视。

在该案中，被告在其发布的多个案涉文章和视频中分别针对两名原告进行了贬损，一方面对二者分别实施了名誉侵权行为，另一方面对企业高管人员的贬损后果也因前述关联关系延伸至企业的名誉。对此，法院认为案涉文章及视频已经引发了广泛社会舆论关注，且针对原告二作为法定代表人职务行为的言辞直接影响原告一，依法据实认定上述言辞对原告具有明确的指向性，已造成原告社会评价降低，已实际侵害原告的名誉权。因此，法院对两名原告主张的名誉侵权案件进行一并审理的做法是正确的，准确把握了二者名誉相互依存的客观事实。

2. 对网络言论尤其是商业言论的规制应予以强化

在互联网时代，言论自由属于重要的传播权利。然而，网络不是法外之地，言论自由并不意味着言论主体可以无限制地编造虚假的信息，损害他人的社会声誉和合法权益。整个自媒体行业应当遵循诚信原则，在进行必要舆论监督的同时不得发布虚假、夸大的信息，方可有利于维护行业良好秩序，保护社会公众的合法知情权。

然而，出于吸引眼球、博取流量等非法目的，部分网络媒体从业者罔顾事实，以标题党、极端言论、未经证实的猜测或直接杜撰情节等方式对他人进行诋毁、贬损和丑化，尤其是针对企业及其高管人员的贬损情形多有发生。

究其原因，一方面，知名企业及其高管人员具有较高的社会知名度，话题性强，针对其发布网络言论更容易实现其博取流量的目的；另一方面，因为企业名誉（以及与其高度关联的高管人员名誉）属于企业主体的重要无形资产，也是企业价值的重要体现形式，当企业名誉下降时，企业利益也会出现较大损失。因此，在当前的网络贬损言论侵害企业名誉纠纷的背后，往往也有企业主体竞争对手在明面或暗中的推波助澜。对此，行政主管机关及司法机关应分别采取规制：

（1）针对市场经营主体发布针对竞争对手贬损言论的行为，应充分考虑双方的竞争关系，以及相关言论对竞争秩序的扭曲、对竞争对手及消费者利益的贬损，从而在反不正当竞争法的语境下讨论行为主体的侵权责任。

（2）针对单纯媒体身份主体发布关于企业或其主管人员贬损言论的行为，应充分考虑双方作为平等民事主体的关系，以及相关言论造成企业主体及其高管人员社会评价降低结果的程度和因果关系，从而在民法语境下讨论行为主体的侵权责任。

另外，最高人民法院于2023年10月10日举办新闻发布会，发布了《最高人民法院关于优化法治环境 促进民营经济发展壮大的指导意见》。该指导意见强调，对于故意误导公众、刻意吸引眼球的极端言论行为，利用互联网、自媒体、出版物等传播渠道，对民营企业和企业家进行诋毁、贬损和丑化等侵权行为，要予以严厉打击，切实营造有利于民营经济发展的社会舆论环境。这充分说明，司法机关已经非常关注对网络贬损言论的规制。

3. 应充分发挥行为禁令制度功能，及时制止侵害人格权的违法行为

网络言论的名誉权侵权方式多样，大多数表现为网络自媒体为蹭热点、博流量，编造散布虚假信息，或者通过标题党形式误导公众、降低企业社会评价等方式。其特点为：侵权信息传播速度快、受众面广，给企业造成很大负面影响甚至造成难以估量的损失，涉及公众人物或者热点事件的网络侵权案件，容易引发舆论关注，给当事人造成极大精神压力。

在该案中，案涉文章和视频发布于互联网上，具有传播速度快、传播范围广等特征，且被告在诉讼中仍针对原告持续发文，关注度进一步提高、不良影响持续扩大。法院在谈话中当庭登录案涉文章和视频链接，及时认定如不立即停止案涉文章和视频的传播，将严重影响原告商誉和正常经营活动，从而造成难以弥补、无法救济的损害。可以说，法院依法认定了行为保全的紧迫性和必要性，充分发挥了保全制度在保护民营企业名誉权中的紧急救济功能。

法条链接

《中华人民共和国民法典》

第 110 条 自然人享有生命权、身体权、健康权、姓名权、肖像权、名誉权、荣誉权、隐私权、婚姻自主权等权利。

法人、非法人组织享有名称权、名誉权和荣誉权。

第 1024 条第 1 款 民事主体享有名誉权。任何组织或者个人不得以侮辱、诽谤等方式侵害他人的名誉权。

第 1025 条 行为人为公共利益实施新闻报道、舆论监督等行为，影响他人名誉的，不承担民事责任，但是有下列情形之一的除外：

（一）捏造、歪曲事实；

（二）对他人提供的严重失实内容未尽到合理核实义务；

（三）使用侮辱性言辞等贬损他人名誉。

第 1026 条 认定行为人是否尽到前条第二项规定的合理核实义务，应当考虑下列因素：

（一）内容来源的可信度；

（二）对明显可能引发争议的内容是否进行了必要的调查；

（三）内容的时限性；

（四）内容与公序良俗的关联性；

（五）受害人名誉受贬损的可能性；

（六）核实能力和核实成本。

（执笔：吴一兴）

人工智能软件擅自使用自然人形象
创设虚拟人物构成侵权
——何炅诉自古红蓝公司网络侵权责任纠纷案

案例要旨

当前许多涉及 AIGC 的平台，其中的许多内容都是用户利用平台的技术创造的。因此，在这一背景下所引发的侵权纠纷就需要关注两个非常重要的问题：一是平台运营主体的义务边界如何认定；二是平台运营主体与用户之间的责任分配如何认定。2020 京 0491 民初 9526 号案例中涉及的纠纷就属于这一类情况，用户通过 AI 软件塑造了包含他人的姓名、肖像及其人格特征的形象，被侵权者追究平台责任。这一案例的审判思路代表了目前认定平台责任的主流思路，为新模式下的权利人维权和经营者合规经营提供指导。

案例要点

AI 软件　人格权　侵权责任　必要措施

基本案情

上海自古红蓝人工智能科技有限公司开发运营的"叨叨记账"是一款融合养成元素的记账软件，用户可以自定义设置聊天对象，其中包含了大量可选的个性化虚拟角色，甚至可以设置成以知名人士何炅为原型的形象。用户可以通过软件与虚拟角色进行互动，包括设定亲密关系、任意称呼、触发亲密对话等。原告何炅发现，未经其授权，软件中存在以其姓名、肖像为基础创造的 AI 角色，甚至还直接以何炅的名义为软件中"购物返利"进行商业推广。何炅认为此行为侵犯了他的姓名权、肖像权及人格尊严，遂提起诉讼要求被告停止侵权，在《人民法院报》和案涉软件最新活动页面公开赔礼道歉并赔偿经济损失 183 000 元（包括合理维权支出 3000 元、精神损害抚慰金 20 000 元）。

分歧意见

原告何炅认为表情包元素是平台作为"角色调教"的重要模块之一，以平台的技术能力和认知程度不可能不知晓上述侵权问题的存在，被告作为软件开发者有意放任这种行为在平台的存在，客观上已侵犯原告的肖像权和姓名权。同时，被告通过虚拟原告的人设，以原告的口吻向下载用户直接推送并非原告本意的"撩人情话"，侵犯了申请人的精神活动自由和人格尊严利益，构成对申请人一般人格权的侵犯。

被告自古红蓝公司辩称，首先，软件内发布涉及原告的表情包、图片的行为均是用户个人行为，被告未参与发布行为：对话人物的名字、头像均为用户自行选择并设置；对话人物回复的语料、表情包也均系用户自行创作。其次，被告对于用户涉嫌的侵权行为不存在明知或应知的主观过错。被告作为网络服务提供商对用户提供的照片、姓名、表情包和表情包合法性不具有预见性、识别性、控制性，对是否存在、是否侵权无法预见、审查和甄别。最后，被告已履行法定义务，包括采取事前提示及事后监管的合理措施。

法院认为，案涉软件的模式是被告通过规则设定、算法设计，组织用户形成素材并提供给用户，被告的行为构成直接的内容服务提供行为，被告属于内容服务提供者。因此，需要按照侵权责任法的一般规定认定被告是否构成侵权。原告主张的侵害肖像权结果系其肖像图片在记账或聊天互动页面予以公开展示，用户与被告的行为均是构成原告所主张的肖像图片公开的原因。故而，本案中原告主张的侵权结果系用户与被告的数人行为造成。法院最终判决被告自古红蓝公司承担停止侵权、赔礼道歉等责任，并赔偿原告经济损失 183 000 元（包括合理维权支出 3000 元）及精神损害抚慰金 20 000 元。

同时，就用户的行为是否构成合理使用这一问题，法院认为用户使用案涉软件时，应该知晓软件的基本运行方式，即用户可上传肖像图片、创作或使用他人提供的肖像图片创作"语料"供自己或他人使用，无论是上传还是创作，均不限于该用户本人使用，使用范围可能扩大至整个软件内用户。并且，将他人肖像结合姓名、一定身份关系等塑造成一位"陪伴者"进行"调教"，不属于个人对肖像进行学习、艺术欣赏、科学研究的行为。此外，为维护公共利益合理使用的情形，通常指的是行为人为实施舆论监督、行使言论自由的行为，如在开放平台中对公众人物进行合理评价而使用其肖像。故而，本案中用户的行为不符合合理使用的情形。

评析意见

艾媒咨询发布的《2023 年中国虚拟人产业发展与商业趋势研究报告》中显示，2018 年，人工智能技术得到质的飞跃，虚拟偶像市场进入新阶段。2021 年起，元宇宙概念火爆与二次元文化的不断"泛化"，为虚拟人市场注入新发展动力。其中，逐渐进入人们视野的虚拟偶像包括三种类型：二次元型、超写实型和数字孪生型[1]。数字孪生型是在一个物理实体基础上，通过数字技术创造出的一个虚拟"数字分身"。2020 京 0491 民初 9526 号案例中涉及的将知名人物的姓名、肖像应用于生成虚拟形象就类似数字孪生型虚拟偶像。当前，AI 已经深入到个人助理、智能家居、娱乐游戏、教育、偶像等个人生活的方方面面[2]，用户在粉丝心理的驱动下也非常乐于通过平台提供的技术生成一个虚拟偶像作为情感寄托而忽视了其中可能涉及的人格权、著作权问题。同时，平台在提供新技术、新商业模式的过程中，以利益驱动和流量获取为导向，极易导致上述侵权情况在平台内没有得到及时的管控。

在 2020 京 0491 民初 9526 号案例中，被告作为平台方，控制着后台数据，也对前端的用户行为有记录和了解，在用户将偶像姓名、肖像及人格

---

〔1〕《2023 年中国虚拟人产业发展与商业趋势研究报告》，载艾媒咨询网，https：//www. iime-dia. cn/c400/92538. html，最后访问时间：2024 年 2 月 28 日。

〔2〕《AI 技术正渗入生活方方面面》，载 http：//it. people. com. cn/n1/2019/0709/c1009 - 312220 78. html，最后访问时间：2024 年 2 月 28 日。

特征用于构建虚拟角色并构建互动后，没有及时处理且以此吸引用户并实现商业盈利。此种情形下被告的"用户上传""非营利使用"等说法显然不被法院采纳。从法院判决中我们可以了解到，以被告软件的运作模式看，被告不仅提供了生成以真实人物为基础的虚拟形象的技术，还通过规则设定与算法设计，引导、组织用户形成"素材"来提供直接的内容服务。特别是算法应用方面，虽然技术中立原则通常保障技术本身的非侵权用途，但该案的被告软件运用的聚类算法、阈值自动化实施等关键技术，不仅帮助用户创造出更加真实生动的 AI 角色，而且在缺乏有效审核机制的情况下，明显诱导用户围绕公众人物创作内容，放大了侵权风险。简言之，被告为用户能够启动专属语料提供了极大的便利，表现出积极促进用户围绕公众人物进行创作的意图。

这里，平台责任的认定中有一个值得研究的问题，一方面法院依据法律法规的要求，认为平台需对用户的行为、平台生成的内容生成承担一定的事前审核、主动审核义务，要求平台承担一部分具有公共属性的职能；另一方面，在涉及侵权责任的分配上，法院认为平台与用户构成共同侵权，平台与用户在私法地位上仍具有"平等性"。由于平台具有整合资源、个性化服务等能力，用户在接受服务中不仅对平台产生依赖，无形中也导致了用户只能无条件接受平台服务协议才能使用平台服务的现状。平台对用户呈现出一种不平等的单方管理的控制力[1]。在网络协同治理中，政府将一部分治理任务分配给平台，让平台将这种控制力发挥在诸如内容管理等问题的解决上。并且，平台的事前审核、主动审核等义务也来源于一些法律法规的要求。当前，《网络信息内容生态治理规定》等法规对网络信息内容服务平台提出发布审核、实时巡查、应急处置、记录报告等义务要求。作为具有明确法规依据的基本义务，平台运营主体必须遵守，如有履行义务不到位的情形，运营主体不仅面临行政处罚的风险，也往往在司法实践中被法院认定为没有履行应尽的注意义务，并以此作为对侵权结果具有主观过错的评价标准之一。而在侵权责任的认定上，平台运营主体和平台内发布信息的用户均属于市场主体，分属服务提供者和服务使用者。尽

---

[1] 方璐馨、李永军:《网络平台的事先审核义务及责任承担》，载《学海》2024 年第 1 期。

管平台具备一定的控制力，也承担一部分具有公共属性的职能，但这一协同治理的"创新"并没有更改平台运营主体参与市场活动时的本质属性，也没有赋予平台运营主体其他角色和地位。

综上，在网络环境下，网络服务提供者在利用 AI 技术和算法创新时，必须充分尊重和保护个人的肖像权、姓名权等人格权益。网络服务提供者在特定条件下应被视为内容服务提供者，其算法设计和应用在可能引发侵权时，不能简单套用技术中立原则免责。司法案例其实对网络服务提供者提出了更为严格的审核义务和风险管理要求，要求这些服务提供者在追求商业利益的同时，务必遵循合法性原则，确保技术应用不侵犯他人合法权益，这对于未来的网络服务和技术创新领域具有深远的指导意义。同时，在面对涉及新技术、新商业模式的纠纷时，司法往往也保持一定的谦抑态度，在厘清责任的基础上适当平衡权利保护与产业发展之间的关系。

法条链接

《中华人民共和国民法典》

第 990 条　人格权是民事主体享有的生命权、身体权、健康权、姓名权、名称权、肖像权、名誉权、荣誉权、隐私权等权利。

除前款规定的人格权外，自然人享有基于人身自由、人格尊严产生的其他人格权益。

第 998 条　认定行为人承担侵害除生命权、身体权和健康权外的人格权的民事责任，应当考虑行为人和受害人的职业、影响范围、过错程度，以及行为的目的、方式、后果等因素。

第 1012 条　自然人享有姓名权，有权依法决定、使用、变更或者许可他人使用自己的姓名，但是不得违背公序良俗。

第 1018 条　自然人享有肖像权，有权依法制作、使用、公开或者许可他人使用自己的肖像。

肖像是通过影像、雕塑、绘画等方式在一定载体上所反映的特定自然人可以被识别的外部形象。

《最高人民法院关于确定民事侵权精神损害赔偿责任若干问题的解释》

第5条 精神损害的赔偿数额根据以下因素确定：

（一）侵权人的过错程度，但是法律另有规定的除外；

（二）侵权行为的目的、方式、场合等具体情节；

（三）侵权行为所造成的后果；

（四）侵权人的获利情况；

（五）侵权人承担责任的经济能力；

（六）受理诉讼法院所在地的平均生活水平。

（执笔：程念）

平台应知用户利用网络服务侵权未采取
措施可能需要承担帮助侵权责任
——奇策公司与原与宙公司侵害作品信息网络传播权纠纷 *

案例要旨

本案系涉及 NFT 数字作品交易平台责任的典型案件。判决对以区块链作为底层核心技术的 NFT 数字作品的法律属性、交易模式下的行为界定、交易平台的属性以及责任认定等方面进行了积极探索,对于构建公开透明可信可溯源的链上数字作品新生态、推动数字产业发展具有启示意义。

案例要点

NFT 数字作品　信息网络传播权　平台责任

基本案情

深圳奇策迭出文化创意有限公司(以下简称奇策公司)经漫画家马千里授权享有"我不是胖虎"系列作品在全球范围内独占的著作财产权及维权权利。奇策公司在杭州原与宙科技有限公司(以下简称原与宙公司)经营的 Bigverse 平台发现,用户"anginin"铸造并发布了"胖虎打疫苗"NFT 数字作品,该 NFT 数字作品与马千里在微博发布的插图作品完全一致,甚至依然带有"@不二马大叔"的水印。奇策公司认为,原与宙公司作为专业 NFT 交易平台未履行审核义务,侵害了其对该作品享有的信

---

　　* 案例来源:杭州互联网法院(2022)浙 0192 民初 1008 号民事判决书;浙江省杭州市中级人民法院(2022)浙 01 民终 5272 号民事判决书。

息网络传播权，应立即停止该侵权行为，删除"胖虎打疫苗"NFT作品，将对应NFT在区块链上销毁或回收，并赔偿经济损失及合理开支共计10万元。

分歧意见

一审法院认为案涉作品《胖虎打疫苗》呈现作者的独特个体表达，体现了一定的艺术美感，属于著作权法意义上的美术作品。奇策公司与马千里签订《著作权授权许可使用合同》后作为涉案作品独占性被许可人，依法享有诉权。NFT数字作品铸造、交易包含对该数字作品的复制、出售和信息网络传播三方面行为。因为以信息网络途径传播作品属于信息流动，并不导致作品有形载体所有权或占有权的转移，自然不受发行权的控制，亦就缺乏了适用"权利用尽"的前提和基础。综合Bigverse平台交易模式、技术特点、平台控制能力、营利模式等因素，法院认为，Bigverse平台不仅需要履行一般网络服务提供者的责任，还应当建立一套有效的知识产权审查机制，对平台上交易的NFT作品的著作权做初步审查，如审查申请NFT铸造的用户是否提供了涉及著作权底稿、原件、合法出版物、著作权登记证书、认证机构出具的证明等初步证据证明其为著作权、与著作权有关权益的权利人。原与宙公司未履行相应注意义务，应承担相应的法律责任。

二审法院认为，涉案NFT数字作品系由网络用户擅自铸造，并未取得著作权人的授权，故即使权利用尽原则能够扩张适用，本案亦缺乏适用该原则的前提。原与宙公司应当知道其网络用户利用其网络服务侵害他人信息网络传播权而未采取必要措施，主观上存在过错，应当承担帮助侵权的民事责任。

评析意见

一、所有权凭证：NFT唯一核心价值

1. 问题的价值

区块链使得上链后的信息具有更高的稳定性，不会因为服务器的原因

而消失，理论上是一个可靠的资产价值承载基础设施，但是仅有这个还不够，还需要有针对不同资产对象能够唯一证明其内容和权属的凭证，这个凭证也需要放到链上去，那就是 NFT，通过 NFT 可以将一些资产权益确认到用户名下。

2. 虚拟资产的稀缺性保障

虚拟资产无限量发行的说法是狭隘的，其仅能在技术层面做到，在经济层面是不可能或者说没有意义的。因为无限量发行会导致缺乏稀缺性，而经济学的基本理论是稀缺才有价值，所以有经济规律这只无形的手在控制着，数字资产不可能被无限创造，很简单的现象，你看哪个游戏公司会无限发行道具和游戏币呢？反倒是发行数量越少的道具才越值钱。正是因为经济规律要求保障数字资产的稀缺性，NFT 和区块链会保障持有者对数字资产的产权，用户对于数字资产的投入才会有更大的激励和动力，数字资产才会逐步地超越现实世界中的实体资产，成为 web3.0 原住民的生存基础。

3. 交易

任何资源只有通过交易才能够使其价值最大化，这也是笔者为什么一直主张数字藏品必须放开交易。虽然交易过程中必然伴随着炒作等问题，但不能够因噎废食、本末倒置，不交易则无法让 NFT 对应的资产找到价值支撑和价格度量，只有放开交易，那些没什么价值的数字藏品才会被市场筛选出来，如果二级市场没人买单，一级市场自然在发行的时候得不到认可，炒作的现象才能得到根本性的抑制，否则一级市场的买家始终怀着不切实际的期待，待价而沽，囤积居奇。事实上，在《中国互联网金融协会、中国银行业协会、中国证券业协会关于防范 NFT 相关金融风险的倡议》（以下简称《倡议》）中提出的一个关键性的意见就是"确保 NFT 产品的价值有充分支撑"，价值是要靠价格来衡量的，而验证一个 NFT 产品是否有价值必有二级市场，否则无法给出客观的锚定价格，离开价格谁又能凭空确定一个 NFT 产品有没有价值支撑呢？

4. NFT 是"虚拟财产权"的技术实现

为了回应社会生活日渐向互联网迁移的大趋势，《民法典》突破性地规定了"虚拟财产"，尽管只是提出了概念，具体落地还要等单行法律的出台，但已然在法律层面给出了有力的依据，同时我们注意到《中华人民共和国民法典总则编理解与适用（下）》[1]进一步明确了网络虚拟财产的概念，认为："网络虚拟财产是一种特殊类型的物""在法律上具有可支配性和排他性……对于权利人来说，可以排他地占有、支配和使用""网络虚拟财产虽然以数据形式存在于特定空间，但由于其具有一定价值，满足人们的需求，具有合法性，能够为人所掌控，属于在一定条件下可以进行交易的特殊财产，故而其具有财产利益的属性"。司法实践中，越来越多的判例认可了虚拟财产的财产属性。

可以说，法律层面对虚拟财产的认知和规定越来越一致，但虚拟财产同实体财产相比，其数字化、虚拟化的特性使得难以对其形态、内容和权利指向进行固定，直到 NFT 出现之后，这个问题才算得到了彻底解决。NFT 依赖其在区块链上非同质化部署的方式，可以一对一地与虚拟财产形成映射，从而在技术上为虚拟财产提供了有效的权利凭证。

5. 监管方向与 NFT 法律属性不矛盾

当前阶段，NFT 主要的应用在于数字藏品，从行业情况看，主要的问题还是在于金融化，尤其是炒作。对此，最能够代表监管态度的当然是三协会的《倡议》，但必须指出的是，《倡议》中明确提到了 NFT 产品、NFT 底层商品的概念，并且要求不得通过分割所有权削弱 NFT 非同质化特征，这些内容实质上已经指明了 NFT 作为虚拟商品所有权凭证的属性。除此以外，数十个城市纷纷出台了数字经济和元宇宙相关的促进政策及规划。

事实上，任何资产都存在炒作的可能，股市上也一直有炒作行为，但不能因此否定股市和股权的价值。经济学上科斯定理告诉我们稀缺资源生产和交易的前提就是确权，NFT 为此提供了足够的技术支持和激励，法律对这一划时代的技术创新应该给予充分的规则确认，这也是当代法律人最能彰显时代价值的良机。

二、通过地址黑洞销毁侵权 NFT 的深度思考

1. 侵权 NFT 是否应该销毁

在藏品所承载的作品本身构成侵权的情况下，除了将藏品下架，还是

---

[1] 最高人民法院民法典贯彻实施工作领导小组主编：《中华人民共和国民法典总则编理解与适用（下）》，人民法院出版社 2020 版，第 654–661 页。

否需要将藏品对应的 NFT 销毁，这是一个非常值得深入研究的话题。

可以说，在 web1.0（PC 互联网）和 web2.0（移动互联网）时代，这是一个无须讨论的问题，然而到了 web3.0 阶段，互联网由信息互联网来到了价值互联网，区块链作为这个阶段互联网的底层架构，可以通过分布式技术让网络上的资产能够确认产权归属（此处产权做经济学意义上理解），导致此前大量被当作信息的资产（按照债权处理）如今真的成了可以确权的资产（按照物权、虚拟财产等处理）。

NFT 作为数字资产的权利归属凭证，让数字资产从信息蜕变成资产，在这种情况下，NFT 对应的资产如果出现了侵权该如何处理就关系到资产和 NFT 两个维度，因为这两者是一一绑定的，前者的价值完全靠后者证明，没有 NFT，其对应的数字资产就是一串没有任何价值的信息流。

继续分析下去，如果侵权的作品链接在网络平台上被下架了，侵害信息网络传播权的行为是否因此完全停止了呢？作为信息网络传播行为的自然结果，NFT 被生成和上链了，NFT 中包含了侵权藏品的哈希值信息（数字指纹）和权利归属信息（可能是买家信息、交易记录信息或者其他证明数字藏品来源的信息，例如平台存储数字藏品的链接地址），这些 NFT 和对应的数字藏品可能存在两种情况：

（1）已经销售给买家，NFT 已经成为买家持有藏品的权利凭证。这种情况下，数字藏品作为一项"虚拟物"已经交付给了买家，NFT 就是证明，此时，NFT 还需要销毁吗？恐怕答案是否定的，因为即便是假货，这个责任也应该由售假者承担（在损害后果中考量），买家支付了对价，就可以拿到所有权，买家甚至还可以基于这个理由向销售者主张索赔（欺诈）。当然，如果买家将这个假货拿出来再次售卖，那么就可能再次构成信息网络传播权侵权了。如果说因为这些已经售出的 NFT 是侵权行为的载体，而决定将其销毁，则意味着法律不再保护侵权情况下生成的数字资产产权。这对于 web3.0 时代的数字资源开发动力和交易安全恐怕是负面大于正面的，而且，销毁也不是那么容易的，如果法律要求销毁，好处是可以防止那些买到"假货"的买家将其再次销售的可能性，避免区块链上充斥着过多的假货凭证。

（2）尚未售出，NFT 尚未指向任何一个买家，相当于房产证上还没有填写房主的名字。在侵权数字藏品没有售出的情况下，意味着侵权产品已经生产出来，NFT 作为其身份证也已经制作完成，这个时候我们只要求把产品下架，但产品的身份证依然在链上留存就会有问题，这个时候就有必要将 NFT 从链上销毁了。

2. 打入地址黑洞是不是最优解决方案

销毁 NFT 在业内的普遍做法是打入地址黑洞，但地址黑洞技术理论上并不是百分之百可靠的，打进去的 NFT 仍有可能"打捞回来"，这有点超出普通人的预期，担心打入地址黑洞的 NFT 被"打捞"回来。但是需要提示的是，从技术角度看，没有绝对不可破解或者绝对安全的技术方案，即便是公链，理论上有足够的算力，也仍然可以攻破。

但我们不能因此失去对技术的信心，因为在技术之外还有一层保障：经济规律。区块链的架构者们使用区块链技术的根本原因是为了"取信于人"，如果架构者利用技术优势从地址黑洞往外拿东西，看上去是得到了超额回报，但同时也在降低这条链的信任价值，孰轻孰重一目了然。

所以，从经济的角度看，区块链的架构者不会轻易改变地址黑洞的公用，越是高价值的链越是如此，说白了能从可见的世界中赚到足够多钱，谁愿意跑到黑洞里玩耍呢？当然，这不一定是绝对的，小规模的链或者短视的链都有胡来的可能。

反过来想，如果滥用地址黑洞的情况很多，立法也可以对此给出具体要求，例如出台具体的技术标准以及规定滥用的法律后果等，让商业约束和法律约束双管齐下。法律层面需要讨论的是大概率和大方向，准确地讲我们需要相对优解而非绝对最优解，这是法律人特有的理性光辉，在大概率上，地址黑洞是最不可能被滥用且成本最低的销毁技术，法律上应该支持使用这种方式销毁应该销毁的 NFT，就好像法律支持将产品链接下架或者屏蔽是一样的道理，毕竟下架的商品也可以恢复。

法条链接

《中华人民共和国著作权法》

第 10 条第 1 款第 12 项　信息网络传播权，即以有线或者无线方式向公众提供，使公众可以在其选定的时间和地点获得作品的权利。

《中华人民共和国民法典》

第 1197 条　网络服务提供者知道或者应当知道网络用户利用其网络服务侵害他人民事权益，未采取必要措施的，与该网络用户承担连带责任。

（执笔：张延来）

搜索结构化场景下浏览器运营商
可能成为直接侵权人

——天津字节跳动网络科技有限公司、海南字节跳动科技有限公司、北京臻鼎科技有限公司、北京时光荏苒科技有限公司诉广州动景公司小说搜索结构侵权纠纷案[1]

案例要旨

现代互联网发展背景下,浏览器与搜索引擎在通过聚合数据、分析整理、结构展示与个性推介的方式为用户阅读网络小说提供了高效、便捷途径的同时,也便利了盗版小说的产生与传播,降低了侵权行为的发生成本。对此,浏览器运营商作为搜索引擎的提供者,常以尽到避风港原则下的"通知—删除"义务进行抗辩。在搜索结构化背景下,浏览器运营商在对数据呈现方式的选择上更具主动性,与此相对,也对应更大程度的经营者注意义务。

本案是近年来在搜索结构化场景下关于浏览器侵权责任的典型案例,有助于对浏览器运营商的注意义务进行新的思考,也为小说权利人的版权保护提供借鉴意义。

案例要点

结构化搜索 信息网络传播权 经营者注意义务 浏览器侵权责任

基本案情

本案原告海南字节公司、天津字节公司、北京臻鼎公司、时光荏苒公

---

[1] 案例来源:天津市第三中级人民法院(2021)津 03 民初 4242 号民事判决书;天津市高级人民法院(2022)津民终 1133 号民事判决书。

司在其运营的"番茄小说平台"提供涉案小说的传播服务。被告广州动景公司系"夸克浏览器 App"的运营主体,提供搜索、小说等综合服务。海南字节公司等主张,其经原著作者授权,享有涉案作品的著作权及维权权利。动景公司在其运营的"夸克浏览器 App"中以编辑、聚合、推荐盗版网站等方式向网络用户提供涉案作品盗版小说,对涉案小说的搜索结果进行结构化编辑,聚合大量盗版内容,并向自身的小说业务及其关联公司的小说产品导流至与番茄小说具有直接竞争关系的"书旗""神马小说"等产品,构成著作权侵权及不正当竞争。被告广州动景公司辩称,海南字节公司等未提供证据证明涉案作品首次发表平台与披露作者的关联关系,不能证明其已经作者合法授权,有权作为案件原告主张权利;动景公司系网络链接服务提供者,并非涉案 AI 搜索引擎的运营主体,未实施直接侵权行为;夸克浏览器不提供侵权作品内容,不存在明知第三方网站提供侵权作品而实施帮助侵权的行为;夸克浏览器与海南字节公司等运营的番茄小说软件、番茄小说网的受众具有明显差异,不存在引流行为、不构成不正当竞争行为;众多主流浏览器的搜索结果展示页面与夸克浏览器大致相同,不存在违背行业惯例和商业道德的行为。

分歧意见

一审法院认为,根据涉案作品在番茄小说网的署名信息,授权书等证据证实,海南字节公司等经授权,享有涉案作品的信息网络传播权并有权以自己名义对侵害涉案作品的行为提起诉讼。夸克浏览器提供了涉案作品的在线阅读服务,侵犯了涉案作品的信息网络传播权,动景公司系夸克浏览器的经营主体,其应对该浏览器中发生的侵权行为承担责任。动景公司虽辩称其仅提供搜索、链接服务,但根据取证视频显示,阅读被诉侵权作品的整个过程均在浏览器内部完成,未发生跳转,且即使动景公司提供的是搜索、链接服务,动景公司对涉案作品进行了分类、编辑,并设置排行榜对涉案作品进行了推荐,动景公司亦构成帮助侵权,故动景公司的行为侵犯了海南字节公司等就涉案作品享有的信息网络传播权。被诉侵权行为已适用著作权法进行调整,故无需再用反不正当竞争法进行规制。综上,判决被告停止侵害著作权行为,赔偿经济损失及合理开支共计 4 万元。动景公司不服一审判决，提起上诉。

二审法院认为，涉案浏览器对被诉侵权作品的信息进行了主动选取、编辑、整理，并对其内容进行了整合，同时自行设置了排行、评分、论坛等辅助功能，公众通过涉案浏览器能够直接、便捷对涉案作品进行阅读、讨论、评分，且在阅读过程中难以注意到涉案作品的实际提供者。动景公司虽主张其仅为网络服务提供者、被诉侵权内容并非其提供、其仅提供了链接服务，但并未就此提供充分的证据加以证明。至于涉案浏览器内的搜索引擎服务是否由动景公司提供，并不影响对本案被诉侵权行为的认定。动景公司作为被诉浏览器的运营者，构成对涉案作品信息网络传播权的侵害。综上，驳回上诉，维持原判。该判决为终审判决。

评析意见

网络小说是互联网发展环境下的新兴衍生品，它的出现大大降低了文学创作、出版、传播的成本，并以其便捷的阅读形式和高效的传播方式影响当代年轻人的精神文化生活，成为现代市民文学的重要组成部分。小说阅读浏览器以其聚合性服务成为广大读者阅读网络小说的主要途径，其通过大规模的数据挖掘将分散的网络小说进行聚合、整理、分析、归类，再根据结构化展示与差异化推介，为读者提供个性化的小说阅读服务，满足了各类不同读者的阅读需求，优化了其阅读体验。与此相伴的，互联网也为网络盗版小说的生产与传播提供了广泛路径，而浏览器与搜索引擎为其传播和发展提供了更加深层的土壤。在这一过程中，提供搜索引擎服务的浏览器运营商到底应尽到何种义务成为重要话题。

一般认为，提供搜索引擎服务的浏览器运营商注意义务主要指避风港原则下的"通知—删除"义务，这是因为浏览器运营商提供的搜索引擎服务往往是一种中立性的技术服务，海量数据环境与结构化搜索特性使提供链接的行为往往只被追究间接侵权责任，以此平衡权利人与网络服务提供者之间的利益。

在这一背景下，本案为界定浏览器运营商注意义务提供了新的角度。本案的争议焦点就在于搜索结构化场景下浏览器运营商是否能构成直接侵权。本案中，广州动景公司运营的夸克浏览器提供作品搜索功能，并在搜索结果中显示包括封面、作品名称、作者、作品类型等在内的聚合性作品信息，作品下方显示有"章节目录"与"从头阅读"两个选项，当用户对以上两个选项进行点击时，可以实现在无网页跳转情况下在浏览器内对被诉侵权作品进行阅读，直接向用户提供了侵权作品。在搜索结果页面"概览"栏目下，夸克浏览器为其提供了不同书源的网站名称、域名及更新进度，这又与一般性搜索结果存在区别。同时，夸克浏览器为用户开放了互动性功能，以排行、评分、论坛等方式增加用户的互动体验，以内容聚合化、推介个性化、阅读便捷化、观点互动化、版权信息模糊化的方式在客观上为侵权作品吸引到更大的用户流量。[1]综合上述情况，作为浏览器运营商，广州动景公司具备在数据搜集、聚合、分析和展现过程中对作品版权的辨别能力，但并未在网页上对其进行明显区分，而是通过作品信息的聚合性呈现模糊了作品版权信息；应当能够预知其链接方式存在将用户引流至侵权网站的可能性，但未就此尽到相应的注意义务，而是以多种方式扩大了侵权作品的传播方式。因此，广州动景公司运营的夸克浏览器虽然提供的是结构化搜索服务，但在扩大侵权作品范围上具备主动性，存在主观过错。考虑到其侵权行为的主动性，仅仅以避风港原则下浏览器运营商的被动性义务及间接责任对其责任进行认定，显然无法达到权利保护的具体要求，应当以直接责任对其进行规制。

综上，避风港原则并非浏览器运营商避免或减轻责任的"制胜法宝"，在浏览器侵权背景下，应对浏览器运营商的具体行为进行具体分析，如其行为达到"应知"程度，在扩大侵权行为范围上存在主动性，结构化搜索依然可能构成直接侵权。

法条链接

《中华人民共和国民法典》

第1194条　网络用户、网络服务提供者利用网络侵害他人民事权益

---

[1]《网络文学著作权司法保护中的热点问题——以网络服务提供商的侵权责任认定为视角》，载重庆知识产权法庭，https://mp.weixin.qq.com/s/eUhbmQFiJ8N3PM0ScLr_HA，最后访问日期：2024年2月27日。

的,应当承担侵权责任。法律另有规定的,依照其规定。

第 1195 条　网络用户利用网络服务实施侵权行为的,权利人有权通知网络服务提供者采取删除、屏蔽、断开链接等必要措施。通知应当包括构成侵权的初步证据及权利人的真实身份信息。

网络服务提供者接到通知后,应当及时将该通知转送相关网络用户,并根据构成侵权的初步证据和服务类型采取必要措施;未及时采取必要措施的,对损害的扩大部分与该网络用户承担连带责任。

权利人因错误通知造成网络用户或者网络服务提供者损害的,应当承担侵权责任。法律另有规定的,依照其规定。

《信息网络传播权保护条例》

第 23 条　网络服务提供者为服务对象提供搜索或者链接服务,在接到权利人的通知书后,根据本条例规定断开与侵权的作品、表演、录音录像制品的链接的,不承担赔偿责任;但是,明知或者应知所链接的作品、表演、录音录像制品侵权的,应当承担共同侵权责任。

《最高人民法院关于审理侵害信息网络传播权民事纠纷案件适用法律若干问题的规定 (2020 年修正)》

第 9 条　人民法院应当根据网络用户侵害信息网络传播权的具体事实是否明显,综合考虑以下因素,认定网络服务提供者是否构成应知:

(一) 基于网络服务提供者提供服务的性质、方式及其引发侵权的可能性大小,应当具备的管理信息的能力;

(二) 传播的作品、表演、录音录像制品的类型、知名度及侵权信息的明显程度;

(三) 网络服务提供者是否主动对作品、表演、录音录像制品进行了选择、编辑、修改、推荐等;

(四) 网络服务提供者是否积极采取了预防侵权的合理措施;

(五) 网络服务提供者是否设置便捷程序接收侵权通知并及时对侵权通知作出合理的反应;

(六) 网络服务提供者是否针对同一网络用户的重复侵权行为采取了相应的合理措施;

(七) 其他相关因素。

第 10 条　网络服务提供者在提供网络服务时，对热播影视作品等以设置榜单、目录、索引、描述性段落、内容简介等方式进行推荐，且公众可以在其网页上直接以下载、浏览或者其他方式获得的，人民法院可以认定其应知网络用户侵害信息网络传播权。

（执笔：毛添萌）

小程序服务提供者未下架某些侵权内容可能不构成帮助侵权

——刀豆公司与百赞公司、腾讯侵害作品信息网络传播权纠纷 *

案例要旨

网络平台责任的泛化是当前一个明显的趋势，小程序案如果以避风港的思路代理，被告（小程序平台运营者）是可以很轻易拿到胜诉结果的，但同时也意味着承认了自己的信息平台的定位，进而面临海量的投诉处理成本，能否换个思路，从小程序的技术原理和业务模式出发，摆脱传统避风港主体责任的窠臼，使运营方注意义务进一步降低，从而从更广阔的层面上让司法确认平台责任分层对待的事实，这才是本案的焦点所在。

案例要点

小程序 服务提供者责任 避风港 帮助侵权

基本案情

杭州刀豆网络科技有限公司（以下简称刀豆公司）经许可取得《武志红的心理学课》的复制权、发行权、信息网络传播权及维权权利。该公司发现长沙百赞网络科技有限公司（以下简称百赞公司）运营的三个微信小程序中均有"武志红心理学"收听栏目，经比对，其中"命运""自我的

---

* 案例来源：杭州互联网法院（2018）浙 0192 民初 7184 号民事判决书；杭州市中级人民法院（2019）浙 01 民终 4268 号民事判决书。

稳定性与灵活度"音频内容与权利作品一致。该公司遂以其著作权受到侵害为由提起诉讼，请求法院判令：百赞公司、腾讯公司立即停止侵害，即百赞公司立即删除在被诉三个微信小程序上的涉案作品，腾讯公司立即删除被诉三个微信小程序；百赞公司、腾讯公司赔偿刀豆公司经济损失以及合理费用共计 5 万元。刀豆公司在提起本案诉讼前，未就百赞公司的被诉侵权行为向腾讯公司通知或投诉。一审审理过程中被诉三个小程序已下架。

分歧意见

本案直接侵权行为还是比较明显的，所以争议不大，关键问题还是在于小程序服务提供者作为本案的第二被告的责任认定问题，是不是应该按照《中华人民共和国侵权责任法》（以下简称《侵权责任法》）第 36 条规定认定其"网络服务提供者"的身份，进一步认定其对小程序上的侵权内容具有"避风港"意义上的处理义务。

一审法院认为：小程序服务提供者对小程序开发者提供的是架构与接入的基础性网络服务，其性质类似《信息网络传播权保护条例》规定的自动接入、自动传输服务，应不适用"通知删除"规则。此外，从技术上看，由于小程序内容均存储于开发者服务器，小程序只是通过开发者域名作为端口与开发者服务器之间进行通信，因此小程序平台技术上无法触及开发者服务器内容，更谈不上精准删除开发者服务器中侵权内容，如一定要屏蔽侵权信息，小程序服务提供者技术上可采取的措施只有彻底关闭通信端口，切断用户与开发者之间的联系通道，即彻底删除小程序，但一律彻底删除小程序并非法律规定的"采取必要措施"所追求的"定位清除"效果。综上，以法律规定和客观技术事实为依据，法院驳回了原告对被告小程序服务提供者的诉讼请求。

二审法院维持了一审判决当中小程序作为一个新型平台不适用"通知—删除"规则，肯定了小程序由于其特殊的技术原理无法做到对侵权信息的定点删除，而全面下架整个小程序又超出了比例原则。二审判决跟一审判决的主要区别在于，在法律适用上二审法院认为仍然应该回到《侵权责任法》第 36 条所确立的大原则，虽然微信小程序"通知—删除"可以不适用，但是可以采取其他合理的必要措施，而且法院判决明确认为这个必要措施应当"以技术上能够实现，并且不超过合理的限度为宜"，至于具体是什么措施，法院并没有明确，而是允许小程序领域的服务者在后续的实践中自行摸索。

评析意见

一、避风港还是"逼疯港"

在互联网领域这么多年如潮水一般蔓延适用的避风港规则，终于有了止步的迹象，业内开始探讨避风港制度设立的初衷，以及如何避免让促进互联网产业发展的制度创新逐渐异化成沉重枷锁，从这个意义上讲，这个判例是具有里程碑意义的。

1. 决堤的避风港：从版权局部的"涓涓细流"到所有侵权领域的"波涛汹涌"

这个"避风港"制度在国内早已突破了信息网络传播权的限制，在《侵权责任法》《电子商务法》当中都大显身手。表面看上去，避风港制度在各个领域得以明确建立，然而平台却因此陷入承担准司法判断角色的泥潭当中，各类型的平台，每天都在删除还是恢复问题上纠结，这些平台一方面承担着准司法判断的角色，另一方面却没有司法一锤定音的权力，结果就是不断被权利人或者侵权商家作为第二被告拉上被告席。

避风港从一项责任豁免制度，逐渐演化成侵权领域的一项平台"义务"性的要求。尽管最高院说没有做到"通知—删除"不代表必然构成侵权，还要看是否具有主观过错，但从《最高人民法院关于审理侵害信息网络传播权民事纠纷案件适用法律若干问题的规定》来看，其中已经将有无采取删除措施作为认定过错的条件之一。如果服务商接到通知在没有删除的情况下还要主张自己没有过错，可想而知难度之高。

2. 再度失控：通吃所有网络服务提供者

事情到这里还没有结束，避风港的触角继从信息网络传播权扩展到所有侵权领域之后，又开始进一步扩大"势力范围"，适用主体从原来的存储、链接服务提供者扩散到几乎所有类型的网络服务提供者。至此，避风港从权利类型到适用主体两个维度上都为自己开辟出一片广阔的战场，而当一个规则不加区别地对所有对象适用的时候，这个规则就不能再叫避风港。

二、迫在眉睫：网络服务角色分层

信息网络传播权保护条例中把网络服务者分成了四类，追根溯源到MCA，同样如此，并且进行区别对待。两个法律文件规定可以看出位于底层单纯传输和接入类的网络服务和应用层做存储、搜索的是有区别的，而当下网络生态日渐复杂，不同类型的网络服务商参与其中，怎么反倒在法律责任适用上搞一刀切了呢？

1. 技术中间层和顶端应用层的区别

（1）技术服务的无差别性：根据不特定类型服务对象指令自动化提供技术服务。一方面，基础性技术服务提供者并非直接提供或处理信息的一方，信息接入/传输/处理由服务对象发起，由基础性技术服务的固有设置所接收处理，基础性技术服务提供者被动处理信息。另一方面，顶端应用层的网络服务总是面向特定的用户群体以及有限应用场景，而基础性技术服务面向不特定的用户和广泛不特定的场景。

（2）信息的不可控性：不直接接触第三方信息或内容。基础性技术服务不直接接触第三方信息，这里所谓的"不直接接触"并非指物理隔绝，而是指基于技术或者商业属性原因，无法或不能通过基础性技术服务本身直接控制、排查、处理第三方内容，微信小程序是基于技术特性和法律要求（小程序内容均存储于每一个独立小程序开发者自己的服务器，且小程序只能通过开发者的域名在用户和开发者服务器内容之间建立连接）无法直接进入开发者服务器接触其内容。

（3）处理手段的单一性：无法定点清除侵权信息或内容。基础性技术服务提供者无法直接接触第三方内容，无法针对侵权内容做"定点清除""精准打击"。小程序运营者如果定点清除侵权内容，则需破解或侵入开发者服务器，也是明显的违法行为。这些服务商唯一能做的就是停止提供服务，就算确实有侵权内容存在，全面停止服务的结果必然是"把孩子和洗澡水一起倒掉"。可见，对基础性技术服务提供者扩大化适用通知删除规则，恐怕要面对技术、法律和商业上三重难以逾越的障碍。

2. 网络服务角色不分层的危害

如果对于避风港制度的适用主体不进行区分，看上去是在帮助权利人积极维权，实际上必然带来三个方面的危害：

（1）处于顶端应用层的网络服务提供者得以摆脱责任。对于权利人（尤其是有高频大量维权诉求的权利人以及商业维权机构）而言，应用层的网络提供者数量多且分散，与其去找那些分散的应用层平台，不如揪住中间层这些有限且较为有实力的基础性技术服务公司，可以大大减少维权成本和工作量。如若不然，届时本该承担避风港责任的应用层服务商反倒皆大欢喜地全身而退，成功甩锅给了下层做基础支持的公司，后者却不知道到底发生了什么事。

（2）中间层的基础性技术产业发展受限，必将连带应用层停滞不前。如果把应用层承担的侵权注意义务向下穿透转移到中间层，其实相当于让中间层背负着难以预见的法律风险，而且由于顶层的服务商数量远超出中间层，导致转嫁下来的法律风险高度集中到少数服务商身上，给他们形成巨大经营压力。这种压力在压垮服务商之前必然被以简单粗暴的方式重新释放到顶层应用服务商，例如只要发现侵权就直接将应用整个下架、将地址解析直接断开，这样做最终受害的还是应用层。

（3）权利人更加懈怠，案件量增加，且更加集中到平台所在地。网络的普及使得侵权行为更多地转移到线上，权利人也在逐步适应线上维权的种种特殊要求，例如锁定侵权人的身份、设置有利的管辖、获取侵权行为有关的数据等。这些工作意味着维权成本，于是越来越多权利人（尤其是商业维权机构和大品牌公司）开始摸索如何将网络上分散的侵权行为发起集中化维权，此时位于中间层且数量稀少的基础性技术服务提供者就成了最好的靶标，如果能够把这些服务商拉进"避风港"，就可以有效绕开对顶层那些大量应用服务提供者的搜寻成本了。所以，一旦这种做法被司法认可，可以想见的一个结果当然是更多批量维权诉讼的出现，并且将基础服务提供者列为第二被告从而在其所在地法院集中管辖。

3. 曙光

《民法典》第 1195 条第 1 款和第 2 款："网络用户利用网络服务实施侵权的，权利人有权通知网络服务提供者采取删除、屏蔽、断开链接等必要措施，通知应当包括构成侵权的初步证据及权利人的真实身份信息。网络服务提供者接到通知后，应当及时将该通知转送相关网络用户，并根据构成侵权的初步证据和服务类型采取必要措施；未及时采取必要措施的，对损害的扩大部分与该网络用户承担连带责任。"该条创造性地将网络服务提供者接到通知后将采取的必要措施跟"服务类型"相关联，可见立法层面终于看到了对网络服务提供者分层和分类的必要性，今后法院可以直接适用《民法典》来判断各种类型网络服务所应采取的不同必要措施了。这对于在日新月异、百花齐放的网络创新过程中更精准地厘定权利义务边界具有极为重要的意义，让平台责任的精准化、分层化适用看到了曙光。

法条链接

《信息网络传播权保护条例》

第20条 网络服务提供者根据服务对象的指令提供网络自动接入服务，或者对服务对象提供的作品、表演、录音录像制品提供自动传输服务，并具备下列条件的，不承担赔偿责任：

（一）未选择并且未改变所传输的作品、表演、录音录像制品；

（二）向指定的服务对象提供该作品、表演、录音录像制品，并防止指定的服务对象以外的其他人获得。

《中华人民共和国侵权责任法》

第36条 网络用户、网络服务提供者利用网络侵害他人民事权益的，应当承担侵权责任。

网络用户利用网络服务实施侵权行为的，被侵权人有权通知网络服务提供者采取删除、屏蔽、断开链接等必要措施。网络服务提供者接到通知后未及时采取必要措施的，对损害的扩大部分与该网络用户承担连带责任。

网络服务提供者知道网络用户利用其网络服务侵害他人民事权益，未采取必要措施的，与该网络用户承担连带责任。

（执笔：张延来）

IPTV 回看服务的法律属性与侵权责任认定

——乐视网信息技术（北京）股份有限公司诉中国电信股份有限公司杭州分公司、中国电信股份有限公司浙江分公司侵害作品信息网络传播权纠纷案[1]

案例要旨

IPTV 回看服务符合信息网络传播权的法律特征，并不属于广播权范畴。

判断电信企业是否应承担共同侵权责任须认定是否满足构成共同侵权行为的基本要件，须判断电信企业在主观方面与他人是否具有共同过错，尤其须查明电信企业与广电播出机构之间是否存在以分工合作方式提供被诉侵权作品的共同意思联络。若电信企业与广播电视播出机构按国家政策及规范性文件的要求签订并严格履行了 IPTV 业务合作合同，且被诉侵权内容不由电信企业提供，再加上电信企业既未提供被诉侵权内容，又对集成播控平台中的具体内容无控制权，便可以认定电信企业仅提供了 IPTV 业务的信号传输和技术保障服务，电信企业不承担停止侵权、赔偿损失等侵权责任。

案例要点

IPTV 回看服务　信息网络传播权　侵权责任

基本案情

原告乐视网信息技术（北京）股份有限公司（简称乐视公司）经授权

---

[1]　案例来源：北京互联网法院（2021）京 0491 民初 17736 号民事判决书；北京知识产权法院（2022）京 73 民终 4629 号民事判决书。

享有涉案作品《甄嬛传》在中华人民共和国境内（不包括香港、澳门、台湾地区）的独占性信息网络传播权、制止侵权的权利、转授权权利。在授权使用期限内，经公证发现，在杭州市某酒店内使用中国电信 IPTV 设备可回看涉案作品部分剧集。原告认为，被告中国电信股份有限公司杭州分公司（简称电信杭州分公司）、中国电信股份有限公司浙江分公司（简称电信浙江分公司）构成共同侵权，请求法院判令被告赔偿原告经济损失 9 万元及合理开支 1 万元。

分歧意见

关于 IPTV 回看服务属于信息网络传播行为还是广播行为。原告认为，被告提供的涉案作品 IPTV 回看服务属于信息网络传播行为，故而侵害了原告对涉案作品享有的信息网络传播权。被告则认为，被诉侵权行为不属于信息网络传播行为，系广播行为。被诉侵权行为是 IPTV 集成播控平台集成接受"北京卫视"频道信号，通过电信浙江分公司 IPTV 专用网络（有线电视网络局域网）定向传输通道向局域网络内用户提供电视节目，按照三网融合政策要求及广电总局的规定，各大卫视的频道信号机内容需集成到 IPTV 平台后经电信运营商统一传输。IPTV 向用户提供电视节目本身就带有直播和短时（72 小时）回看的属性，该"回看"是在传输直播信号流的同时对直播流进行缓存，只是在有限的 72 小时内通过 IPTV 专用网络提供给局域网络内用户"回看"的行为。该行为应当界定为"以有线传播或者转播的方式向公众传播广播的作品"的广播行为，而非信息网络传播行为。

对此，法院认为，信息网络传播权即以有线或者无线方式向公众提供作品，使公众可以在其个人选定的时间和地点获得作品的权利。作为信息网络传播权，权利人在提供该项服务时，提供的并不是单向的服务模式，而是基于传输协议等特有框架，在向公众提供数据信号或者数据包时，对数据信号或者数据包进行留存处理，使公众能够多次获得的模式。这种将作品持续暴露在公共环境中供公众获取的行为，显然是一种对作品的持续性使用的行为。权利人提供的这种信息网络传播服务，使得公众能够在数据被存储期间，自主选择观看的时间、地点、种类，并与作品呈现出一种交互式的关系。本案中，涉案 IPTV 用户可以通过回看方式，在其个人选定的时间和地点观看该涉案作品，并在一定时间段内可以多次观看，该情形符合信息网络传播权的法律特征。故涉案 IPTV 的运营管理者侵犯了乐视公司对涉案作品依法享有的信息网络传播权。

关于承担侵权责任的主体。原告认为，被告电信杭州分公司对涉案平台和天翼高清 IPTV 业务进行实际管理运营，该公司与被告电信浙江分公司构成共同侵权，应共同承担侵权责任。被告则认为，涉案作品由案外公司提供，被告作为电信企业，负责落实国家三网融合政策，仅负责 IPTV 的传输工作，不提供内容，传输职责法定，不构成侵权。

对此，法院认为，IPTV 是国家"三网融合"政策推动下的产物，按照相关政策规定，一般由广播电视播出机构负责集成播控平台的建设和管理，负责 IPTV 节目的统一集成和播出监控、电子节目指南（EPG）、用户端、计费、版权等管理；由电信企业负责为集成播控平台与用户端之间提供信号传输和相应技术保障的业务。根据已查明的事实，电信浙江分公司与案外公司按照上述政策规定签订了合作备忘录，约定电信浙江分公司的 IPTV 基础视听节目由案外公司提供，且浙江广电 IPTV 是省内唯一的 IPTV 集成播控平台，由案外公司架设和管理。因此，可以认定电信浙江公司未实际提供涉案作品，在案证据不足以证明其对集成播控平台中的具体内容享有控制权，故其仅提供了 IPTV 业务的信号传输和技术保障服务，不应作为被诉侵权行为的责任承担主体。此外，关于电信杭州公司，按照国家"三网融合"相关政策以及 IPTV 运营管理惯例，通常由省级电信企业与广电播控机构签订相关合作协议，本案中亦是如此，省级以下电信企业则负责参与执行，但这并不意味着省级以下电信企业就必然成为侵权责任的承担主体。本案中，原告未提供证据证明电信杭州分公司对集成播控平台中的具体内容享有控制权。因此，原告主张由被告承担侵权责任，缺乏事实依据，法院不予支持。

一审判决驳回了原告的全部诉讼请求，原告对此提出上诉，后申请撤回上诉，二审法院裁定准许其撤回上诉，一审判决自二审裁定书送达之日起发生法律效力。

评析意见

IPTV 即交互式网络电视，在"三网融合"政策出台后，逐渐成为"三网融合"的典型业务形态，IPTV 产业迅速发展，走进千家万户。但是，在快速发展的过程中，IPTV 业务在著作权领域引发了大量侵权纠纷。在司法实践中，对于 IPTV 回看服务的性质认定问题、IPTV 业务著作权侵权主体问题，各地法院的裁判仍存在较大分歧。本案作为北京互联网法院有关 IPTV 著作权侵权纠纷的典型案例，可以帮助我们进一步探究近年来法院对这类纠纷的裁判思路。

首先，本案中，北京互联网法院从信息网络传播权的基本特征——交互式的传播方式入手，分析了 IPTV 回看服务符合信息网络传播权的法律特征。与之相反，在"乐视网信息技术（北京）部分有限公司诉广州珠江数码集团有限公司案"[1]中，法院认为，回看服务属于广播权，原因如下：①广播电视网络运营商是具有广播电台、电视台性质的特殊的广播主体。②从广播权的表现行为来看，共有三种，分别是无线广播作品的行为、有线传播或转播被无线广播的作品的行为、以扩音器等工具传播被无线广播的作品的行为，这三种行为按顺序依次发生，而有线电视网络运营商通过自己的设备转播浙电发射的无线信号，就属于广播行为中的有线转播行为。③广播电视网络运营商不得擅自对电视频道内容进行调整、变更、修改，不得擅自截传、转让、扩散，不得插播广告，本质上广播电视网络运营商是对卫视频道节目的重复使用，其实施的还是广播行为。因此，电信公司给用户提供的回看服务也属于传统广播电视业务的发展和延伸，回看服务侵害了作品广播权，而非信息网络传播权。

笔者认为，两地法院的观点分歧主要在于 IPTV 回看服务的提供主体、时间及地点上的限制性等方面。我国《著作权法》规定的广播权，指以无线方式公开广播或者传播作品，以有线传播或者转播的方式向公众传播广播的作品，以及通过扩音器或者其他传送符号、声音、图像的

---

[1] 案例来源：广东省广州市越秀区人民法院（2012）穗越法知民初字第 1101 号民事判决书、广东省广州市中级人民法院（2013）穗中法知民终字第 1174 号民事判决书。

类似工具向公众传播广播的作品的权利。信息网络传播权，指以有线或者无线方式向公众提供作品，使公众可以在其个人选定的时间和地点获得作品的权利。从定义上看，《著作权法》对广播权、信息网络传播权所控制行为的认定，并不是以提供主体作为区分标准，而是对具体播放行为的特征、方式进行区分。王迁教授认为提供 IPTV 限时回看服务并不构成受广播权控制的"转播"，因为"转播"必须与原广播同步进行，而"限时回看"是在录制原广播之后再提供点播。限时回看服务由电视台提供，且内容为电视台已被许可播出的节目，并非认定该服务属于广播行为的理由，因为是该服务的特征，而不是服务提供者的身份和内容，决定了对该服务的定性。[1]

信息网络传播权的行为特征，主要是进行"交互式传播"和能够使公众"获得"。需要注意的是，这里并非要求"所有公众""随时随地"获取作品。现实中，虽然 IPTV 的回看时通常只有 72 小时，但是用户可以在这段时间内，在任意时间"回看"或"点播"已经播放过的电视节目，用户具有自主、任意的选择权，这恰恰符合信息网络传播权的交互性特征。

其次，IPTV 回看服务涉及电信公司与广电公司等多方主体，从而使得如何判断侵权主体这一问题更为复杂。根据"三网融合"政策精神，广电机构被定义为 IPTV 内容提供服务单位、集成播控服务单位，负责 IPTV 集成播控平台的建设和管理，负责节目的统一集成和播出监控，负责电子节目指南、用户端、计费、版权等管理；电信企业被定位为传输分发服务单位，负责为 IPTV 集成播控平台与用户端之间提供信号传输和相应技术保障。但是，IPTV 业务在现实中进行推广时，基于商业利益、技术操作等因素，电信企业和广电机构对各自分工进行了一定调整，衍生出了政策合规之外的运营模式，这给法院划分其各自责任提出了考验，难点在于侵权责任应由哪一方承担抑或双方共同承担。

经对同类案件进行分析，笔者发现各地法院对于 IPTV 业务运行模式，主要从以下几个方面进行认定：①根据现行政策进行认定；②根据地方广电机构和电信企业之间签订的关于 IPTV 协议进行认定，其中主要从双方的职责和利益分配的约定进行认定；③根据设备及对外标识进行认定。

笔者认为，对于 IPTV 侵权责任的认定，应综合考虑 IPTV 的政策背景和技术原理，结合不同的运营模式，区分电信企业实施的是提供内容的行为还是提供技术服务的行为。总体的认定标准是：判断电信企业是否应承担共同侵权责任须认定是否满足构成共同侵权行为的基本要件，须判断电信企业在主观方面与他人是否具有共同过错，尤其须查明电信企业与广电播出机构之间是否存在以分工合作方式提供被诉侵权作品的共同意思联络。在个案中，要查明电信企业与广电播出机构之间实际的分工合作关系，比如双方是否按政策要求签订了相关合作协议，该协议是否合规履行。以本案为例，在案证据能够证明电信企业与广播电视播出机构按国家政策及规范性文件的要求签订并严格履行了 IPTV 业务合作合同，且被诉侵权内容不由电信企业提供的，鉴于电信企业既未提供被诉侵权内容，又对集成播控平台中的具体内容无控制权，可以认定电信企业仅提供了 IPTV 业务的信号传输和技术保障服务，电信企业不承担停止侵权、赔偿损失等侵权责任。根据 IPTV 的运营模式，现实中还存在如下几种情形：①电信企业未与广电机构签订 IPTV 业务合作合同，或者二者虽然签订了该合同，但是涉案作品不在广电机构提供的片单范围内，而是由电信企业自行提供的，那么电信企业应当承担侵权责任；②如果电信企业在合同实际履行中虽未直接提供内容，但实际参与或决定集成播控平台的相关内容，并就相关内容设置专区专版、收取费用等，可以认定电信企业与广播电视播出机构构成以分工合作方式提供被诉侵权内容，应承担相应的侵权责任。

法条链接

《中华人民共和国著作权法》（2020 年修正）

第 10 条第 1 款第 11 项、第 12 项 广播权，即以有线或者无线方式公开传播或者转播作品，以及通过扩音器或者其他传送符号、声音、图像的类似工具向公众传播广播的作品的权利，但不包括本款第十二项规定的权利。

信息网络传播权，即以有线或者无线方式向公众提供作品，使公众可以在其个人选定的时间和地点获得作品的权利。

《最高人民法院关于审理侵害信息网络传播权民事纠纷案件
适用法律若干问题的规定》（2020 年修正）

第 4 条　有证据证明网络服务提供者与他人以分工合作等方式共同提供作品、表演、录音录像制品，构成共同侵权行为的，人民法院应当判令其承担连带责任。网络服务提供者能够证明其仅提供自动接入、自动传输、信息存储空间、搜索、链接、文件分享技术等网络服务，主张其不构成共同侵权行为的，人民法院应予支持。

（执笔：鲁宁）

侵害作品信息网络传播权的管辖法院确认

——张某龙诉北京某蝶文化传播有限公司、程某、马某侵害作品信息网络传播权纠纷案 *

案例要旨

法院在确定信息网络传播侵权案件的管辖时，往往涉及《最高人民法院关于审理侵害信息网络传播权民事纠纷案件适用法律若干问题的规定》（以下简称《信息网络传播权规定》）与《最高人民法院关于适用〈中华人民共和国民事诉讼法〉的解释》（以下简称《民诉法解释》）的适用问题。本案中，最高法院认为侵害作品信息网络传播权的侵权结果发生地具有不确定性，不应作为确定管辖的连结点。在确定侵害作品信息网络传播权民事纠纷案件的管辖时，应当适用《信息网络传播权规定》第15条的规定，即由侵权行为地或者被告住所地人民法院管辖。

案例要点

侵害作品信息网络传播权　管辖　侵权行为地　侵权结果发生地

基本案情

原告张某龙以被告北京某蝶文化传播有限公司、程某、马某擅自在相关网站上发布、使用其享有著作权的写真艺术作品，以侵害其作品信息网络传播权为由，向其住所地的河北省秦皇岛市中级人民法院提起诉讼。

---

　　* 案例来源：2022年中国法院50件典型知识产权案例；最高人民法院知识产权案件年度报告摘要；最高人民法院第39批指导性案例：指导案例223号，（2022）最高法民辖42号。

分歧意见

被告马某认为本案应当适用《信息网络传播权规定》第 15 条的规定确定管辖,秦皇岛市为原告住所地,不是侵权行为地或被告住所地,故而对本案的管辖权提出异议,请求将本案移送侵权行为地和被告住所地的北京互联网法院审理。

河北高院支持被告提出的管辖异议,认为本案属于信息网络传播权侵权案件,根据《信息网络传播权规定》第 15 条,应当由侵权行为地或被告住所地法院管辖。秦皇岛中院是被侵权人住所地,既不是实施被诉侵权行为的网络服务器、计算机终端等设备所在地也不是被告住所地,故而对本案没有管辖权。河北高院随即撤销秦皇岛中院作出的(2021)冀 03 知民初 27 号民事裁定,将本案移送侵权行为地和三被告住所地法院北京互联网法院审理。

北京互联网法院认为本案应该由原告所在地秦皇岛中院管辖,河北高院不应该将本案移送至北京互联网法院审理,故依法报请最高院指定管辖。北京互联网法院认为《民诉法解释》与《信息网络传播权规定》的适用有先后顺序,在《民诉法解释》中侵权行为地和被告住所地难以确定时,才适用《信息网络传播权规定》。本案适用《民诉法解释》第 25 条的规定,侵权结果发生地包括被侵权人住所地,原告作为被侵权人,住所地为河北省秦皇岛市,秦皇岛中院作为侵权结果发生地有管辖权。

最高院则认为,在解决侵害信息网络传播权纠纷时,《信息网络传播权规定》应该作为特别法优先适用。信息网络传播权是规定在《著作权法》第 10 条中的权利,即以"有线或者无线方式向公众提供作品,使公众可以在其个人选定的时间和地点获得作品的权利"。信息网络传播权的特点是一旦发生侵权行为,侵权结果会出现随机性强,地域涉及广的情况,故而以侵权结果发生地作为管辖法院的确定标准则会出现管辖法院广泛而随机的情况。《信息网络传播权规定》是针对信息网络传播权的专属规定,规定中排除了侵权结果发生地作为管辖法院的标准,应该作为特别法优先适用于《民诉法解释》。

评析意见

在最高院发布指导案例之前，各地法院对于信息网络传播侵权案件的管辖法院确定并不一致。根本原因是对《民诉法解释》和《信息网络传播权规定》法律适用的不确定性，且在《信息网络传播权规定》出台之后，地方法院并未及时地更新侵害信息网络传播权纠纷案件审理标准，导致侵权结果发生地法院也被当事人认定为管辖法院。

《天津法院关于侵害信息网络传播权纠纷案件审理标准（试行）》中确认侵害信息网络传播权纠纷案件由侵权行为地或被告住所地人民法院管辖，侵权行为地中又包括侵权行为实施地、侵权结果发生地。[1]北京知识产权法院在2015年就《民诉法解释》的第25条和《信息网络传播权规定》第15条的理解与适用在法律位阶层面进行过分析，法院认为《民诉法解释》和《信息网络传播权规定》之间是平行的关系，前者是对后者的补充，当事人可以根据案件的具体情况选择适用，在这里并不存在"新法优于旧法""特殊优于一般"的问题。[2]同样的观点也被天津市第三中级人民法院采纳，法院认为《民诉法解释》和《信息网络传播权规定》并不冲突，只是两者在规定信息网络传播权纠纷案件管辖连接点的侧重不同，后者列举了多项侵权行为实施地，并未排除侵权结果发生地。前者与后者共同规定了信息网络侵权行为地的范围。[3]甚至最高院本身也存在"同案不同判"的情况，在发布指导性案例同月，最高院在审理信息网络传播侵权案件时，仍然仅适用《民诉法解释》第25条，认为侵权结果发生地当然包括被侵权人所在地，人民法院可以根据被侵权人所在地确定管辖连结点。[4]

最高院在本次的指导案例中重申了信息网络传播侵权案件的管辖确定

〔1〕 《天津法院关于侵害信息网络传播权纠纷案件审理标准（试行）》第3.2.1、3.2.2条。
〔2〕 中兴通讯股份有限公司诉北京中文在线数字出版股份有限公司著作权权属、侵权纠纷上诉案，案例来源：北京知识产权法院（2015）京知民终字第1047号。
〔3〕 合肥工业大学与乐视网信息技术有限公司侵害作品信息网络传播权纠纷案，案例来源：天津市第三中级人民法院，（2020）津03民辖终313号。
〔4〕 厦门铠甲网络股份有限公司、北京娱乐通科技发展有限公司侵害作品信息网络传播权纠纷案，案例来源：中华人民共和国最高人民法院（2022）最高法知民辖终263号。

问题，认为《信息网络传播权规定》与《民诉法解释》应当是特别法与一般法的关系。将侵权结果发生地法院剔除出确定信息网络传播权纠纷管辖地法院是最高人民法院基于一般的侵权规定与现实情况相平衡得出的结果。侵权结果发生地往往是原告住所地或者被侵权人的网络服务器、计算机终端等设备所在地。在涉及信息网络传播权纠纷时，原告很可能数量巨大且分布众多，如果接受侵权结果发生地法院作为管辖法院，不利于法院系统地查明案件。

另外，在确定案件是否适用信息网络传播权项下的管辖权规定时，还需要谨慎考虑案件是否真正属于信息网络传播侵权案件。最高法院曾在案件中指出：《民诉法解释》第25条中规定的信息网络传播侵权指的是侵权人直接在互联网上发布侵害他人合法权益的信息，也就是说侵权行为的实施、损害结果的发生等均在信息网络上，如果两者仅仅是与网络有关，不能将其认定为属于信息网络侵权行为，也即不能直接采取信息网络传播侵权案件中的管辖法院适用方法。[1]

法条链接

《中华人民共和国民事诉讼法》

第29条　因侵权行为提起的诉讼，由侵权行为地或者被告住所地人民法院管辖。

《最高人民法院关于适用〈中华人民共和国民事诉讼法〉的解释》

第24条　民事诉讼法第二十九条规定的侵权行为地，包括侵权行为实施地、侵权结果发生地。

第25条　信息网络侵权行为实施地包括实施被诉侵权行为的计算机等信息设备所在地，侵权结果发生地包括被侵权人住所地。

《最高人民法院关于审理侵害信息网络传播权民事纠纷案件适用法律若干问题的规定》

第15条　侵害信息网络传播权民事纠纷案件由侵权行为地或者被告住

────────

[1] 杭州米欧仪器有限公司与宁波拓普森科学仪器有限公司侵害实用新型专利权纠纷案，案例来源：中华人民共和国最高人民法院（2019）最高法知民辖终13号。

所地人民法院管辖。侵权行为地包括实施被诉侵权行为的网络服务器、计算机终端等设备所在地。侵权行为地和被告住所地均难以确定或者在境外的，原告发现侵权内容的计算机终端等设备所在地可以视为侵权行为地。

（执笔：董隽宏）

将他人商标作为搜索关键词构成商标侵权行为

——上海卓赞教育科技有限公司诉深圳市阿卡索资讯
股份有限公司等侵害商标权纠纷案[1]

案例要旨

在搜索标题中使用与他人注册商标相同的文字进行引流时，商标起到识别商品、服务来源的作用，属于商标性使用行为。仅仅将商标用于后台设置，而未展示在用户直接注意到的页面，此时商标并未发挥识别功能，也不会导致用户误认为不同商品或服务之间存在特定联系，故不属于不正当竞争规定的商业混淆行为。《反不正当竞争法》的一般条款应审慎适用，从维护公平竞争的市场秩序、保护经营者合法权益和保护消费者合法权益的目的角度进行综合考量。

案例要点

搜索关键词　商标性使用　混淆　不正当竞争

基本案情

卓赞公司成立于 2013 年，持有"哒哒英语"注册商标，具有一定知名度。2020 年上半年，卓赞公司发现，在搜狗公司运营的网站中搜索"哒哒英语"时，搜索结果中置顶的内容显示"上海哒哒英语_1 对 1 外教趣味课堂_孩子在家更爱学"，点击该链接却进入另一在线英语教育品牌"阿

---

〔1〕 案例来源：上海市徐汇区人民法院（2021）沪 0104 民初 25805 号民事判决书。

卡索"网站，详细列明了阿卡索公司的名称、标识、联系方式等，跳转后的网页内容不含"哒哒英语"相关标识。搜狗公司与网络用户签订的《服务协议》中约定：搜狗公司提供技术与信息发布服务并收取相应费用。用户应保证所有关键词、发布信息、发布信息所连接的网站内容合法合规，不侵犯任何第三方合法权益，不违反社会公序良俗，否则应自行承担由此产生的法律责任。网站首页设有"建议投诉"板块，下设隐私侵权品牌保护渠道。

分歧意见

原告卓赞公司诉称：阿卡索公司利用权利商标知名度误导公众，构成商标侵权，搜狗公司对于上述明显的侵权行为未能尽到合理审查义务，构成共同侵权；请法院综合卓赞公司市场占有率、阿卡索公司侵权行为持续时间等因素，以法定赔偿标准核定卓赞公司损失。

阿卡索公司辩称：①"哒哒英语"与"阿卡索"为两个不同品牌，不会发生混淆，无论消费者最终选择哪个品牌均是市场自由竞争的结果，阿卡索公司的行为并未侵害卓赞公司权利；②即使法院认定侵权成立，被诉行为系阿卡索公司工作人员过失导致，持续时间极短，点击量及订单转化量十分有限，卓赞公司的损失也仅为阿卡索公司设置关键词行为导致的网站点击量损失，可参考阿卡索公司设置关键词支付的推广费用予以认定。

搜狗公司辩称：①根据在案证据，搜索结果标题中出现了"上海哒哒英语"字样，但点击链接进入阿卡索公司网站后，用户清楚地知道该网站由阿卡索公司提供服务，故前述标题中出现的"哒哒英语"并没有起到识别商品、服务来源的作用，不属于商标性使用；②搜狗公司作为搜索引擎服务提供商，仅提供检索服务，竞价推广的关键词由用户设置，搜狗公司并未参与，也不负有事前主动、全面审查的义务；③搜狗公司对于使用推广服务的用户进行了合理的提示和告知，并在相关链接标题中标明了"广告"字样，也设置了完备的投诉举报渠道，尽管卓赞公司的通知存在重大瑕疵，但搜狗公司第一时间采取措施屏蔽、删除涉案关键词，已尽到了网络服务提供者的注意义务。综上，搜狗公司请求驳回卓赞公司对其全部诉讼请求。

法院在审理过程中，认定卓赞公司注册了"哒哒英语"权利商标，核定使用服务为教育、教学、培训等，尚在有效期内。案件的争议焦点在于，阿卡索公司将他人商标作为搜索关键词的行为是否构成商标侵权？首先，关键词广告链接的网站经营内容与权利商标核定使用的教育、教学、培训属相同服务。其次，关键词"上海哒哒英语"的主要识别部分即为权利商标，两者字形、读音相近，易使相关公众发生混淆、误认，构成近似商标。最后，公众在网站搜索"哒哒英语"时，"上海哒哒英语"即会出现在搜索结果标题中，突出醒目，起到了区分服务来源的作用，系商标使用。因此，法院认定阿卡索公司将他人商标作为搜索关键词的行为侵害了卓赞公司的注册商标专用权。另外，搜狗公司作为网络服务提供者，在与用户签订的协议中明确要求不得侵犯他人合法权利，并设置专栏以供维权，且及时屏蔽涉案关键词，已经尽到合理注意义务，不构成侵权。目前判决已发生法律效力。

评析意见

互联网时代电商平台的发展，催生出商品与服务新的宣传推广方式，但也带来更加复杂、多样、隐蔽的商标侵权行为，例如通过关键词搜索引流、在搜索引擎平台开展竞价排名等，将商品或服务展现在更容易被关注的位置，从而吸引用户流量，对这类行为进行规制需要从商标侵权与不正当竞争两个角度进行全面考虑。

1. 设置为搜索关键词是否构成商标性使用

传统交易环境下，商标侵权的判定多集中于混淆可能性，商标使用多采用物理贴附方式，基本不存在争议；而互联网时代的交易模式下，商标的使用方式更加丰富，例如在标题、标签或域名、网址中使用，使得商标性使用成为需要着重判定的问题。[1] 多数观点认为，商标使用与混淆可能性相互独立，并不等同，不应视为彼此判断的前提条件。本案中在判定商标侵权行为时，容易认定系未经商标注册人的许可，在同一种商品或服务

─────────────

〔1〕 徐子淼：《互联网环境下商标侵权判定中的"商标性使用"辨析》，载《科技与法律（中英文）》2022 年第 4 期。

上使用与注册商标近似的商标，足以导致混淆，分歧点在于搜索标题上显示他人商标是否属于商标性使用行为。对此，《商标法》第 48 条规定，商标的使用是将商标用于商品、商品包装或者容器以及商品交易文书上，或者将商标用于广告宣传、展览以及其他商业活动中，用于识别商品、服务来源的行为。在判断时需要综合考虑消费者的认知、使用人的主观目的、使用方式、使用效果等因素，立足于消费者视角，结合消费习惯判定对该标识的关注程度以及能否与特定商品或服务产生联系。也有观点提出，需要从商标使用者的视角出发，作出不利于使用者的识别来源判断，即行为人意图通过消费者的"搜索—浏览"行为增加自身产品的曝光度，建立起被侵权商标与经营者所提供商品或服务之间的联系。[1]使用人的主观目的的确是不容忽视的一项因素，在大多数情况下对其进行判断产生的结果与消费者视角基本一致，因为商标本身就发挥着将使用者的意图传递给消费者的信息传递功能，只是在部分情况下可能会出现偏差，消费者并未受到使用者主观目的的影响，因此最终的判断标准仍然宜以消费者视角为出发点。在搜索标题上显示他人商标时，在消费者看来已经能够与特定商品或者服务联系在一起，商标实际上起到识别商品来源的作用，故属于商标性使用。需要注意的是，如果涉案商标并未出现在消费者可以直接注意到的搜索页面，而是仅用于后台设置，那么并未发挥商标的识别功能，不属于商标性使用行为。在认定属于商标性使用后，还需要结合相关商标是否具有显著性、知名度、能否造成公众混淆可能性、主观意图等因素，来判断是否构成商标侵权。

2. 隐性使用搜索关键词是否构成不正当竞争

实践中，一些商家为了推销自己的品牌，在搜索引擎中利用他人的商标标识竞价排名，以增加点击量，获得更多关注，这一行为是否构成不正当竞争存在争议，涉及的条文是《反不正当竞争法》第 2 条和第 6 条。

第 6 条对市场混淆行为的判断，围绕"擅自使用""有一定影响""商业标识""误认存在联系"等核心构成要件进行认定。电子商务发展到今

---

〔1〕 张耕、童谣：《商标侵权中商标使用地位的再审视》，载《烟台大学学报（哲学社会科学版）》2023 年第 4 期。

天，基于用户对网络广告的认知程度，对搜索结果中含有付费竞价排名的商品或服务已经并不陌生，且《电子商务法》第 40 条规定"对于竞价排名的商品或者服务，应当显著标明'广告'"，用户通常不会误认为搜索结果与原品牌存在联系。因此，用户点击链接进入网站后就会发现并非是自己搜索的商品，此时混淆就消失了，商家的目的不是制造"此商品是彼商品"的假象，而是为了争取交易机会。[1]实务中的观点认为，若仅在计算机后台设置他人商标，而搜索结果列表未显示相关内容的，是一种售前混淆行为，不是《反不正当竞争法》第 6 条规定的商业混淆的类型化行为。

存在争议的是能否适用《反不正当竞争法》第 2 条的一般条款，实践中存在截然相反的判决。一种观点认为，构成不正当竞争。例如"杭州某化妆品公司与深圳某彩妆贸易商行、杭州某广告公司侵害商标权及不正当竞争纠纷案"[2]，被告将原告权利商标文字拆分成"花""西子"，添加至其产品标题中，用户搜索"花西子"时，被告的产品链接就会出现在搜索结果中。法院认为，该行为不会导致普通消费者产生混淆，但客观上分散了用户对原告注册商标所涉产品及相关服务的注意力，减少兴趣，损害原告商业利益，同时被告节省了本应付出的广告宣传成本，是一种不劳而获的搭便车行为，违反诚实信用原则，构成不正当竞争。另一种观点认为，不构成不正当竞争。例如"上海鸿云软件科技有限公司诉同创蓝天投资管理（北京）有限公司、北京百度网讯科技有限公司不正当竞争纠纷案"[3]，被告将原告官方网站域名添加 URL，搜索结果显示，第一个链接为原告的官方网站，而将搜索页面下滑至末端，最后一个链接是被告的网站。法院认为，从消费者利益的角度来看，若允许选用他人商业标识作为关键词，能够帮助消费者获得更多的信息和选择的机会，降低搜索成本；隐性关键词的使用方式符合现代销售和合法竞争的精神，该竞争行为并不违反诚实信用原则和公认的商业道德。本文倾向于第二种观点，认为应该审慎适用第 2 条的一般条款。从反不正当竞争法的立法目的来看，

──────────

〔1〕 周樨平：《商业标识保护中"搭便车"理论的运用——从关键词不正当竞争案件切入》，载《法学》2017 年第 5 期。

〔2〕 浙江省杭州市钱塘区人民法院（2022）浙 0114 民初 2357 号民事判决书。

〔3〕 上海市浦东新区人民法院（2020）沪 0115 民初 3814 号民事判决书。

在适用一般条款时，应从维护公平竞争的市场秩序、保护经营者合法权益和保护消费者合法权益的角度进行综合评价。于消费者而言，其借助关键词进行检索也可能是"漫无目的"地了解与之类似的商品或服务，获取更多信息，"货比三家"后作出理性的消费选择。于经营者而言，充分展示自身品牌，以得到更多交易机会，如果在竞争过程未阻止展示权利人的商品或服务、未导致权利人的自然排名不当下降，则对权利人未必造成损害。[1] 于经营秩序而言，在推广结果并未产生与权利人的混淆、自然排名未受影响的情况下，促进消费者选择范围多元化，避免某一品牌的垄断，也利于经营者之间的良性竞争。

法条链接

《中华人民共和国商标法》

第 48 条　本法所称商标的使用，是指将商标用于商品、商品包装或者容器以及商品交易文书上，或者将商标用于广告宣传、展览以及其他商业活动中，用于识别商品来源的行为。

《中华人民共和国反不正当竞争法》

第 2 条　经营者在生产经营活动中，应当遵循自愿、平等、公平、诚信的原则，遵守法律和商业道德。

本法所称的不正当竞争行为，是指经营者在生产经营活动中，违反本法规定，扰乱市场竞争秩序，损害其他经营者或者消费者的合法权益的行为。

本法所称的经营者，是指从事商品生产、经营或者提供服务（以下所称商品包括服务）的自然人、法人和非法人组织。

第 6 条　经营者不得实施下列混淆行为，引人误认为是他人商品或者与他人存在特定联系：

（一）擅自使用与他人有一定影响的商品名称、包装、装潢等相同或者近似的标识；

（二）擅自使用他人有一定影响的企业名称（包括简称、字号等）、社

---

〔1〕　刘维：《论隐性使用搜索关键词的反不正当竞争法规制》，载《南大法学》2023 年第 6 期。

会组织名称（包括简称等）、姓名（包括笔名、艺名、译名等）；

（三）擅自使用他人有一定影响的域名主体部分、网站名称、网页等；

（四）其他足以引人误认为是他人商品或者与他人存在特定联系的混淆行为。

（执笔：张高媛）

在缩略图上加载广告链接不构成合理使用

——陈红英与北京奇虎科技有限公司侵害
作品信息网络传播权纠纷 *

案例要旨

本案系因新型商业模式引发的网络服务提供者与著作权人之间的利益冲突。本案判决围绕著作权合理使用的基本原理，明确搜索引擎服务商提供图片缩略图的行为构成合理使用，但在该缩略图上加载广告链接的行为不构成合理使用，原因在于后者对涉案图片的使用已不具有指向原图链接的转换性使用的功能，亦非服务于其搜索引擎功能的目的，该种使用方式一定程度上也影响了著作权人对其作品的专有性控制。本案判决对于类似案件审理具有一定的借鉴意义，对于网络创新亦具有一定的引导意义。

案例要点

缩略图　广告链接　著作权侵权　合理使用

基本案情

原告陈红英拍摄了涉案摄影作品"玉佛寺觉醒大和尚杨枝甘露"，并将包括涉案图片在内的多幅图片上传至人民网图说中国论坛。被告北京奇虎科技有限公司（以下简称奇虎公司）是 360 搜索（域名：so. com）的主办单位，在"360 图片搜索"的搜索框分别输入"上海玉佛寺大雄宝殿移

---

* 案例来源：上海市浦东新区人民法院（2018）沪 0115 民初 61245 号民事判决书；上海知识产权法院（2020）沪 73 民终 30 号民事判决书。

动""上海玉佛寺大雄宝殿""上海玉佛寺大雄宝殿平移顶升"等不同的
关键词进行搜索，搜索结果中均出现大量与上海玉佛寺有关的图片，其中
包括陈红英拍摄的涉案图片，每一次搜索结果的前六张图片中均有"广
告"字样，部分搜索结果显示前六张图片包含涉案图片，部分搜索结果显
示前六张图片中无涉案图片。点击有"广告"字样的涉案图片，网页直接
跳转至广告所对应的第三方网站；点击没有"广告"字样的涉案图片，部
分页面跳转至聚效网的购物导航页面，部分页面跳转至人民网图说论坛中
图片的原始网页。奇虎公司提供证据证明 360 图片搜索结果中部分图上有
"广告"字样，点击图片网页会直接跳转至广告所对应的第三方网站，是
因缩略图上覆盖透明广告图层（浮层），缩略图与广告链接（浮层）是两
个部分。陈红英认为，奇虎公司提供涉案图片并使用涉案图片从事商业广
告的行为构成著作权侵权，请求判令奇虎公司和聚效公司连带赔偿经济损
失 30 万元、合理费用 40 074 元，并在官方网站刊登道歉声明。

分歧意见

上海市浦东新区人民法院一审认为，360 图片搜索的搜索结果中出现
陈红英的涉案图片，系搜索引擎生成的缩略图。而缩略图通常不能实质代
替原图，搜索服务提供商为用户提供缩略图不会给原图的权利人造成损
害，不会侵害原图权利人的信息网络传播权。奇虎公司在向网络用户呈现
部分图片时，采用了在显示图片的窗口叠加透明图层（广告链接）的技
术。当网络用户在图片上点击时，并没有实现点击图片的效果，实际仅点
击了图片上的透明图层，由此导致网页没有跳转至涉案图片原始网页，而
是跳转至透明图层所引导的第三方页面。此种情形虽然不符合用户对搜
索、链接服务的通常认识，但奇虎公司的行为并不构成著作权侵权，遂驳
回了原告陈红英的诉讼请求。

原告不服一审判决，向上海知识产权法院上诉。原告认为奇虎公司经
营的 360 图片搜索服务于搜索结果中在涉案图片上加载广告，用户点击该
图片只能跳转到广告页面，故奇虎公司并非单纯以缩略图形式显示搜索结
果，而是进一步对搜索结果加以商业运用，该种使用方式影响了涉案图片
的正常使用，不合理损害了其对涉案图片的合法权益，应认定构成著作

侵权。

被告奇虎公司辩称，其作为搜索引擎提供商，根据用户输入的搜索词在搜索结果中展示涉案图片缩略图，符合搜索引擎行业的通常做法，属于对涉案图片的合理使用；在部分缩略图上出现广告链接行为不涉及图片的存储与展示，不适用著作权法调整。

上海知识产权法院二审对本案做出改判。法院认为，360 图片搜索结果中出现的涉案图片缩略图应当认定为原图的复制件。奇虎公司在 360 图片搜索结果中展示涉案图片，系将其存储的原图复制件通过信息网络方式向公众提供，应当认定奇虎公司实施了涉案图片的提供行为。但奇虎公司作为搜索引擎服务提供商，一般意义上，搜索引擎服务提供商提供缩略图的目的并非提供缩略图本身，而在于向用户提供搜索结果，缩略图本身即系指向原图的链接，系对于原图链接的更为直观的展现形式，故缩略图在此具有转换性使用的功能，该种缩略图提供行为可以认定构成合理使用。然而，在 360 图片搜索的搜索框中输入特定关键词进行搜索，搜索结果中出现了大量与该关键词有关的图片，搜索结果前六张图片上有"广告"字样，点击该图片，网页直接跳转至广告所对应的第三方网站，因此这些附有"广告"字样的图片，已不具有指向原图链接的功能，其功能主要在于与特定的商品或服务广告链接相匹配，提供相关的广告服务。综上，奇虎公司在提供涉案图片缩略图的同时在该缩略图上加载广告链接的行为，对于涉案图片的使用已不具有指向原图链接的转换性使用的功能，亦非服务于其搜索引擎功能的目的，该种使用方式一定程度上也影响了原图权利人对于图片的使用，故奇虎公司关于在该缩略图上加载广告链接的行为构成合理使用的辩称意见不能成立。据此，上海知识产权法院判决：撤销一审判决，奇虎公司赔偿陈红英经济损失 2000 元、合理费用 25 000 元。

评析意见

从实践来看，用户在利用搜索服务平台检索图片时，搜索引擎服务提供商都会在其向用户提供的前几张图片中，添加与图片内容有关的广告链接。在这一过程产生两个著作权问题：①搜索服务提供商未经许可，将他人已经发表的摄影作品或美术作品制作成缩略图，并向用户提供该缩略图的行为，是否构成著作权侵权行为？②搜索引擎服务提供商在缩略图之上添加广告链接，引导用户进入广告链接所指向的网页，是否构成著作权侵权？对上述问题的回答，关系到著作权人的利益保护范围。

首先，搜索服务提供商将他已经发表的作品制作成缩略图，可以被认定为著作权合理使用，从而免除侵权责任的承担，这在学界和实务界已经形成共识。对此，可以通过"转换性使用理论"予以解释。转换性使用是指在借鉴已有作品的基础上增加一些新思想、新风格、新理念，或者改变原作的表达方式使原作品在被使用的过程中产生了新价值、新功能或新特点。[1]在美国，法院认定以搜索引擎目的使用照片缩略图，不同于为公众欣赏而创作原照片的目的，属于转换性使用；[2]将图书大规模数字化扫描以便于公众检索图书的目的，不同于使公众阅读其图书内容的图书创作目的，也构成转换性使用。[3]在中国法院审理的相关案件中，转换性使用理论也被用于裁判说理。例如，在"王莘诉谷翔公司、谷歌公司侵害著作权案"中，一审法院认定谷翔公司以片段式的方法和以提供图书信息检索的目的使用原告的作品构成转换性使用。[4]在"上海美术电影制片厂诉浙江新影公司著作权侵权案"中，法院认为涉案"葫芦娃""黑猫警长"美术作品被引用在电影海报中具有了新的价值、意义和功能，其原有的艺术价值功能发生了转换，并不影响涉案作品的正常使用，也没有不合理地损害著作权人的合法利益，故构成合理使用。[5]在本案中，一审法院和二审法院均认为搜索引擎服务提供商在搜索结果中提供了涉案图片，但此举目的并非提供缩略图本身，而在于向用户提供搜索结果，缩略图本身即系指向原图的链接，系对于原图链接的更为直观的展现形式，故缩略图具有转换性使用的功能，提供缩略图行为旨在更好服务于搜索引擎功能的发挥，该种缩略图提供行为可以认定构成合理使用。

其次，在缩略图之上添加广告链接，引导用户进入广告链接所指向的

---

〔1〕 胡开忠：《论重混创作行为的法律规制》，载《法学》2014年第12期。
〔2〕 See Kelly v. Arriba Soft Corporation, 336 F. 3d 811 (9th Cir. 2003).
〔3〕 See Authors Guild v. Google, Inc., 804 F. 3d 202 (2nd Cir. 2015).
〔4〕 案例来源：北京市第一中级人民法院（2011）一中民初字第1321号民事判决书。
〔5〕 案例来源：上海知识产权法院（2015）沪知民终字第730号民事判决书。

第三方网页，是否仍属于转换性使用，司法实践中存在争议。在本案中，上海知识产权法院认为该行为不构成合理使用，而广州知识产权法院在其审理的同类案件中，则认为该行为仍属于合理使用。例如，在"李颖欣与奇虎公司侵害作品信息网络传播权纠纷案"中，广州知识产权法院认为奇虎公司此举之所以属于合理使用，原因在于：①未损害原告合法权益。奇虎公司作为网络搜索服务提供者，其在缩略图中添加广告链接的行为并未改变自然搜索的结果，也不会导致网络用户无法通过搜索结果查找原始网页，实质上既不影响原告涉案摄影作品的正常使用，亦未不合理损害原告对该作品的合法权益，客观上还能够增加该作品的曝光量。②有利于实现利益平衡。从维护社会公众利益的角度出发，在不打破权利人、网络服务提供者和社会公众之间利益平衡的情况下，可以认定奇虎公司对涉案摄影作品缩略图的使用并未超出合理使用的范畴。③原告存在其他救济途径。如果原告对奇虎公司 360 图片搜索服务中缩略图的呈现方式持有异议，可以适用"通知——删除"规则，通过奇虎公司网站上公布的投诉渠道和投诉方式，要求其不得在涉案摄影作品相关搜索结果上附加广告。[1]

分析前述判决可以发现，判断在缩略图上加载广告链接的行为是否构成合理使用，需重点考察以下因素：①搜索引擎服务提供者利用缩略图加载广告链接的数量和随机性；②该行为对著作权专有性以及著作权人合法权益产生的影响；③法律是否鼓励"在缩略图上加载广告链接"这种商业模式。

可以看到，搜索引擎服务提供商在缩略图中添加广告链接的数量较少。用户通过在搜索相关图片时，搜索引擎服务提供商均仅在搜索页面的前六张图片中添加广告链接，而且这六张图片与广告链接之间的匹配具有较强的随机性。由于图片库中作品众多，著作权人的摄影作品或美术作品被用来添加广告链接的可能性大大降低。但是，从维护著作权人合法权益的角度看，在未经其许可的情况下，搜索引擎服务提供商将其摄影作品用于商业宣传，该行为的性质明显区别于单纯向用户提供缩略图的行为性质，因而不宜纳入著作权合理使用范畴。尽管涉案作品与广告链接之间的

---

〔1〕 案例来源：广州知识产权法院（2021）粤 73 民终 7310 号民事判决书。

匹配性较低，但却导致涉案作品时刻被陷入著作权侵权的风险之中，削弱了著作权人对其作品的专有性控制。从鼓励商业模式创新的角度看，搜索引擎服务提供商此举具有明显的机会主义倾向，其正是利用这种随机性，降低被著作权人指控著作权侵权的可能，但事实上，著作权侵权的行为数量并不因此而减少。因而，此举并不属于法律所鼓励的商业模式，而应当被认定为一种"反创新机制"，法律亦有必要对此种商业模式予以规制。司法机关在处理此类案件时，如果原告能够提供证据证明搜索引擎服务提供商未经许可在其作品中添加了广告链接，即应将该行为认定为著作权侵权行为，从而遏制机会主义，构建严格知识产权保护的网络环境和商业模式。

法条链接

《中华人民共和国著作权法》

第 10 条第 1 款第 12 项 信息网络传播权，即以有线或者无线方式向公众提供，使公众可以在其选定的时间和地点获得作品的权利。

《最高人民法院关于审理侵害信息网络传播权民事纠纷案件适用法律若干问题的规定》

第 5 条 网络服务提供者以提供网页快照、缩略图等方式实质替代其他网络服务提供者向公众提供相关作品的，人民法院应当认定其构成提供行为。

前款规定的提供行为不影响相关作品的正常使用，且未不合理损害权利人对该作品的合法权益，网络服务提供者主张其未侵害信息网络传播权的，人民法院应予支持。

（执笔：刘云开）

计算机软件著作权侵权的认定
与惩罚性赔偿条款的适用

——南京未某高新技术有限公司、江苏云某信息科技
有限公司等侵害计算机软件著作权纠纷案[*]

案例要旨

计算机软件著作权侵权的认定具有复杂性和专业性，知识产权惩罚性赔偿条款的适用需要具备主客观方面的条件。本案中，就涉案计算机软件之间是否具有实质性相似，原、被告均出具了大量证据以支持各自的主张。江苏省南京市中级人民法院对案件进行了全面细致的审查，并指派技术调查官辅助案件技术事实的查明。最终认定，被诉侵权软件与原告涉案软件预览程序部分具有实质性相似。因原告在关联案件审理过程中及判决后持续实施侵权行为，法院依据《著作权法》关于惩罚性赔偿的规定，判决被告赔偿 300 万元。此外，本案中也凸显出计算机软件著作权侵权获利数额与侵权赔偿数额认定的复杂性。

案例要点

计算机软件　著作权侵权　实质性相似　惩罚性赔偿

基本案情

"未某网上投标文件制作工具软件"系原告南京未某高新技术有限公司自主开发，于 2014 年 7 月 4 日完成计算机软件著作权登记并取得登记证

＊　案例来源：（2021）苏 01 民初 3229 号民事判决书。

书。原告于 2015 年 4 月 1 日与南京市公共资源交易中心签署协议，约定将上述计算机软件置于其官方网站（网址：http://www.njzwfw.gov.cn）供用户下载使用，每次下载使用费为 100 元整。2017 年 4 月，原告在南京市公共资源交易中心网站发现被告云某公司发布的"云某软件－投标文件制作工具"软件在功能及实现上与原告软件存在高度近似，经对比，被告云某公司提供下载的上述软件内部函数与原告软件完全一致，且被告刘某波原系原告研发部软件工程师，参与了"未某软件－投标文件制作工具"的研发和后期维护，其于 2016 年 5 月从原告处离职，后在被告云某公司就职。为维护合法权利，原告遂向南京市中级人民法院提起诉讼，请求判令云某公司、刘某波连带承担侵权责任。

经审理，南京市中级人民法院于 2020 年 12 月 28 日作出了（2018）苏 01 民初 2523 号民事判决，判令被告云某公司、刘某波立即停止侵害并连带赔偿原告经济损失及维权开支。针对云某公司、刘某波的上诉，最高人民法院于 2021 年 5 月 26 日作出（2021）最高法知民终 406 号民事判决，驳回上诉，维持原判。在上述案件审理过程中，云某公司、刘某波的侵权行为一直处于持续状态，在终审判决生效后，原告发现被告云某公司仍然在南京市公共资源交易中心网站提供"南京工程版投标工具"软件使用下载并收取费用，经下载该软件与原告享有著作权的软件比对，被诉侵权软件在功能及实现上与原告软件仍构成实质性相似，"南京工程版投标工具"中配置文件及代码中特有的部分标识、客户名称简称、程序文件的 GUID 以及拼写上的很多明显错误等与原告软件完全一致。截至 2021 年 8 月 30 日，被诉侵权软件已经累计下载使用 419 532 次，扣除（2018）苏 01 民初 2523 号民事判决认定的原告已经主张的 38 550 次，二被告持续侵权行为所涉的被诉侵权软件后续下载使用次数达到 380 982 次，按照每次 100 元计（目前按南京公共资源交易中心要求调整为限额以上招标项目 90 元/次、限额以下招标项目 50 元/次），被告获得的非法所得在 3500 万元以上。原告认为，二被告在原告提起诉讼后，仍持续实施侵权行为，被告刘某波与原告曾经存在劳动关系，且接触过涉案计算机软件，被告云某公司在明知被告刘某波与原告曾经存在劳动关系的情况下仍然持续性提供被诉侵权软件下载，在前述诉讼进行期间矢口否认侵权事实，具有非常明显的主观故意。同时，最高人民法院终审判决判令二被告承担责任后，其仍然提供被诉侵权软件的下载，持续实施侵权行为，以侵害原告合法计算机软件著作权为业，侵权获利并导致原告受损巨大，情节非常严重。按照《最高人民法院关于审理侵害知识产权民事案件适用惩罚性赔偿的解释》相关规定，应当承担惩罚性赔偿责任。

分歧意见

被告云某公司辩称：①其被诉侵权软件与原告涉案软件不构成实质性相似，云某公司相关行为不构成著作权侵权。②因侵权不成立，云某公司不应承担民事责任。

被告刘某波辩称：①刘某波不构成个人侵权或职务侵权，原告诉请刘某波承担连带责任没有事实和法律依据。②刘某波在（2018）苏01民初2523号案中的相关行为已由生效判决处理，但本案中被诉复制行为并非继续其行为，原告无权基于上案推定的事实再次起诉刘某波承担连带责任。③没有证据证明刘某波存在知识产权惩罚性赔偿规定中的故意侵害、情节严重的情形，对刘某波适用惩罚性赔偿没有事实和法律依据。④刘某波仅为云某公司员工，从云某公司取得正常工资，涉案软件销售的收益全部由云某公司取得。原告要求刘某波与云某公司承担连带责任明显不公。

江苏省南京市中级人民法院经过审理认为，著作权侵权案件中判断被诉侵权作品是否使用了享有著作权作品的方法一般适用"接触加实质性相似"的原则。关于被告云某公司具有接触到原告主张权利的涉案软件的可能性，在关联案件中已被确认。关于是否实质性相似，法院认为被诉侵权软件与原告主张权利的软件，两者预览程序部分实质性相似。具体理由如下：①关于相似度计算的分母，原告认为应当以其已比行数的5907行作为依据，对此本院认为，参与比对的代码由原告选取，无法通过已比对部分的局部相似度推断预览程序的整体相似度，因此在相似度的计算时，应以预览程序排除无效代码、第三方代码后的代码行数6284作为计算基数。②相似度区间估计。经比对，原告未某公司主张相同/实质性相似的代码行数为4998行，排除其认可云某公司主张不相似的行数11行，共计4987行。被告主张排除原告认为相似行中的1359行，即被告云某公司认可的相同/实质性相似的代码行数为 3639 行。据此法院认为预览程序的相似度区间为 [57.91%，79.36%]。③相似度点估计以及是否构成实质性相似。被告认为特征字符串的相似度最多仅能认定被告接触过原告代码，并不能据此认定代码整体实质性相似。对此法院认为，通过对目标程序进行反编译后得到的源代码进行手工比对的方法存在一定误差，但是通过比对过程中，对被诉侵权软件的关键信息特征予以排查，以及原被告的比对意见，综合后进行相似度的点估计。结合被诉侵权软件中存在与原告相同的 GUID、第三方程序选择适用、随机数、原告员工拼音缩写、书写缺陷，被告难以进行合理解释等情况，法院基于区间相似度认定相似度为 79.36%。

江苏省南京市中级人民法院认定，被告云某公司未经原告许可，擅自复制、修改并以自己开发的软件的名义商业性使用被诉侵权软件预览程序部分，侵犯了原告对涉案软件预览程序部分享有的署名权、修改权、复制权、发行权、信息网络传播权。原告主张以被告云某公司的获利 35 420 750 元确定赔偿额，并在此基础上适用惩罚性赔偿。法院认为，被诉侵权软件的收费标准在 2020 年 4 月、2020 年 9 月发生变化，但是原告并未举证证明上述各时间段内的使用次数，结合案涉软件普遍存在返利情况，原告提出被告获利情况的计算结果没有准确依据，综合现有证据对被告实际从涉案软件使用中获得的受益进行酌定，确定被告的侵权获利为 100 万元。适用惩罚性赔偿应满足"故意"侵权和情节"严重"两个要件。本案中被告云某公司与原告未某公司处于相同行业，都基于南京市公共资源交易中心开展招投标业务，可以确认原、被告具有竞争关系；从主观上来看，被告云某公司在经过关联案件审理且法院判令其停止侵害原告计算机软件著作权的情况下，仍然再次侵害原告未某公司相同权利基础的计算机软件著作权，属于故意侵权、重复侵权；从造成的后果来看，被告的行为侵占了原告的市场，给原告造成了经济损失。综合以上因素，法院对原告在本案中适用惩罚性赔偿的主张予以支持，以被告云某公司侵权获利的 3 倍即 300 万元确定赔偿额。另外，原告并未证明在关联案件判决后，刘某波个人实施了新的侵权行为，或与云某公司实施新的共同侵权行为，故对原告关于被告刘某波侵害其著作权的主张不予采信，对要求被告刘某波承担侵权责任的诉讼请求不予支持。

评析意见

本案集中反映出信息网络时代计算机软件知识产权侵权案件认定的复杂性，主要包括计算机软件著作权侵权"实质性相似"的认定、知识产权侵权惩罚性赔偿条款的适用、侵权赔偿数额的认定及举证等。

1. 计算机软件著作权侵权"实质性相似"的判断难度大、专业性强

本案经过原被告双方的充分举证、技术调查官的介入和法院的全面审查，对涉案计算机软件分别进行了专业分析和规范判断，认定涉案软件之间仅预览程序部分存在实质性相似。判决基于客观、全面的审查和分析，既未支持原告的全部诉讼请求，也未采纳被告的主张，体现出法院和承办法官办案的专业性。指派技术调查官参与案件技术事实的查明，也是当今涉信息网络技术案件处理可供借鉴的科学路径。

2. 知识产权惩罚性赔偿条款的适用须进行主客观方面的全面分析，尤其是主观故意的推定须有客观事实的佐证

根据《著作权法》第 54 条第 1 款的规定，故意侵犯著作权或者与著作权有关的权利，情节严重的，可以侵权赔偿数额的一倍以上五倍以下给予赔偿，此为惩罚性赔偿的法律依据。本案中，被告公司在关联案件审理过程中及判决后，仍持续实施侵权行为，可推定其侵权的故意。法院通过主客观方面的充分论证，结合对"情节严重"的分析，支持了原告关于惩罚性赔偿的诉讼求。值得注意的是，针对原告公司对于被告刘某波的侵权主张和诉讼请求，法院对关联案件及之后的侵权行为进行了严格区分，最终认定其不存在新的侵权行为，原告主张未获支持。可见，法院在审理案件时，无论是对侵权行为的认定还是对惩罚性赔偿之"故意"的推定，均须基于案件的客观事实严格把握。

3. 侵权赔偿数额的计算须在侵权事实认定的基础上进行科学计算

本案中，原告主张的侵权赔偿数额为被告因侵权获利的 35 420 750 元。法院经过审查，认为原告所主张的被告侵权获利数额的计算没有准确依据。结合现有证据，综合考虑涉案软件预览程序及其在整个软件中有效代码行数的占比情况、对实现被告被诉侵权软件的整体功能所起的作用以及预览程序的相似度情况等，最终确定被告的侵权获利为 100 万元。法院认定的侵权获利数额与原告主张之前的巨大差距，是基于对涉案软件与侵权软件仅预览程序部分具有实质性相似，并根据相似度比例、有证据证明的使用次数等进行科学计算而得出。虽然知识产权侵权赔偿数额的认定是司法实践中长期以来的难题，但从本案中可以看出，在全面、客观认定侵权案件事实的基础上，侵权赔偿数额的计算也可以达到最大限度的科学性、合理性。

法条链接

《中华人民共和国著作权法》

第 3 条 本法所称的作品，是指文学、艺术和科学领域内具有独创性并能以一定形式表现的智力成果，包括：

……

（八）计算机软件；

……

第 54 条第 1 款、第 2 款、第 3 款 侵犯著作权或者与著作权有关的权利的，侵权人应当按照权利人因此受到的实际损失或者侵权人的违法所得给予赔偿；权利人的实际损失或者侵权人的违法所得难以计算的，可以参照该权利使用费给予赔偿。对故意侵犯著作权或者与著作权有关的权利，情节严重的，可以在按照上述方法确定数额的一倍以上五倍以下给予赔偿。

权利人的实际损失、侵权人的违法所得、权利使用费难以计算的，由人民法院根据侵权行为的情节，判决给予五百元以上五百万元以下的赔偿。

赔偿数额还应当包括权利人为制止侵权行为所支付的合理开支。

《最高人民法院关于审理侵害知识产权民事案件适用惩罚性赔偿的解释》

第 3 条第 1 款 对于侵害知识产权的故意的认定，人民法院应当综合考虑被侵害知识产权客体类型、权利状态和相关产品知名度、被告与原告或者利害关系人之间的关系等因素。

第 4 条第 1 款 对于侵害知识产权情节严重的认定，人民法院应当综合考虑侵权手段、次数，侵权行为的持续时间、地域范围、规模、后果，侵权人在诉讼中的行为等因素。

《计算机软件保护条例》

第23条 除《中华人民共和国著作权法》或者本条例另有规定外，有下列侵权行为的，应当根据情况，承担停止侵害、消除影响、赔礼道歉、赔偿损失等民事责任：

（一）未经软件著作权人许可，发表或者登记其软件的；

（二）将他人软件作为自己的软件发表或者登记的；

（三）未经合作者许可，将与他人合作开发的软件作为自己单独完成的软件发表或者登记的；

（四）在他人软件上署名或者更改他人软件上的署名的；

（五）未经软件著作权人许可，修改、翻译其软件的；

（六）其他侵犯软件著作权的行为。

第25条 侵犯软件著作权的赔偿数额，依照《中华人民共和国著作权法》第四十九条的规定确定。

（执笔：苏青）

涉开源软件著作权侵权认定案

——南京未来高新技术有限公司诉江苏云蜻蜓信息科技 有限公司、刘某侵害计算机软件著作权纠纷案 *

案例要旨

开源软件著作权侵权认定应当充分关注并考虑涉案软件是否受 GPL 协议的影响与约束。权利人对于受 GPL 协议约束的软件程序源代码采取闭源处理，违反了 GPL 协议，对于通过 GPL 协议让源代码持续开源传播产生不利影响，对其指控他人使用该程序侵权的主张不予支持，对于未受 GPL 协议传染和影响的程序源代码部分，遵循正常侵权认定规则。

案例要点

计算机软件　著作权　GPL 协议

基本案情

未来公司系"未来网上投标文件制作工具软件"著作权人。刘某系其研发部软件工程师，参与了该软件的研发和后期维护，后入职云蜻蜓公司。未来公司在南京市公共资源交易中心网站发现云蜻蜓公司发布的"云蜻蜓软件－投标文件制作工具"软件在功能及实现上与未来公司软件高度近似，内部函数完全一致，遂认为两被告侵害其软件著作权，请求判令两被告承担侵权责任。云蜻蜓公司辩称未来公司涉案软件受 GPL 协议的约束，无权起诉。

---

* 案例来源：江苏省南京市中级人民法院（2021）苏 01 民初 3229 号民事判决书。

即使被告无权使用未来公司软件，未来公司的行为也是非法的，其非法利益不应受到保护。法院查明：未来公司软件源代码中存在第三方开源代码，其中多个代码包含 GPL 声明。但未来公司对涉案软件作了闭源处理。

分歧意见

法院认为，GPL 协议约定，发布或出版的软件作品（包括程序的全部或一部分，也包括自由程序的全部或部分演绎而成的作品）整体上必须受该许可协议条款的约束，并允许第三方免费使用。如果被许可人违反许可条件，则不得对开源软件进行复制、修改、再授权或发布。任何试图以其他方式复制、修改、再授权或者发布该程序的行为均无效，并且将自动终止基于该授权所享有的权利。

法院查明，一方面，未来公司软件主程序部分受 GPL 协议的传染和约束，其违反 GPL 协议，若对该行为给予侵权法上的保护，实为保护其不当行为带来的利益，有违诚信原则，且势必虚置 GPL 协议关于源代码持续开源的规定，对于通过 GPL 协议让源代码持续开源传播产生不利影响，故对原告主张被告主程序部分构成著作权侵权的主张不予采纳。

另一方面，未来公司预览程序未调用涉案 GPL 开源代码，与主程序文件相互独立，其实现独立的查看投标文件的功能。预览程序连同不包含 GPL 开源代码的 DLL 文件，脱离主程序后在新目录下能够独立运行。故预览程序未受 GPL 协议传染和影响。将被诉侵权软件反编译，获得源代码，与原告涉案软件源代码逐行比对，统计出相似行，结合被诉侵权软件中存在与原告相同的 GUID、第三方程序选择适用、随机数、原告员工拼音缩写、书写缺陷、被诉侵权软件中存在大量的直接抄袭，以及被告难以合理解释等情况，遂认定预览程序构成实质性相似。根据云蜻蜓公司故意侵权、重复侵权情节，以其侵权获利的 3 倍适用惩罚性赔偿，确定 300 万元赔偿额，并判令其承担维权开支。未来公司未能证明刘某实施了侵权行为，故驳回对刘某的诉讼请求。判决后双方和解。

评析意见

本案系国内首起采纳 GPL 抗辩的典型案例。开源许可协议已经成为国际软件行业内公认的有效契约，违反开源许可协议构成侵权。[1]遵守协议文本是信守诚实信用原则的体现，从而推动软件源代码持续开源传播，繁荣软件市场，保证公众能够充分享受开源软件成果。本案中，法院在技术调查官辅助下，查明了计算机软件是否受 GPL 传染和影响的技术事实，判决对于受 GPL 传染和影响的主程序，因权利人违反 GPL 开源许可协议而不认定为侵权，对于未受传染和影响的预览程序则认定行为人侵权，维护了 GPL 开源许可协议这一行业惯例与准则，平衡了开源软件权利人与使用人之间的利益，对于规范开源软件使用以及类似案件审理具有指导作用。因此，本案应综合考虑开源软件市场利益、GPL 协议效力、软件开发者利益等三个层面利益进行评判。

1. GPL 协议的性质及约束力

根据 GPLV2 协议（GPL 协议 2.0 版本）序言及第 10 条约定，GPLV2 协议的目的是软件自由，保证软件开发者复制、修改、分发软件副本等的自由不被中断地一直传递下去，避免有人利用开源代码后将代码封闭，保证修改或衍生的软件仍能如原始作者所期待的那样给予用户自由而非转变为专有软件。GPLV2 协议是针对某一特定的项目，并预先设定好格式化条款的协议，只要授权方选定了该协议，使用该项目的用户就必须遵守该协议，是授权方和用户之间形成的以开源软件源代码为目的的一格式化著作权合同。授权方通过 GPLV2 协议授予不特定的用户复制、修改、再发行等权利，用户复制、修改、发行该源代码时 GPLV2 协议成立并生效，默认承诺承继适用 GPLV2 协议从而保持协议的传递性。根据 GPLV2 协议第 0 条、第 1 条、第 2 条的约定，发布或出版的软件作品（包括程序的全部或一部分，也包括由程序的全部或部分演绎而成的作品）整体上必须受本许可协议条款的约束。

2. 非正当手段获取包含 GPL 协议软件源代码的行为的后果

根据 GPLV2 协议第 4 条的约定，如果被许可人违反上述许可条件，根据 GPL 协议规定则不得对开源软件进行复制、修改、再授权或发布。任何试图以其他方式进行复制、修改、再授权或者发布该程序的行为均为

---

〔1〕 谭海华、林奕濠：《违反开源许可协议构成侵权》，载《人民司法》2022 年第 32 期。

无效，并且将自动终止基于本授权所享有的权利。对于非正当手段获取包含 GPL 协议软件源代码的行为。一方面，虽然其获取的源代码中包含 GPL 协议，但是由于该行为未通过权利人发布的正当手段取得源代码，且与我国著作权保护的精神相违背，不应认定其获取了权利人软件的 GPL 授权许可。另一方面，非正当手段获取包含 GPL 协议软件源代码的行为人，由于对权利人软件实施了复制、修改、分发等行为，其实际上以实践行为做出了对 GPL 协议要约的承诺，故负有 GPL 协议中的所约定的相关义务。

3. GPLV2 协议对未来公司涉案投标软件的影响

对于在逻辑上与开源代码有关联性且整体发布的衍生作品，只要其中有一部分适用了 GPLV2 协议发布，那么整个衍生作品都必须适用 GPLV2 协议而公开。但是如果能够确定作品的一部分并非程序的衍生作品，是独立的，则这部分独立的程序发布时可以不受 GPL 的约束。判断 GPL 协议所能传染的衍生软件或修订版本的步骤如下：首先，区分开源代码与自有代码，即确定自有代码是如何与开源代码结合或交互是前提。其次，应结合代码的使用场景，即结合代码的功能及其在软件中所起的作用进行判断。最终确定被传染的部分应当是与原开源软件形成密切通信使得二者高度牵连融合成一体的程序，而非只要有数据交换就会构成传染。

GPL 协议属于附解除条件的非典型著作权许可使用合同，许可条款是著作权许可使用的条件。如果用户违背条款规定，那么许可的前提条件已不复存在，则用户因 GPL 协议获得的授权也将自动终止，故而构成侵权。[1]未来公司主程序部分受 GPL 协议的传染和约束，因此未来公司必须公开源代码。未来公司违反了 GPL 协议要求提供相应的源代码的义务，构成违约，导致授权人与未来公司之间的授权自动解除，未来公司基于 GPL 协议获得的许可终止，其对原 GPL 开源代码的继续使用系无权使用。未来公司起诉被诉方行为不当，构成侵权，但其自身首先应当规范使用开源代码，遵守开源协议，并证明自身权利的正当和合法，否则

---

〔1〕 谭海华、林奕濠：《违反开源许可协议构成侵权》，载《人民司法》2022 年第 32 期。

会导致一个不当、不法的行为人指责另一个实施相同行为的不当、不法行为人的逻辑怪圈。法院如果基于未来公司该权利认定其他行为人构成计算机软件侵权，则保护了未来公司不当行为带来的利益，将赋予其特殊法律地位和特别商事利益，不符合公平、诚信原则。同时，对未来公司违反 GPL 协议的行为给予侵权法上的保护，则会虚置 GPL 协议关于源代码持续开源的相关规定，对于通过 GPL 协议让源代码持续开源传播产生不利影响。

4. 预览程序不受 GPL 开源代码的影响

如果能够确定作品的一部分并非程序的衍生产品，则可以合理地认为这部分是独立的不同的作品。当将它作为独立作品发布时，它不受此许可证和它的条款的约束。[1] 在本案中，首先，预览程序未调用涉案 GPL 开源代码。其次，双方软件文件结构相似，以被诉侵权软件进行实验操作，预览程序文件与主程序文件相互独立，是实现独立的查看投标文件的功能，并非用户制作、上传投标文件所必需。预览程序文件连同不包含 GPL 开源代码的 DLL 文件，脱离主程序后在新目录下能够独立运行。主程序目录下删除预览程序文件后，主程序亦能独立运行。法院根据上述技术比对情况认定，预览程序部分不受 GPL 协议的传染和影响。

法条链接

《中华人民共和国著作权法》

第 13 条　改编、翻译、注释、整理已有作品而产生的作品，其著作权由改编、翻译、注释、整理人享有，但行使著作权时不得侵犯原作品的著作权。

《计算机软件保护条例》

第 10 条　由两个以上的自然人、法人或者其他组织合作开发的软件，其著作权的归属由合作开发者签订书面合同约定。无书面合同或者合同未作明确约定，合作开发的软件可以分割使用的，开发者对各自开发的部分

---

〔1〕　张平、马骁：《开源软件对知识产权制度的批判与兼容（二）——开源软件许可证的比较研究》，载《科技与法律》2004 年第 2 期。

可以单独享有著作权；但是，行使著作权时，不得扩展到合作开发的软件整体的著作权。合作开发的软件不能分割使用的，其著作权由各合作开发者共同享有，通过协商一致行使；不能协商一致，又无正当理由的，任何一方不得阻止他方行使除转让权以外的其他权利，但是所得收益应当合理分配给所有合作开发者。

（执笔：袁纪辉）

四

数字经济篇

互联网行业竞业限制须进行综合评判

——王山诉万得信息技术股份有限公司竞业限制纠纷案

案例要旨

互联网行业的竞业限制具有其特殊性。互联网企业注册登记的经营范围一般都包含了软硬件开发、技术咨询、技术转让、技术服务等，若仅以此为据判断企业之间是否存在竞争关系，显然会对互联网就业人员尤其是软件工程师再就业造成极大障碍，对社会人力资源造成极大的浪费，也有悖于竞业限制制度的立法本意。王山诉万得信息技术股份有限公司竞业限制纠纷案是最高人民法院 2022 年发布的第 34 批指导性案例之一，明确在判断是否构成竞争关系时，应当结合公司实际经营内容及受众等因素加以综合评判。

案例要点

互联网企业　竞业限制　营业范围　竞争关系

基本案情

原告王山于 2018 年 7 月 2 日进入万得信息技术股份有限公司（以下简称万得公司）工作，双方签订了期限为 2018 年 7 月 2 日至 2021 年 8 月 31 日的劳动合同，约定王山就职智能数据分析工作岗位。2019 年 7 月 23 日，王山、万得公司又签订《竞业限制协议》，对竞业行为、竞业限制期限、竞业限制补偿金等内容进行了约定。2020 年 7 月 27 日，王山填写《辞职申请表》，以个人原因为由解除与万得公司的劳动合同。

2020 年 8 月 5 日，万得公司向王山发出《关于竞业限制的提醒函》；2020 年 10 月 12 日，万得公司向王山发出《法务函》，再次要求王山履行竞业限制义务。经查明，万得公司的经营范围包括：计算机软硬件的开发、销售，计算机专业技术领域及产品的技术开发、技术转让、技术咨询、技术服务。王山于 2020 年 8 月 6 日加入上海哔哩哔哩科技有限公司（以下简称哔哩哔哩公司），按照营业执照记载，该公司经营范围包括：信息科技、计算机软硬件、网络科技领域内的技术开发、技术转让、技术咨询、技术服务等。王山、万得公司一致确认：王山竞业限制期限为 2020 年 7 月 28 日至 2022 年 7 月 27 日；万得公司已支付王山 2020 年 7 月 28 日至 2020 年 9 月 27 日竞业限制补偿金 6796.92 元。

分歧意见

上海市浦东新区劳动人事争议仲裁委员会裁决王山按双方签订的《竞业限制协议》继续履行竞业限制义务，返还万得公司已支付的竞业限制补偿金 6796 元，并支付万得公司竞业限制违约金 200 万元。王山不服仲裁裁决，诉至法院。上海市浦东新区人民法院判决王山继续履行与万得公司竞业限制义务，王山返还万得公司已支付的竞业限制补偿金 6796 元，并支付万得公司违反竞业限制违约金 240 000 元。王山不服一审判决，提起上诉。上海市第一中级人民法院于 2022 年 1 月 26 日判决，维持上海市浦东新区人民法院民事判决第一项，撤销第二项、第三项，改判上诉人王山无需向被上诉人万得公司返还竞业限制补偿金 6796 元，无需向被上诉人万得公司支付违反竞业限制违约金 200 万元。

二审法院认为，万得公司的经营范围为计算机软硬件的开发、销售，计算机专业技术领域及产品的技术开发、技术转让、技术咨询、技术服务。而哔哩哔哩公司的经营范围包括信息科技、计算机软硬件、网络科技领域内的技术开发、技术转让、技术咨询、技术服务等。对比两家公司的经营范围，确实存在一定的重合。本案中，王山举证证明万得公司在其 Wind 金融手机终端上宣称 Wind 金融终端是数十万金融专业人士的选择、最佳的中国金融业生产工具和平台。而万得公司的官网亦介绍："万得公司（下称 Wind）是中国大陆领先的金融数据、信息和软件服务企业，在国内金融信息服务行业处于领先地位，是众多证券公司、基金管理公司、保险公司、银行、投资公司、媒体等机构不可或缺的重要合作伙伴，在国际市场中，Wind 同样受到了众多中国证监会批准的合格境外机构投资者的青睐。此外，知名的金融学术研究机构和权威的监管机构同样是 Wind 的客户；权威的中英文媒体、研究报告、学术论文也经常引用 Wind 提供的数据……" 由此可见，万得公司目前的经营模式主要是提供金融信息服务，其主要的受众为相关的金融机构或者金融学术研究机构。而反观哔哩哔哩公司，众所周知其主营业务是文化社区和视频平台，即提供网络空间供用户上传视频、进行交流，其受众更广，尤其年轻人对其青睐有加。两者对比，不论是经营模式、对应市场还是受众，都存在显著差别。即使普通百姓，也能轻易判断两者之差异。虽然哔哩哔哩公司还涉猎游戏、音乐、影视等领域，但尚无证据显示其与万得公司经营的金融信息服务存在重合之处。在此前提下，万得公司仅以双方所登记的经营范围存在重合即主张两家企业形成竞争关系，尚未完成其举证义务。且万得公司在竞业限制协议中所附录的重点限制企业均为金融信息行业，足以表明万得公司自己也认为其主要的竞争对手应为金融信息服务企业。故一审法院仅以万得公司与哔哩哔哩公司的经营范围存在重合，即认定王山入职哔哩哔哩公司违反了竞业限制协议的约定，继而判决王山返还竞业限制补偿金并支付违反竞业限制违约金，有欠妥当。

评析意见

所谓竞业限制是指对原用人单位负有保密义务的劳动者，于离职后在约定的期限内，不得生产、自营或为他人生产、经营与原用人单位有竞争关系的同类产品及业务，不得在与原用人单位具有竞争关系的用人单位任职。竞业限制制度的设置系为了防止劳动者利用其所掌握的原用人单位的商业秘密为自己或为他人谋利，从而抢占了原用人单位的市场份额，给原用人单位造成损失。所以考量劳动者是否违反竞业限制协议，最为核心的是应评判原用人单位与劳动者自营或者入职的单位之间是否形成竞争关系。由于互联网企业的特殊性，企业注册登记的经营范围多数呈现一定的重合性，但这并不能说明企业之间必然存在竞争关系。本案中，二审法院通过实质审查与综合判断，认定王山虽应继续履行与万得公司的竞业限制协议，但无需返还竞业限制补偿金也无需支付违反竞业限制的违约金，该判决对于网络信息时代企业之间竞争关系的判断，以及由此引发的劳动合同纠纷、市场竞争纠纷等具有重要的指导意义。

竞业限制制度在保护用人单位权益的同时对劳动者的就业权利有一定的限制，在审查劳动者是否违反了竞业限制义务时，应当全面客观地审查劳动者自营或入职公司与原用人单位之间是否形成竞争关系。一方面考虑到实践中往往存在企业登记经营事项和实际经营事项不相一致的情形，另一方面考虑到经营范围登记类别是工商部门划分的大类，所以这种竞争关系的审查，不应拘泥于营业执照登记的营业范围，否则对劳动者抑或对用人单位都可能造成不公平。故在具体案件中，还可以从两家企业实际经营的内容是否重合、服务对象或者所生产产品的受众是否重合、所对应的市场是否重合等多角度进行审查，以还原事实之真相，从而能兼顾用人单位和劳动者的利益，达到最终的平衡。

法条链接

《中华人民共和国劳动合同法》

第23条 用人单位与劳动者可以在劳动合同中约定保守用人单位的商业秘密和与知识产权相关的保密事项。

对负有保密义务的劳动者，用人单位可以在劳动合同或者保密协议中与劳动者约定竞业限制条款，并约定在解除或者终止劳动合同后，在竞业限制期限内按月给予劳动者经济补偿。劳动者违反竞业限制约定的，应当按照约定向用人单位支付违约金。

第24条 竞业限制的人员限于用人单位的高级管理人员、高级技术人员和其他负有保密义务的人员。竞业限制的范围、地域、期限由用人单位与劳动者约定，竞业限制的约定不得违反法律、法规的规定。

在解除或者终止劳动合同后，前款规定的人员到与本单位生产或者经营同类产品、从事同类业务的有竞争关系的其他用人单位，或者自己开业生产或者经营同类产品、从事同类业务的竞业限制期限，不得超过二年。

（执笔：苏青）

滥用市场支配地位行为的认定

——王某某诉链家公司、中融信公司滥用市场支配地位纠纷案*

案例要旨

界定相关市场的范围、认定市场支配地位、分析滥用市场支配地位的行为、评估行为的排除、限制竞争效果是针对滥用市场支配地位行为的固有分析框架,其中准确界定相关市场的重要性尤为突出。2022 年的王某某诉链家公司、中融信公司滥用市场支配地位纠纷案是房地产中介机构作为垄断行为主体的反垄断案件,二审法院对相关市场的替代性分析得以准确界定相关市场和认定市场支配地位,也体现了针对滥用市场支配地位行为的体系化分析框架。

案例要点

相关市场　市场支配地位　反垄断　替代性分析

基本案情

2016 年 2 月 19 日,王某某、链家公司、案外人苗某某共同签订涉案房屋买卖合同和涉案居间合同,约定由王某某购买案外人苗某某所有的涉案房屋,王某某向链家公司支付居间代理费,且交易的后续手续由中融信公司办理。同日,王某某、中融信公司、案外人苗某某共同签订涉案交易

---

* 案例来源:最高人民法院(2020)最高法知民终 1463 号民事判决书。

保障合同，由中融信公司提供交易保障服务并收取费用，该费用由王某某承担。2017 年 6 月 29 日，王某某提起诉讼，主张链家公司具有市场支配地位，且存在以不公平高价向王某某提供服务，并将交易保障服务与居间服务捆绑交易、合并定价的滥用市场支配地位行为，故链家公司、中融信公司应向其退还居间代理费和保障服务费并承担因维权产生的合理支出。

分歧意见

北京知识产权法院认为，首先，本案对相关地域市场应界定为北京市全部区域更为合理，而本案相关服务市场范围应定位于新建房、存量房的买卖、租赁经纪服务及存量房买卖自行成交。其次，通过相关市场存量房及存量住房、分支机构、经纪人人数等三个维度不能直接得出链家公司相关市场份额超过 50% 的结论，此外考虑链家公司控制房源和客源的能力、其他房产经纪服务提供者对链家公司在交易上的依赖程度、潜在房产经纪服务提供者进入相关市场的障碍、其他市场力量对链家公司的市场约束等因素，认定链家公司在相关市场范围内不具备市场支配地位。再次，2.2% 的居间服务费不构成反垄断法意义上的以不公平高价销售产品，涉案的交易保障服务和居间服务不构成反垄断法意义上的搭售行为，因此链家公司不存在反垄断法意义上的滥用市场支配地位行为的界定。最终，北京知识产权法院认为该案不构成滥用市场支配地位。

上诉人王某某因与被上诉人链家公司、中融信公司滥用市场支配地位纠纷一案，不服北京知识产权法院（2017）京 73 民初 561 号民事判决，向最高人民法院提起上诉。该案上诉人王某某称原审判决在相关市场界定上，错误地将"存量房买卖自行成交"市场纳入本案相关服务市场，未分析北京市城六区房产经纪服务与郊区房产经纪服务的需求替代，也未考虑分析供给替代的必要性；在市场支配地位认定上，错误地采用"以市场份额为主兼顾其他市场因素"的标准，不当地将分支机构个数及经纪人个数作为认定市场份额的参数；在滥用行为的分析上，原审判决未分析链家公司在 2016 年度大幅度上涨费率的行为，也欠缺事实依据来认定交易保障服务不构成独立的产品及相关市场。

被上诉人链家公司、中融信公司答辩称原审判决对本案相关服务市场和地域市场的界定正确，采用"以市场份额为主兼顾其他市场因素"的标准界定市场支配地位符合《反垄断法》的规定，对不公平高价、搭售和附加不合理条件行为的分析事实认定和法律适用亦无瑕疵。

二审法院认为，首先，本案相关服务市场应当界定为存量住房买卖经纪服务市场，北京市城六区房产经纪服务与其他区域房产经纪服务存在紧密替代关系，本案相关地域市场应当界定为北京市全域。其次，房地产经纪机构的分支机构数量、经纪人人数等指标作为经营者财力和技术条件等的考量指标较为恰当，在链家公司自认其控制的房源信息和交易量都超过50%的情况下，链家公司提供的证据不足以否定存量住房出卖人和买受人对其在交易上具有依赖性，且不足以证明新进入的经营者对链家公司构成有效的竞争约束，因此链家公司在本案相关市场具有市场支配地位。再次，链家公司系基于该公司提供存量住房买卖经纪服务的成本、服务质量、交易条件、市场状况等确定了按照涉案房屋交易价格 2.2% 的标准收取居间服务费，而不是基于该公司在北京市存量住房买卖经纪服务市场的市场支配地位所确定的费率，现有证据不能证明 2.2% 的居间服务费构成反垄断法意义上的不公平高价行为，也不能证明链家公司在提供居间服务的同时与中融信公司合作提供交易保障服务属于搭售行为。最终，最高人民法院认为链家公司在本案相关市场上具有市场支配地位，但涉案行为不构成滥用市场支配地位的行为。2022 年 12 月 14 日，最高人民法院驳回上诉，维持原判。该判决为终审判决。

评析意见

房地产经纪对促进房屋交易、提高交易效率、保障交易安全具有重要作用。因作为交易基础的房屋买卖交易标的金额高，故涉及的居间服务费问题在民生领域反垄断中尤为突出。近年来，部分房地产经纪机构存在利用房源客源优势收取过高费用、未明码标价、捆绑收费、滥用客户个人信息等问题，加重交易当事人负担、侵害其合法权益。2023 年 4 月，国家住建部和市监总局联合发布《关于规范房地产经纪服务的意见》，严禁操纵经纪服务收费，具有市场支配地位的房地产经纪机构不得滥用市场支配地位以不公平高价收取经纪服务费用，房地产互联网平台不得强制要求加入平台的房地产经纪机构实行统一的经纪服务收费标准，不得干预房地产经纪机构自主决定收费标准。

2022 年"王某某诉链家公司、中融信公司滥用市场支配地位纠纷案"是北大法宝推荐案例，是罕见的房地产经纪服务行业房地产中介机构作为垄断行为主体的反垄断案件，其对房地产经纪服务的相关市场界定、市场支配地位认定、滥用市场支配地位行为的分析方法具有十分典型的意义。在该案中，一审法院由于错误的相关市场界定导致了错误认定被告链家公司不具备市场支配地位，二审法院纠正了原审法院对相关市场的错误事实认定，从而得以认定当事人具有市场支配地位，然而认为原告所提交的现有证据不能证明被告实施了垄断行为，最终未能认定链家公司构成滥用市场支配地位垄断行为。结合案件事实，可以从相关市场界定、市场支配地位认定、滥用市场支配地位行为三个层面透视司法实践中滥用市场支配地位的分析框架。

1. 相关市场界定

界定相关市场是认定市场支配地位的基础和前提。根据《反垄断法》[1]第 15 条第 2 款的规定，相关市场是指经营者在一定时期内就特定商品或者服务进行竞争的商品范围和地域范围，一般包括相关商品市场、相关地域市场、相关时间市场等。其中，替代性分析与假定垄断者测试是司法实践中较为常用的界定相关市场的经济学方法，本案即主要采用替代性分析的分析方法，包括以被诉垄断行为直接涉及的特定商品为基础从需求者角度进行需求替代分析，以及从供给者角度进行供给替代分析。

在相关商品/服务市场的界定上，[2]因为涉案垄断行为直接涉及的特定

---

〔1〕 《反垄断法》于 2022 年进行修正。本案裁判时适用修正前的《反垄断法》（2008），但考虑到涉案的相关条款规定在 2022 年修正中未发生实质性修改，因此如无特别提及，本案例评析引用修正后的《反垄断法》（2022）进行分析。

〔2〕 根据《国务院反垄断委员会关于相关市场界定的指南》（以下简称《相关市场界定指南》）第 8 条第 1 款，从需求替代角度界定相关商品市场，可以考虑的因素包括但不限于以下各方面：（一）需求者因商品价格或其他竞争因素变化，转向或考虑转向购买其他商品的证据。（二）商品的外形、特性、质量和技术特点等总体特征和用途。商品可能在特征上表现出某些差异，但需求者仍可以基于商品相同或相似的用途将其视为紧密替代品。（三）商品之间的价格差异。通常情况下，替代性较强的商品价格比较接近，而且在价格变化时表现出同向变化趋势。在分析价格时，应排除与竞争无关的因素引起价格变化的情况。（四）商品的销售渠道。销售渠（转下页注）

商品和服务是存量住房买卖经纪服务（即二手房买卖经纪服务），从服务对象、服务内容、服务价格、收费方式、房屋性质和用途等需求因素和行业规范要求、市场准入等供给因素分析，存量住房买卖经纪服务与存量住房租赁经纪服务、存量非住房买卖经纪服务、新建住房买卖经纪服务、存量房买卖自行成交市场在消费者需求和生产者供给两方面都不具有紧密替代性，例如没有证据证明存量住房的购买者会由于存量住房买卖经纪服务价格的上涨而转向购买或租赁新建住房、存量非住房，新建住房提供者（房地产开发商）也不可能由于存量住房买卖经纪服务价格的上涨而转为存量住房提供者，因此二审法院支持了王某某将本案的相关商品/服务市场界定为存量住房买卖经纪服务市场的主张。

在相关地域市场的界定上，[1]存量住房买卖经纪服务市场中的存量住房出卖人和买受人都受到不动产所在区域的限制，因此需要综合考虑因不同区域存量住房价格等竞争因素变化而选择转向其他地域购买商品的情况、特定区域需求者偏好、其他地域经营者的现状及其进入市场的及时性等因素来界定相关地域市场。从需求侧分析，北京市去中心聚集的城市发展规划将带来人口、教育等因素和产业的去中心化发展并导致购房选择去

（接上页注〔2〕）道面对的需求者可能不同，相互之间难以构成竞争关系，则成为相关商品的可能性较小。（五）其他重要因素。如，需求者偏好或需求者对商品的依赖程度；可能阻碍大量需求者转向某些紧密替代商品的障碍、风险和成本；是否存在区别定价等。另一方面，根据《相关市场界定指南》第8条第2款从供给角度界定相关商品市场，一般考虑的因素包括：其他经营者对商品价格等竞争因素的变化做出反应的证据；其他经营者的生产流程和工艺，转产的难易程度，转产需要的时间，转产的额外费用和风险，转产后所提供商品的市场竞争力，营销渠道等。

〔1〕 根据《相关市场界定指南》第9条第1款，从需求替代角度界定相关地域市场，可以考虑的因素包括但不限于以下各方面：（一）需求者因商品价格或其他竞争因素变化，转向或考虑转向其他地域购买商品的证据。（二）商品的运输成本和运输特征。相对于商品价格来说，运输成本越高，相关地域市场的范围越小，如水泥等商品；商品的运输特征也决定了商品的销售地域，如需要管道运输的工业气体等商品。（三）多数需求者选择商品的实际区域和主要经营者商品的销售分布。（四）地域间的贸易壁垒，包括关税、地方性法规、环保因素、技术因素等。如关税相对商品的价格来说比较高时，则相关地域市场很可能是一个区域性市场。（五）其他重要因素。如，特定区域需求者偏好；商品运进和运出该地域的数量。另一方面，根据《相关市场界定指南》第9条第2款，从供给角度界定相关地域市场时，一般考虑的因素包括：其他地域的经营者对商品价格等竞争因素的变化做出反应的证据；其他地域的经营者供应或销售相关商品的即时性和可行性，如将订单转向其他地域经营者的转换成本等。

中心化的趋势，进而直接影响城六区存量住房购房需求；从供给侧分析，房产经纪服务公司提供的房源信息既包括城六区也包括郊区县，其设在城六区外的分支机构也可以提供城六区存量住房买卖经纪服务，这表明房产经纪服务公司所经营的业务范围在北京市城六区及其他区域之间没有市场准入限制，北京市各区域的存量住房买卖经纪服务存在紧密替代关系，因此二审法院支持了链家公司将本案的相关地域市场界定为北京市全域的主张。

界定相关市场是认定市场支配地位的基础和前提，正是由于二审法院在相关商品/服务市场界定上推翻了一审法院的结论，将其限缩为存量住房买卖经纪服务市场，才使认定链家公司在相关市场具有市场支配地位成为可能。

2. 市场支配地位认定

市场份额是指特定企业的总产量、销售量或者生产能力在相关市场中所占的比例，经营者在相关市场的市场份额可以根据垄断行为发生时经营者一定时期内的相关商品交易金额、交易数量、生产能力或者其他指标在相关市场中所占的比例确定。具体到本案的存量住房买卖经纪服务市场，市场成交量、房源、客源等是考量经营者是否具有市场支配力的指标，房地产经纪机构的分支机构数量、经纪人人数等指标仅仅能够反映经营者自身的服务规模，不能直接反映经营者房源、客源以及市场成交量，但可以作为经营者财力和技术条件等的考量指标。

本案有证据证明链家公司在2016年北京市存量住房买卖经纪服务中按照成交量计算所占的市场份额为54.76%，链家公司的对外宣传材料也自认其在北京的二手房成交量占有率过半。根据《反垄断法》第24条第1款第1项，"一个经营者在相关市场的市场份额达到二分之一的"可以推定该经营者具有市场支配地位。由于市场成交量是考量房地产经纪服务机构市场力量的重要指标，可以据此推定链家公司在相关市场具有市场支配地位。

3. 滥用市场支配地位行为

本案主要涉及"以不公平的高价销售商品""没有正当理由搭售商品"两项滥用市场支配地位的行为。

针对"以不公平的高价销售商品"，通常可以使用三种方法评估价格是否公平：一是自身成本—价格比较，即在成本基本稳定的情况下，考察价格变动，也就是提高销售价格或者降低购买价格是否超过正常幅度；二是纵向成本—价格比较，即考察商品的提价幅度是否显高于成本增长幅度；三是横向成本—价格比较，即商品的价格水平不应超过同一地区、同一期间、同一档次、同种商品或者服务的市场平均价格的合理幅度，但经营者通过改善经营管理，运用新技术，降低成本，提高效益而实现的利润率除外。[1]具体到本案，法院主要采用了横向成本—价格比较的方法，一方面考虑相似条件下同行业其他竞争者的定价水平，另一方面也考虑链家公司的投入和服务水平。在本案中存在与链家公司相同按 2.2% 费率收取居间服务费的竞争者，原告也无法证明更低费率的竞争者提供了与链家公司同等的服务，因此二审法院认为无法证明链家公司存在"以不公平的高价销售商品"的行为。

针对"没有正当理由搭售商品"，搭售行为是指具有支配地位的经营者强迫交易对方购买从性质、交易习惯上均与合同无关的产品或服务的行为，搭售的目的是将市场支配地位扩大到被搭售产品的市场上，或者妨碍潜在的竞争者进入。判断是否构成反垄断法所禁止的搭售行为，一般需要考量搭售是否出于该商品的交易习惯、如果将被搭售的商品分开销售是否有损于该商品的性能或使用价值、搭售行为是否具有反竞争的效果等因素。具体到本案，有证据表明提供居间服务的同时委托第三方提供多项交易保障服务属于行业惯例，这种业务模式同时存在于链家公司的竞争对手中，而且链家公司与中融信公司合作提供居间服务和交易保障服务不会明显排除、限制市场竞争，反而能够提高消费者福利，且具有促进竞争的效果，因此二审法院认为无法证明链家公司存在"没有正当理由搭售商品"的行为。

综合分析，在反垄断民事案件的司法实践中针对滥用市场支配地位行为的认定已经形成了较为固定的分析框架，其步骤如下：①界定相关市场的范围，即被告是否与原告处于相关市场以及相关市场的范围确定；②被告在已经确定相关市场的语境下是否具有市场支配地位；③被告即具有市场支配地位的经营者是否存在法律禁止的滥用市场支配地位的行为；④上述行为是否产生排除、限制竞争的效果。

---

[1] 刘继峰：《竞争法学》，北京大学出版社 2018 年版，第 164 页。

法条链接

《中华人民共和国反垄断法》

第 22 条 禁止具有市场支配地位的经营者从事下列滥用市场支配地位的行为：

（一）以不公平的高价销售商品或者以不公平的低价购买商品；

（二）没有正当理由，以低于成本的价格销售商品；

（三）没有正当理由，拒绝与交易相对人进行交易；

（四）没有正当理由，限定交易相对人只能与其进行交易或者只能与其指定的经营者进行交易；

（五）没有正当理由搭售商品，或者在交易时附加其他不合理的交易条件；

（六）没有正当理由，对条件相同的交易相对人在交易价格等交易条件上实行差别待遇；

（七）国务院反垄断执法机构认定的其他滥用市场支配地位的行为。

具有市场支配地位的经营者不得利用数据和算法、技术以及平台规则等从事前款规定的滥用市场支配地位的行为。

本法所称市场支配地位，是指经营者在相关市场内具有能够控制商品价格、数量或者其他交易条件，或者能够阻碍、影响其他经营者进入相关市场能力的市场地位。

第 24 条 有下列情形之一的，可以推定经营者具有市场支配地位：

（一）一个经营者在相关市场的市场份额达到二分之一的；

（二）两个经营者在相关市场的市场份额合计达到三分之二的；

（三）三个经营者在相关市场的市场份额合计达到四分之三的。

有前款第二项、第三项规定的情形，其中有的经营者市场份额不足十分之一的，不应当推定该经营者具有市场支配地位。

被推定具有市场支配地位的经营者，有证据证明不具有市场支配地位的，不应当认定其具有市场支配地位。

（执笔：张夕夜）

利用他人既有数据资源可能构成不正当竞争

——腾讯诉搜道公司、聚客通公司不正当竞争纠纷*

案例要旨

网络运营者所控制的数据分为原始数据与衍生数据。对于单一原始数据个体，数据控制主体只能依其与用户的约定享有有限使用权；对于单一原始数据聚合而成的数据资源整体，数据控制主体享有竞争权益。未经许可擅自使用他人控制的单一原始数据，只要不违反"合法、必要、用户同意"原则，一般不应被认定为不正当竞争，数据控制主体亦无赔偿请求权。未经许可利用他人既有数据资源开展创新竞争活动，应当符合"合法、适度、用户同意、有效率"原则，规模化、破坏性使用他人所控制的数据资源且竞争效能上对于市场而言弊大于利的，应当被认定为不正当竞争，数据控制主体有权请求获得赔偿。

案例要点

数据权益 网络运营者 不正当竞争

基本案情

深圳市腾讯计算机系统有限公司、腾讯科技（深圳）有限公司（以下统称腾讯公司）开发运营个人微信产品，为消费者提供即时社交通讯服

---

* 案例来源：杭州铁路运输法院（2019）浙 8601 民初 1987 号民事判决书；浙江省杭州市中级人民法院（2020）浙 01 民终 5889 号民事裁定书。

务。个人微信产品中的数据内容主要为个人微信用户的账号数据、好友关系链数据、用户操作数据等个人身份数据和行为数据。浙江搜道网络技术有限公司、杭州聚客通科技有限公司（以下统称两被告）开发运营的"聚客通群控软件"，利用 Xposed 外挂技术将该软件中的"个人号"功能模块嵌套于个人微信产品中运行，为购买该软件服务的微信用户在个人微信平台中开展商业营销、商业管理活动提供帮助。腾讯公司向浙江省杭州铁路运输法院提起诉讼，主张其享有微信平台的数据权益，两被告擅自获取、使用涉案数据，构成不正当竞争。一审法院认为，网络平台方对于数据资源整体与单一原始数据个体享有不同的数据权益。两被告通过被控侵权软件擅自收集微信用户数据，存储于自己所控制的服务器内的行为，不仅危及微信用户的数据安全，且对腾讯公司基于数据资源整体获得的竞争权益构成了实质性损害。两被告的行为有违商业道德，且违反了网络安全法的相关规定，构成不正当竞争。一审法院遂判决两被告停止涉案不正当竞争行为，共同赔偿腾讯公司经济损失及为制止不正当竞争行为所支付的合理费用共计 260 万元。

分歧意见

原告起诉认为聚客通群控软件干扰了微信正常运营，破坏微信用户体验，影响微信的数据安全。此外，聚客通群控软件通过技术措施直接抓取其他微信用户的微信通信内容，并将这些私密信息上传到自己的服务器进行分析和使用，严重危害到了微信用户信息安全。

被告则辩称原告并未禁止微商的运营，而聚客通群控软件的使用是基于微商场景，实现高效率的经营手段和方式，其本质以技术创新推动高效，与微信产品的理念一致。此外，聚客通群控软件也未妨碍破坏微信产品的正常运行，涉案软件虽部分突破了微信产品未实现的功能，但其目的是提升用户使用微信进行经营的效率，而这些相关功能正好契合了社交电商提升自身管理与运营效率的需求，属于技术创新，且该种突破没有妨碍或破坏微信正常运行。对于微信的数据安全，聚客通群控软件所获得的微信用户信息均来自用户在淘宝、京东等平台上的相关店铺正常交易后留下的数据，涉案软件用户借此添加好友并等待对方同意确认，均是基于微信的使用规则。用户的社交数据权益应当归用户自行所有，微信不享有任何数据权益。

评析意见

群控案之所以引发关注，除了这项技术对产品运行本身的干扰以及对原有商业模式的冲击之外，还由于一个被业内广泛讨论的问题：企业的数据权益以及用户对其个人数据的可携带权。

第一，个人信息可携带不等于数据可携带。欧盟的《通用数据保护条例》（GDPR）并未对数据可携带和个人信息可携带作出区分，并且对可携带的前提要求很低，通常只要用户授权同意即可，这样赋予用户绝对化可携带权的立法思路是否值得借鉴是需要慎重考虑的。如果是纯粹的个人信息和隐私，应该赋予用户一定程度的可携带权益；如果是个人信息之外的一般用户信息，例如用户在平台留下的交易评价信息等，这部分信息的可迁移性就更加应该审慎评估。一方面这些信息跟用户的关联性不强，另一方面却对平台的商业价值可能有更大的意义，所以应该从迁移前后能否做到帕累托最优的角度来进行评估之后再做判断。

我国《个人信息保护法》有关条文明确只有个人信息才涉及可携带的问题，并不是所有用户产生的数据都在可携带的范围，此外，多部立法明确经过匿名化处理的数据不再需要数据主体的同意即可处理使用。

第二，数据容器与数据资源权益。数据成为一项生产要素已经在《中共 中央国务院关于构建更加完善的要素市场化配置体制机制的意见》中得到确认，其作为一种基础性的资源在监管和司法层面几乎可以达成共识。但是数据资源不像人力资源、土地、石油等有形的资源，对于有形资源而言，如果从对手手中夺取，这是零和博弈，结果是"人无我有"，而数据资源是可以无限复制的，而且投入使用的领域跟同属于无形资产的知识产权又不一样，未必一定要用到和资源主体相同的、可替代的领域中。例如从某电商平台里抓取数据，然后可以用于互联网金融借贷信用评估，这种行为直观看上去没有对电商平台形成直接冲击，再加上当前动辄强调互联互通、打破数据孤岛等意识流的影响，法院更加认为搬运数据并不会造成严重后果。

事实上，数据资源的属性跟前文分析的个人信息和隐私是一样的，二者本来就是一体两面，从用户角度看是个人信息和隐私，而从这些信息的收集和贡献者角度看就是数据资源。因此，数据资源的侵害后果更多地体现为资源主体对数据控制力的丧失，让我的"孩子"脱离了我的视野，这本身就是对数据资源权益最大的损害后果。

这里想引入笔者提出的"数据容器"概念，商业机构对数据资源的贡献就在于通过不断投入打造和维护着一个庞大的"数据容器"，这个容器需要不断给用户提供有价值的服务，从而让数据从用户那里源源不断地沉淀下来，没有"数据容器"根本谈不上大数据，更谈不上数据资源。而通过各种手段搬运、掠夺数据资源的行为，就好像在数据容器之外制造了一个镜像，把别家数据容器中的数据"克隆"到自己家容器中，别家的数据确实没少，但自家容器中的数据却多了。这种做法如果可以被法律认可，结果就是大家都去克隆而不再制作容器，因为克隆成本远低于制作容器的成本。

这种行为可类比为考试作弊，抄袭者不会导致被抄袭者的分数下降，但通过"走捷径"快速提升了自己的名次，所以对于考试作弊和抄袭的同学，学校不会只是将其抄袭的题目取消成绩而是将整张试卷作废，甚至开除其学籍。因此在数据资源侵权案件中正确的做法也是用高判赔甚至是惩罚性赔偿来惩戒这种克隆作弊行为，保证市场主体不断制造"数据容器"的激励。

第三，个人信息可携带需要满足前提条件。我国在转移个人信息的问题上还是非常审慎的，通常需要符合以下几个前提条件：

（1）请求发起：需要个人信息主体向处理者提出请求。

（2）转移目标：信息主体要明确指定转移到哪个个人信息处理者。

（3）转移条件：符合国家网信部门规定条件。虽然目前尚未见网信部门的配套规定，但后续一定会相继出台。并且笔者认为除了这些规定，还应当保证符合《网络安全法》《数据安全法》的有关规定，转移不能在违法的情况下进行，不能引发网络安全问题和数据安全问题。

（4）转移方式：个人信息处理者应当提供转移的途径。这一条也很关键，也就是说转移仍是通过原个人信息处理者提供的途径进行的，不能是第三方通过爬虫、cookie 等单方面的技术手段直接获取，所以不存在用户同意了，就可以不通过原平台随意搬运的情况。

通过上述分析，本文认为我国的《个人信息保护法》关于可携带权的规定并不会给数据资源带来破坏性影响，数据资源权益人对数据搬运等侵权行为仍然具有充分的维权基础。司法实践中也会不断地通过个案来确立不同具体场景下实现个人信息可携带的具体标准，国内的互联网企业没必要因此恐慌。事实上，立法者一定也是在数据资源保护和个人权益保护之间做了精心的平衡。毕竟不论我们如何鼓励数据流通，作为一项稀缺资源，其价值最大化的前提依然是科斯定理中所讲的"确权"。个人信息的可携带一方面为保护个人信息建立围栏，另一方面更是为数据有序流动创造制度前提。但这绝不意味着数据资源可以无条件地"共享"，不意味着在互联网上消灭"产权"，不意味着将互联网在技术层面的互联互通属性与权益层面的无条件共享画上等号。

第四，可携带权可否通过协议排除。讨论到这里，衍生出一个更深层面的问题。《个人信息保护法》规定了个人信息可携带的权益（非权利），从法律的基本原理出发，权利（权益）是可以放弃的，是否可以通过协议提前排除用户可携带权的使用呢？这个问题并非只是单纯的学术讨论，在商业和司法实践中依然有一定的价值。

实践中，个人信息在携带转移的过程中，由于会导致原处理者面临违法、犯罪风险（侵权公民个人信息罪），处理者为了尽量降低风险，可能存在的一种情形是通过合同与用户进行约定可以转移的各项条件，如果用户的转移请求无法达到条件，则视为放弃请求或未提出请求，这样的约定本文认为是大概率会出现的，并且也具有足够的合理性。

那么这种约定是否具有合同效力呢？是否会因为跟《个人信息保护法》的规定相冲突而被认定无效？本文认为至少在实质层面不应该认定其为无效，毕竟可携带的法律规定算不上强制性规定，因此无效的可能性最多是出于形式层面，例如未尽到提示义务。

可见，简单粗暴地通过条文概括式地排除用户可携带权益显然是行不通的，并且可能因此承担《个人信息保护法》规定的行政责任，但在开辟了有关可携带通道的情况下，对于权益的具体行使方式仍然可以进行约定，这种约定不一定也不应该被一律认定无效，而是应该从法律规定的可携带条件和处理者面临的风险和成本两方面综合认定。

法条链接

《中华人民共和国反不正当竞争法》

第2条　经营者在生产经营活动中，应当遵循自愿、平等、公平、诚信的原则，遵守法律和商业道德。

本法所称的不正当竞争行为，是指经营者在生产经营活动中，违反本法规定，扰乱市场竞争秩序，损害其他经营者或者消费者的合法权益的行为。

本法所称的经营者，是指从事商品生产、经营或者提供服务（以下所称商品包括服务）的自然人、法人和非法人组织。

《最高人民法院关于适用〈中华人民共和国反不正当竞争法〉
若干问题的解释》

第3条　特定商业领域普遍遵循和认可的行为规范，人民法院可以认定为反不正当竞争法第二条规定的"商业道德"。

人民法院应当结合案件具体情况，综合考虑行业规则或者商业惯例、经营者的主观状态、交易相对人的选择意愿、对消费者权益、市场竞争秩序、社会公共利益的影响等因素，依法判断经营者是否违反商业道德。

人民法院认定经营者是否违反商业道德时，可以参考行业主管部门、行业协会或者自律组织制定的从业规范、技术规范、自律公约等。

（执笔：张延来）

主播跳槽时竞争平台可能构成正当竞争

——开迅公司诉李勇、虎牙公司不正当竞争纠纷案 *

案例要旨

在直播行业的商业模式中主播是核心竞争资源，主播跳槽规制方向的不同事关各大平台的未来的流量竞争方向，跳槽主播、竞争平台与原平台之间是否构成不正当竞争一直争论不断。2020 年底的开迅公司案是确认竞争平台和跳槽主播均不构成不正当竞争的第一案。对于竞争平台的行为是否违反"商业道德"，法院在认定上需要精细区分。这一案件顺应了当前直播行业的发展趋势，体现了网络主播违约跳槽行为中竞争平台可构成正当竞争的新风向。

案例要点

直播平台　网络主播　不正当竞争　商业道德

基本案情

被告李勇系开迅公司及其关联公司共同培育的签约认证主播，先后与开迅公司指定的经纪公司签署 4 份独家合作协议。依据最后一份独家游戏解说协议，其与触手直播平台的合作于 2021 年 9 月 2 日到期。依据双方约定合约期内李勇不得在其他平台进行直播或者解说。2018 年 9 月 1 日，开

---

* 案例来源：浙江省杭州市中级人民法院（2019）浙 01 民初 1152 号民事判决书；浙江省高级人民法院（2020）浙民终 515 号民事判决书。

迅公司发现李勇在虎牙公司运营的虎牙直播平台以"触手圣光转虎牙"为昵称进行了首秀直播。后经开迅公司劝说，李勇在2018年9月到2019年3月期间暂时回归触手直播平台。但是2019年3月1日，开迅公司发现虎牙公司再次在其直播平台上发布海报，宣布李勇将于当日在虎牙进行直播首秀。李勇亦在触手平台上发布动态进行粉丝导流，并仍然使用其原先在触手平台的卡通形象及"圣光"昵称进行了直播，之后虎牙公司允许李勇通过微信、QQ、微博、论坛继续使用"圣光"这一昵称进行粉丝导流。开迅公司认为虎牙允许、放任、有意使用开迅公司培育的主播，并利用主播与用户的粘性，采取昵称、头像等影响力因素与李勇共同实施的窃取开迅公司流量的行为构成不正当竞争行为，向李勇、虎牙公司主张13 195 000元的赔偿。

分歧意见

杭州中院指出，虎牙在主播负有约定竞业限制义务且尚未解约的情况下即与之签约，未尽到合理审慎的注意义务，且会助长不守诚信的行为，具有过错。但《反不正当竞争法》中诚实信用原则的核心内容是商业道德。涉案网络直播行业属于新兴市场领域，对于各种商业规则仍在探索中，商业道德在相关市场共同体中尚未形成共识，应当结合市场经营者的行为方式、行为目的、行为后果等案件具体情形分析判定。最终，杭州中院认为该案不构成不正当竞争。

上诉人开迅公司因不服浙江省杭州市中级人民法院的判决，向浙江省高级人民法院提起上诉。该案上诉人开迅公司称虎牙公司允许、放任、有意使用开迅公司培育的主播，并利用主播与用户的粘性，采取昵称、头像等影响力因素，与主播李勇共同实施的窃取开迅公司用户及流量的行为构成不正当竞争。

被上诉人李勇答辩称若主播跳槽会导致不正当竞争，就会使主播难以享有市场应有的地位和价值，限制了主播的人身和择业自由，侵害其基本人权。另外，昵称、头像都属于李勇人身权的范围，其中昵称系艺名，属于姓名权范畴，而头像则是李勇通过自身照片制作而成，属于其肖像权。

被上诉人虎牙公司答辩称争夺人才是行业竞争的正常手段，虎牙公司接纳李勇作为平台主播是正常的市场行为，并且开迅公司可以通过合同获得救济。昵称和头像由李勇某创作，属于其个人信息，具有强烈的人格属性，与李勇密不可分，经纪公司无权通过格式条款的方式强行将之约定为其或第三人所有。

二审法院认为，在当事人能够通过合同方式得到有效救济的情况下，反不正当竞争法的适用更应秉持审慎、谦抑的原则，而不应随意干预当事人的行为自由。虎牙公司作为一个经济人，基于自身商业利益判断，选择与可以为其带来商业机会和竞争优势的跳槽主播合作，拓展头部主播阵容，从而提升平台竞争力，这符合通常的商业伦理，不具有不正当竞争的目的。高薪是争夺人才的常见市场竞争方式，也在一定程度上体现了人才的价值，李勇亦认可系出于自身发展考虑进行直播平台的转换，李勇为追求自身利益最大化而违约，并不等同于其行为存在反不正当竞争法意义上的不正当性。

同时，法院认为昵称、头像具有人身权和财产权的双重属性，其虽然明显包含有商业利益，但亦与主播的人身利益紧密关联。李勇离开开迅公司旗下的触手平台后仍继续使用原昵称和头像，在人身指向上并无偏差，不存在导致相关公众混淆误认的情况。2020 年 11 月 27 日，浙江省高级人民法院驳回上诉，维持原判。该判决为终审判决。

评析意见

视频直播自 2005 年进入中国市场，到 2019 年一直表现出野蛮生长的态势。[1]2020 年中国企业直播市场规模已经达到近 40 亿元，用户规模已达 5.26 亿人，[2]各行各业对网络直播的经济需求日益增大。在直播行业的商业模式中主播是核心竞争资源，是直播平台吸引粉丝、获取流量、促使流量变现的核心依赖，因此主播跳槽与普通劳动者换工作在性质上有很大不同，对于主播跳槽规制方向的不同事关各大平台的未来的流量竞争方

---

〔1〕 王霁阳、王欣：《网红经济下的直播行业发展研究》，载《北方经贸》2020 年第 4 期。

〔2〕 艾瑞咨询：《中国企业直播服务行业发展研究报告》，载 https://www.iresearch.com.cn/Detail/report? id=3742&isfree=0，最后访问日期：2021 年 3 月 8 日。

向，引起了极大关注。主播跳槽一度成为热点事件，主播跳槽的有关案件也引起了极大关注。在当今这个流量至上的时代，为了攫取流量，竞争平台通常会通过承诺高额酬金、兜底解决违约事宜等吸引知名主播转换平台，而主播为了个人发展和个人利益选择跳槽。跳槽主播、竞争平台与原平台之间是否构成不正当竞争一直争论不断，法院在个案中也对主播跳槽行为的反不正当竞争法评价作了一些的初步探索。

2018 年"斗鱼诉全民 TV 不正当竞争纠纷案"是北大法宝经典案例（以下简称案件一），该案二审判决书被评为全国优秀知识产权裁判文书一等奖，被广泛引用。武汉市中级人民法院终审认定全民 TV（竞争平台）构成不正当竞争。2020 年 11 月的"开迅公司诉李勇、虎牙公司不正当竞争纠纷案"是我国确认竞争平台和跳槽主播均不构成不正当竞争的第一案（以下简称案件二），引起了广泛关注。[1] 这两个案例对于主播跳槽问题的司法实践具有十分典型的意义。但是为何两个基本事实相似的案件，却有着完全不同的命运，体现了两种不同的司法态度。本文通过对比分析两个案例的相似与不同之处，发现两案截然不同的认定结果归因于前后两个法院对于竞争平台的行为是否违反"商业道德"认定上的细微差别。本文认为后一案件顺应了当前直播行业的发展趋势，体现了网络主播违约跳槽行为中竞争平台不构成不正当竞争的新风向。

主播跳槽案中争议的焦点就是竞争平台接纳跳槽主播行为是否违反"商业道德"，构成不正当竞争行为。直播行业属于新兴市场领域，各种商业规则仍在探索之中，商业道德在相关市场共同体之间尚未形成共识。但是游戏直播商业道德不同于个人品德，也不同于个人伦理，应该按照经济人的伦理标准来加以评判，其所体现的是一种商业伦理。[2] 依据《反不正当竞争法》第 2 条的规定以及海带配额案[3]，对于不正当竞争行为中是否违反"商业道德"的考量普遍从"市场秩序、经营者利益、消费者利

---

〔1〕 法治周末、中国经济网、新浪财经、东方资讯、澎湃新闻、新浪博客、百度文库、百度学术等广泛报道。

〔2〕 林威：《反不正当竞争法中的商业道德研究》，载《北京化工大学学报（社会科学版）》2020 年第 2 期。

〔3〕 谢晓尧、林旭华等：《海带配额案评析》，载《法治论坛》2011 第 3 期。

益"三个层面入手,对于竞争平台接纳跳槽主播这种非类型化的竞争行为是否违反商业道德,也应综合考虑上述三个层面的利益进行评判。

1. 市场秩序

案件一判决认为如果允许主播在游戏直播领域随意跳槽,会导致行业的混乱和竞争失序,在缺乏行业自律规范和准则的情况下,司法应予规制。对此观点可以引用案例二中法官的观点进行回应,即游戏直播并不关系国计民生,应当并且可以被给予完全的市场竞争,行业自律是在长时间的博弈和沉淀中形成的,因此,司法对于正常的竞争行为无需过多介入。

目前直播领域各市场主体对于商业道德虽未达成一致,但是大家对市场竞争行为的规制实际上已形成共识,即以自由竞争为原则,以反不正当竞争法的规制为例外。[1] 竞争平台基于自身商业利益,选择与可以为其带来商业机会和竞争优势的主播合作从而提升平台竞争力,符合自由竞争的商业伦理;同时,在网红经济时代通过高薪争夺人才,属于常见的市场竞争方式,主播跨平台流动是网络直播行业的常态,有利于行业的竞争与发展。因此不宜仅以竞争平台接纳主播的挖角行为认定竞争平台扰乱市场竞争秩序,从而认定其违反商业道德和诚实信用原则。

2. 经营者利益

直播行业相较于传统的用人市场具有其自己的竞争特点,网络直播模式中用户与主播之间的黏性极强,而且互联网的免费模式使得用户转换平台的成本非常低,因此主播是直播平台吸引用户、获得流量、促使流量变现的核心资源,知名主播的流失对于原平台来说意味着该主播的忠实用户的流失、流量的流失。典型的案例如企鹅电竞的游戏主播张大仙跳槽到斗鱼平台时,据统计其首播人气值达到 260 万,开播仅两天直播间的订阅将近 60 万,首播日斗鱼 TV 在手机商店里的下载量排名上升近 100 位。[2] 此外,原平台对该主播前期培育中投入的大量资金也将付诸东流,客观上损害了经营者的权益。但正如案例二中法院的观点,对于原平台的可期待利

〔1〕《专家评议 | 张明君副主任、陈宇法官:游戏主播"圣光"跳槽虎牙不正当竞争纠纷案》,载微信公众号《中传法学》,最后访问日期:2020 年 1 月 4 日。
〔2〕《看完这些大概就会知道为什么说张大仙是王者荣耀一哥》,http://news.18183.com/yxxw/201708/912734.html,最后访问日期:2021 年 3 月 8 日。

益的损失可以通过违约之诉进行救济，故不应当以损害经营者权益认定该行为具备不正当竞争行为的可责性。

3. 消费者利益

有观点认为，消费者可能会因为某个主播而在特定平台充值，但该主播跳槽后，会使该消费者的期待落空，也导致了相应的经济损失，故主张涉案跳槽行为构成对消费者利益的侵害。[1]对此观点，本文以为应当从法律层面考虑消费者权益，《消费者保护法》所保护的消费者权益包括人身、财产安全不受损害的权利、知情权、选择权等，消费者为了某主播在某平台充值的行为中仅存在消费者与平台之间的买卖关系，消费者向平台交付货币，平台向消费者交付能够打赏主播的虚拟财产，在这一法律关系中消费者的可期待利益为平台履行其交付义务，打赏主播是消费者订立合同的目的，但主播有可能跳槽应当是消费者在订立合同时可以预见的，故不能从这一角度认为主播跳槽侵害了消费者的财产权益。

综合分析，用户选择平台有基于主播选择、基于平台选择两种理由，主播跳槽对于消费者而言可以选择更换平台，且直播平台的注册和使用是免费模式，在更换平台时消费者没有更换成本，因此主播跳槽对于消费者权益没有直接损害。同时，反不正当竞争法保护的消费者利益，并不是消费者直接的微观的经济利益，而是在正常市场竞争秩序下所能给消费者提供的有关利益；因此，竞争平台的挖角行为不存在侵权消费者权益的事实。综上，网络主播违约跳槽行为，从现有的争议来看，因为直播行业的商业规则尚未完全形成，是否违反商业道德不能一概而论，在主播跳槽法律问题中反不正当竞争法应当保持谦抑性。

法条链接

《中华人民共和国反不正当竞争法》

第2条 经营者在生产经营活动中，应当遵循自愿、平等、公平、诚信的原则，遵守法律和商业道德。

---

[1] 《专家评议｜张明君副主任、陈宇法官：游戏主播"圣光"跳槽虎牙不正当竞争纠纷案》，载微信公众号《中传法学》，最后访问日期：2020年1月4日。

本法所称的不正当竞争行为，是指经营者在生产经营活动中，违反本法规定，扰乱市场竞争秩序，损害其他经营者或者消费者的合法权益的行为。

本法所称的经营者，是指从事商品生产、经营或者提供服务（以下所称商品包括服务）的自然人、法人和非法人组织。

《最高人民法院关于适用〈中华人民共和国反不正当竞争法〉若干问题的解释》

第 3 条 特定商业领域普遍遵循和认可的行为规范，人民法院可以认定为反不正当竞争法第二条规定的"商业道德"。

人民法院应当结合案件具体情况，综合考虑行业规则或者商业惯例、经营者的主观状态、交易相对人的选择意愿、对消费者权益、市场竞争秩序、社会公共利益的影响等因素，依法判断经营者是否违反商业道德。

人民法院认定经营者是否违反商业道德时，可以参考行业主管部门、行业协会或者自律组织制定的从业规范、技术规范、自律公约等。

（执笔：郭旨龙、李文慧）

公共数据应合法合理使用

——浙江蚂蚁小微金融服务集团股份有限公司等诉苏州朗动
网络科技有限公司商业诋毁及不正当竞争纠纷案 *

案例要旨

　　大数据产品或服务提供者，使用公共数据时，应遵循来源合法、注重信息时效、保障信息质量、敏感信息校验等原则。对公共开放数据的不当使用，未能尽到必要的注意义务，导致法人或自然人等原始数据主体的合法利益受损，公共数据使用者应承担相应法律责任。

案例要点

　　公共数据　数据质量　注意义务

基本案情

　　2019 年 5 月 5 日、6 日，朗动公司运营的企查查通过发布和向特定用户推送的方式，发布了针对蚂蚁微贷清算的企业信息，引发媒体广泛关注，媒体均围绕蚂蚁微贷是否存在清算行为进行了报道，还涉及了蚂蚁金服及其旗下花呗产品。短时间内新闻搜索条数达千万条以上。该条清算信息系企查查抓取自全国企业信用公示系统的公共数据，但系蚂蚁微贷 2014 年企业年度报告出现的历史信息。经蚂蚁金服、蚂蚁微贷申请，杭州互联网法院于 2019 年 6 月 21 日作出诉前行为保全裁定，要求朗动公司停止散

―――――――――――――
　　* 案例来源：苏州朗动网络科技有限公司与浙江蚂蚁小微金融服务集团股份有限公司等商业诋毁及不正当竞争纠纷上诉案（2020）浙 01 民终 4847 号。

布与蚂蚁微贷有关的清算信息，并对推送行为予以澄清。朗动公司于 2019 年 7 月 2 日在其官方微信、微博上发表声明，回应了对企查查审慎不足的相关质疑，认为企查查保证信息内容与信息源头一致，做到真正地将信息精准且及时地提供给用户。对于针对蚂蚁微贷的清算信息的推送，相关人员的清算信息是公示系统曾记录在案的，绝非朗动公司二次编辑把舆论锚点标在蚂蚁小微经营不善之上。

分歧意见

杭州互联网法院指出，互联网征信企业作为一种互联网经济下新兴的商业模式，对于收集、发布的数据信息仍具有基本的注意义务，应当通过技术的革新和完善，确保数据的真实、及时、准确，才能为市场主体的投资行为提供可信赖的、具有公信力的企业信息。朗动公司所推送信息在数据存在偏差的情况下，将对蚂蚁微贷带来商誉上的损害，并且影响重庆某小微小额贷款公司的市场竞争优势。朗动公司的行为构成不正当竞争。杭州互联网法院于 2020 年 4 月 26 日作出（2019）浙 8601 民初 1594 号一审判决，判决朗动公司赔偿蚂蚁金服集团、蚂蚁微贷公司经济损失及合理费用 60 万元，并为其消除影响。2020 年 12 月 2 日杭州中院二审维持原判。

本案中，关于朗动公司公共数据使用行为是否具有正当性是本案的争议焦点。蚂蚁微贷公司、蚂蚁金服公司认为相关被诉侵权行为是由于朗动公司运营下的企查查平台在企业信息采集、加工和发布环节存在重大过错所致，朗动公司则抗辩基于国家企业信用信息系统对于清算信息披露的客观局限性，企查查产品采取诸多措施保障数据准确性，已在技术允许范围内尽到审慎注意义务。

根据前者的观点，朗动公司运营的企查查是专业的企业信用信息提供平台，其对外提供的许多服务收取费用，因此，对于其所提供的信息应当承担更高的审慎注意义务，应该保证推送给付费用户信息内容的真实性与可靠性。朗动公司应在从公开数据源获取相应信息的基础上，对其所要发布推送给用户的信息进行更为深入的审核和检验。企查查平台上的付费用户对于信息服务的预期是基于准确和可靠的数据，错误信息的传播不仅影响了用户服务的质量，同时也会像本案中对信息涉及的组织或个人的声誉与财产造成重大损害。在本案中，朗动公司未能对蚂蚁微贷的清算信息进行充分核实，导致了这一错误信息的广泛发布，作为专业的信息服务提供商，朗动公司应承担应有的审核义务。

根据后者观点，则认为朗动公司的行为已尽到公共数据使用的基本要求。这种观点强调，朗动公司从官方渠道数据源获取信息，就已经在数据真实性和准确性上有了基本保障。朗动公司作为企业信息服务平台，每天可能需要处理和发布大量的公共数据。人工核实每一条数据的真实性和时效性需要巨大的工作量和资源投入，虽然可以通过技术手段提高数据处理效率，但技术手段并不能完全替代人工审核，尤其是在涉及复杂判断的情况下，技术的局限性可能导致审核不到位。此外，朗动公司还建立了"通知—修改"机制，即一旦收到指出数据错误的通知，就会进行核实和修改，从而形成了数据准确性的保障闭环，一定程度可以进行纠错保证信息质量，由此可见，企查查对虚假信息的产生与传播明显不具有主观故意，且无法预见其行为将引起虚假信息的产生与传播的后果。企查查从官方渠道抓取清算信息，且不断完善数据抓取技术，在技术条件允许的情况下最大程度保障信息抓取结果的准确性，尽到了足够的注意义务。因此，朗动公司的行为可以视为是对公共数据的合理利用。

评析意见

公共数据开放是指具有公共管理和服务职能的事业单位面向社会各界、各主体提供具备原始性、可机器读取、可供社会化利用的数据集。[1]数字经济时代，政府、企业都获取了大量数据资源，双方无论是在优化监管还是更好地服务方面，彼此都有非常多的合作需求。[2]当前，我国公共数据开放共享已起步，但面临规范化程度不高问题，需构建公平利用的数据开放基本规则，促进公共数据开放制度和实践的改进。对于朗动公司作为公共数据使用方应在何种程度承担对发布信息的审核义务以及公共数据合法合理使用的具体要求，可以从以下三个方面进行判断。

---

〔1〕 《浙江省公共数据开放与安全管理暂行办法》第 2 条。
〔2〕 周汉华、周辉：《数字经济立法为什么重要?》，载《财经》2019 年第 10 期。

1. 公共数据的使用应以合法为基础

我国《网络安全法》《数据安全法》等法律法规以及《关于构建更加完善的要素市场化配置体制机制的意见》等政策文件均多次强调要实施公共数据开放，在向社会公开各类高价值数据集如企业登记监管、卫生、交通、气象等领域数据的同时，鼓励对数据价值进行深度挖掘。在这种政策的激励和引导下，我国各省、市纷纷推进关于公共数据开放的地方性立法，如《深圳经济特区数据条例》《广东省公共数据管理办法》《上海市公共数据开放暂行办法》和《上海市公共数据开放实施细则》等，这些地方公共数据开放实践提供了包括数据查询、数据可视化、数据应用、研究成果、创新方案等多种数据服务形式[1]。可以说，我国已经建立了较为完善的政府数据开放利用的政策框架。

公共数据使用者在从政府部门及其提供的政务服务平台获得公共数据后，应当合法合规地利用这些数据，遵守《网络安全法》《数据安全法》《个人信息保护法》《关键信息基础设施安全保护条例》等国家层面关于数据使用的法律法规，还应当遵循各地方政府针对数据安全和数据开放制定的相关法规和管理办法，确保数据加工处理过程中的合法性，并严格控制数据处理行为不得超越预先约定的权限和范围，以此确保数据安全，促进数据资源的有效利用和开放生态的健康发展。

2. 公共数据使用者的注意义务

在合法使用公共数据的基础上，公共数据使用者应该注意公共数据开放并利用存在潜在的风险，可能会损害相关主体的合法权益。其中，数据利用阶段更容易产生这种风险。公共数据使用方作为风险的制造者和"距离风险更近"的一方，相比其他主体，其预防和遏制风险扩大的成本更低。

在本案中，朗动公司在企查查信息查询平台通过发布和向订阅用户推送的方式，公布了蚂蚁微贷公司的清算信息，主要内容为"变动时间2019年5月5日""新增清算组成员应君"。事实上，蚂蚁微贷公司的清算信息

---

〔1〕 参见周辉、张心宇、孙牧原：《数据要素市场的法治化：原理与实践》，中国社会科学出版社2022年版，第28页。

属于历史信息，朗动公司在企查查平台未对变动时间的具体含义向用户作出提示或说明的情况下，结合推送内容发布在"风险动态"栏目，并确定风险级别为"警示信息"，且在发布和推送方式上以"变更/新增信息"的方式进行推送，在推送标题上表述为新增清算组成员，容易导致用户将"变动时间"理解为清算发生的时间，进而使公众产生蚂蚁微贷公司正在或即将进入清算程序的错误认识。[1]显然，如果该信息仅在国家企业信用信息系统显示而未经朗动公司的处理，是难以对数据源主体产生如此不利影响的。此外，要求数据接收方也就是企查查平台用户主动、多渠道地去核验信息的准确性也不符合客观实际。因此，作为公共数据使用方朗动公司有责任和义务，在利用数据的过程中，仔细甄别那些可能损害相关主体权益的数据内容，采取有效措施防止数据的误用、滥用，避免给相关主体造成不必要的损害。

总的来说，无论是基于成本效益的原则还是基础数据风险实际产生的情况，公共数据使用方有责任承担起必要的注意义务，从源头上杜绝和减少风险，避免因不正当的利用行为侵害他人合法权益。

3. 公共数据的使用需要贯彻数据质量原则

在大数据时代，数据已经成为企业和组织的核心资产。为了确保数据的准确性和可靠性，数据质量保障变得越来越重要。《个人信息保护法》第8条也明确个人信息处理的质量原则。一般而言，保障数据处理的完整性、准确性、一致性和及时性是数据质量原则的基本导向。

在公共数据开放及其各场景利用的大数据环境下，朗动公司在获取了公共数据之后，应对后续的数据使用进行审核，确保数据来源的合法性、数据品质和对敏感信息的严格审查，避免侵害数据主体或相关主体的合法权益。在发生因数据质量问题而导致的相关主体权益受损的情况时，应注意及时采取措施消除负面影响。

本案中朗动公司的信息推送损害了蚂蚁微贷的商业信誉和商品声誉，造成了相关公众的误解，且存在持续性不良影响，朗动公司应通过公开渠

---

[1] 苏州朗动网络科技有限公司与浙江蚂蚁小微金融服务集团股份有限公司等商业诋毁及不正当竞争纠纷上诉案（2020）浙01民终4847号。

道发布澄清声明，为蚂蚁金服集团、蚂蚁微贷公司消除影响。而朗动公司发布的《企查查关于媒体报道中提及"雷达监控，推送信息存有疑义"的说明》一文却未直接消除对原告的影响，反而造成媒体的新一轮关注，进一步扩大误导性信息的传播。[1]

"公共数据获得私人利用越多，产生社会价值总量越大。"[2]公共数据利用在产生巨大社会价值的同时，应避免数据质量瑕疵对相关主体权益的侵害。同时，由于本案适用的是《反不正当竞争法》的一般条款，而公共数据利用属于广泛存在每天都在大量发生的行为，因此相应公共数据利用的规则也应逐步建立，确保各类主体规范使用公共数据，从而保障公共数据的合法合理利用。

法条链接

《中华人民共和国反不正当竞争法》（2017 修订）

第 2 条　经营者在生产经营活动中，应当遵循自愿、平等、公平、诚信的原则，遵守法律和商业道德。

本法所称的不正当竞争行为，是指经营者在生产经营活动中，违反本法规定，扰乱市场竞争秩序，损害其他经营者或者消费者的合法权益的行为。

本法所称的经营者，是指从事商品生产、经营或者提供服务（以下所称商品包括服务）的自然人、法人和非法人组织。

第 17 条　经营者违反本法规定，给他人造成损害的，应当依法承担民事责任。

经营者的合法权益受到不正当竞争行为损害的，可以向人民法院提起诉讼。

因不正当竞争行为受到损害的经营者的赔偿数额，按照其因被侵权所受到的实际损失确定；实际损失难以计算的，按照侵权人因侵权所获得的

---

〔1〕　苏州朗动网络科技有限公司与浙江蚂蚁小微金融服务集团股份有限公司等商业诋毁及不正当竞争纠纷上诉案（2020）浙01民终4847号。

〔2〕　戴昕：《数据界权的关系进路》，载《中外法学》2021年第6期。

利益确定。赔偿数额还应当包括经营者为制止侵权行为所支付的合理开支。

经营者违反本法第六条、第九条规定，权利人因被侵权所受到的实际损失、侵权人因侵权所获得的利益难以确定的，由人民法院根据侵权行为的情节判决给予权利人三百万元以下的赔偿。

（执笔：张心宇）

五

网络犯罪篇

帮助信息网络犯罪活动罪与诈骗罪共犯及掩饰、隐瞒犯罪所得罪的界分

——马某某帮助信息网络犯罪活动案 *

案例要旨

帮助信息网络犯罪活动罪与诈骗罪共犯的界分在于：实施帮助行为的行为人与上游犯罪行为人间是否存在"共同故意"以及具有促进力的帮助行为；帮助信息网络犯罪活动罪与掩饰、隐瞒犯罪所得罪的界分因素，包括犯罪行为所处阶段不同、被帮助对象的行为属性不同、明知的注意义务高低不同。

案例要点

帮助信息网络犯罪活动罪　诈骗罪共犯　掩饰、隐瞒犯罪所得罪　准确界分

基本案情

2022 年 12 月间，被告人马某某将使用其本人身份信息开设的中国建设银行卡、中国银行卡提供给他人使用，其中中国建设银行卡被用于接收电信网络诈骗所得共计人民币 180 余万元，流水金额共计人民币 450 余万元。公诉机关认为，被告人马某某的行为构成帮助信息网络犯罪活动罪，具有认罪认罚的量刑情节，建议对其判处有期徒刑一年六个月，宣告缓刑，并处罚金。

---

* 案例来源：北京市东城区人民法院（2023）京 0101 刑初 237 号刑事判决书。

分歧意见

北京东城法院指出，被告人马某某明知他人利用信息网络实施犯罪，为其犯罪提供支付结算的帮助，情节严重，其行为妨害了社会管理秩序，已构成帮助信息网络犯罪活动罪，依法应予惩处。北京市东城区人民检察院指控被告人马某某犯帮助信息网络犯罪活动罪的事实清楚，证据确实、充分，罪名成立，量刑建议适当，应予采纳。鉴于被告人马某某到案后如实供述所犯罪行，自愿认罪认罚，依法予以从轻处罚。判决被告人马某某犯帮助信息网络犯罪活动罪，判处有期徒刑一年六个月，宣告缓刑二年，并处罚金人民币 2 万元。追缴被告人马某某违法所得人民币 3000 元，依法予以没收。

一审宣判后，公诉机关未抗诉，被告人未提出上诉，判决已发生效力。

案件审理中，关于被告人马某某行为的定性，存在以下三种意见：

第一种观点认为，被告人的行为属于明知他人利用信息网络实施犯罪，为其犯罪提供帮助，符合《刑法》第 287 条之二的规定，构成帮助信息网络犯罪活动罪；

第二种观点认为，根据《最高人民法院、最高人民检察院关于办理诈骗刑事案件具体应用法律若干问题的解释》第 7 条的规定，明知他人实施诈骗犯罪，为其提供信用卡、手机卡、通讯工具、通讯传输通道、网络技术支持、费用结算等帮助的，以共同犯罪论处。本案中，被告人马某某接收的款项为上游犯罪的犯罪所得，其为上游诈骗犯罪转移犯罪所得提供帮助，符合上述解释的要求，应当认定为诈骗罪的共犯；

第三种观点认为，被告人帮助上游犯罪行为人转移犯罪所得，属于明知是犯罪所得及其产生的收益而予以窝藏、转移的行为，其行为符合《刑法》第 312 条的规定，构成掩饰、隐瞒犯罪所得、犯罪所得收益罪。在本案侦查阶段，办案人员即持此观点，被告人马某某初次羁押时的涉案案由为掩饰、隐瞒犯罪所得罪。

评析意见

自《刑法修正案（九）》增设帮助信息网络犯罪活动罪，关于帮助信息网络犯罪活动罪与诈骗罪共犯及掩饰、隐瞒犯罪所得罪的界分存在诸多争议。帮助信息网络犯罪活动罪设立的立法原意是为了应对现有网络犯罪中对正犯的打击困难，"摆脱对下游犯罪成罪与否（如罪量）及刑罚轻重的依赖"[1]。而帮助信息网络犯罪活动罪的规范较为宽泛，在实践中易与诈骗罪共犯及掩饰、隐瞒犯罪所得罪的发生混淆。基于此，本文拟立足法律规范，分析三者之间的界分问题。

（一）帮助信息网络犯罪活动罪与诈骗罪共犯的界分

其一，《刑法》第25条规定"共同犯罪是指二人以上共同故意犯罪"，据此，一般而言，认定为共犯的行为人主观上需与上游犯罪行为人具有共同故意。[2]对于如何理解共同故意，司法中一般要求与被帮助对象存在共谋（事前或事中）。依据《刑法》中"共同犯罪"的定义，从语义角度来看，"共同"是指"彼此都具有的"[3]，而帮助信息网络犯罪活动罪的法条表述为"明知他人利用信息网络实施犯罪"而提供帮助，不需要与上游行为人具有共同故意，仅需"明知"即可。

其二，部分司法解释规定了特殊的共犯，在诈骗罪中，如《最高人民法院、最高人民检察院关于办理诈骗刑事案件具体应用法律若干问题的解释》第7条规定，明知他人实施诈骗犯罪，为其提供信用卡、手机卡、通讯工具、通讯传输通道、网络技术支持、费用结算等帮助的，以共同犯罪论处。其他罪名中也有很多类似的规定，如《最高人民法院、最高人民检察院关于办理赌博刑事案件具体应用法律若干问题的解释》第4条规定，明知他人实施赌博犯罪活动，而为其提供资金、计算机网络、通讯、费用结算等直接帮助的，以赌博罪的共犯论处；《最高人民法院、最高人民检察院关于办理利用信息网络实施诽谤等刑事案件适用法律若干问题的解释》第8条规定，明知他人利用信息网络实施诽谤、寻衅滋事、敲诈勒索、非法经营等犯罪，为其提供资金、场所、技术支持等帮助的，以共同犯罪论处；《最高人民法院、最高人民检察院、公安部关于办理电信网络

---

〔1〕 陈洪兵：《帮助信息网络犯罪活动罪的"口袋化"纠偏》，载《湖南大学学报（社会科学版）》2022年第2期。

〔2〕 张明楷：《刑法学》，法律出版社2021年版，第1443页。

〔3〕 中国社会科学院语言研究所词典编辑室编著：《现代汉语词典》，商务印书馆2005年版，第479页。

诈骗等刑事案件适用法律若干问题的意见》第4条第3款规定，明知他人实施电信网络诈骗犯罪，具有下列情形之一的，以共同犯罪论处，但法律和司法解释另有规定的除外。对于帮助信息网络犯罪活动罪和相关特殊共犯规定的理解，本文认为，从相关规定的制定时间来看，上述特殊规定均制定在帮助信息网络犯罪活动罪增设之前，其目的亦是为了应对网络犯罪共犯的证明难题，从帮助行为的角度打击网络犯罪。因而本文认为，在帮助信息网络犯罪活动罪增设之后，应当结合犯罪故意来对两者的主观意图进行界定，着重确定双方是否存在共同实施犯罪的犯意通谋，并对帮助行为对主犯行为的促进力、作用力进行综合判断。

（二）掩饰、隐瞒犯罪所得罪与帮助信息网络犯罪活动罪的界分

各类新型网络支付结算行为可有效促进电信诈骗等网络犯罪的完成，刑事立法对该类行为进行了积极应对，通过设立帮助信息网络犯罪活动罪等新罪名来予以打击。现实中，提供银行卡转移资金的行为，认定为掩饰、隐瞒犯罪所得罪还是帮助信息网络犯罪活动罪，争议较大。对此，需要结合不同识别要素，对两者准确界分：

其一，犯罪行为所处阶段不同。掩饰、隐瞒犯罪所得罪要求其犯罪行为发生在上游犯罪既遂后，属于事后帮助行为，该行为相对于上游犯罪的被告人而言，属于事后不可罚行为。而帮助信息网络犯罪活动罪要求其行为手段，如提供银行卡、人脸识别等支付结算行为发生在行为前、行为中，是网络犯罪的帮助行为、协助手段。因此，就提供帮助行为的共犯而言，该行为属于帮助犯的实行行为。

其二，被帮助对象的行为属性不同。掩饰、隐瞒犯罪所得罪要求以掩饰、隐瞒的上游犯罪事实成立为前提。《最高人民法院关于审理掩饰、隐瞒犯罪所得、犯罪所得收益刑事案件适用法律若干问题的解释》第8条规定，认定此罪以"上游犯罪"事实成立为前提，上游犯罪尚未依法裁判，但查证属实的，不影响此罪的认定；同时上游犯罪事实经查证属实，但因行为人未达到刑事责任年龄等原因依法不予追究刑事责任的，不影响此罪的认定。换句话说，掩饰、隐瞒犯罪所得罪以上游犯罪的成立为前提，特殊情况下，上游犯罪查证属实的也可以认定构成此罪。帮助信息网络犯罪活动罪要求被帮助对象构成犯罪为原则，无法查证为例外。被帮助对象实

施的犯罪行为可以确认，但尚未到案、尚未依法裁判或者因为达到刑事责任年龄等原因依法未予追究刑事责任的，不影响此罪的认定；确因客观条件限制无法查证被帮助对象是否构成犯罪，但相关数额总计达到相应标准5倍以上，或者造成特别严重后果的，亦可认定为本罪。

其三，明知的注意义务高低不同。掩饰、隐瞒犯罪所得罪的明知是确定性明知，要求行为人明确知道其掩饰、隐瞒的对象是犯罪所得、犯罪所得收益，其对赃款的属性具有明确认知。若没有正当理由，协助他人划转，则属典型的掩饰行为。此罪对行为人明知要求程度较高、注意义务更为严苛。帮助信息网络犯罪活动罪的明知是概括性明知，不要求行为人准确认识到被帮助者实施的犯罪类型、犯罪过程、危害后果、犯罪性质等，只要概括性的知道他人利用信息网络实施犯罪即可。认定重罪掩饰、隐瞒犯罪所得罪要求主客观一致。主观上明知是犯罪所得，客观上系犯罪既遂后帮助转移赃款行为。

法条链接

《中华人民共和国刑法》

第266条 诈骗公私财物，数额较大的，处三年以下有期徒刑、拘役或者管制，并处或者单处罚金；数额巨大或者有其他严重情节的，处三年以上十年以下有期徒刑，并处罚金；数额特别巨大或者有其他特别严重情节的，处十年以上有期徒刑或者无期徒刑，并处罚金或者没收财产。本法另有规定的，依照规定。

第287条之二 明知他人利用信息网络实施犯罪，为其犯罪提供互联网接入、服务器托管、网络存储、通讯传输等技术支持，或者提供广告推广、支付结算等帮助，情节严重的，处三年以下有期徒刑或者拘役，并处或者单处罚金。

单位犯前款罪的，对单位判处罚金，并对其直接负责的主管人员和其他直接责任人员，依照第一款的规定处罚。

有前两款行为，同时构成其他犯罪的，依照处罚较重的规定定罪处罚。

第312条 明知是犯罪所得及其产生的收益而予以窝藏、转移、收购、代为销售或者以其他方法掩饰、隐瞒的，处三年以下有期徒刑、拘役或者管制，并处或者单处罚金；情节严重的，处三年以上七年以下有期徒刑，并处罚金。

单位犯前款罪的，对单位判处罚金，并对其直接负责的主管人员和其他直接责任人员，依照前款的规定处罚。

《最高人民法院、最高人民检察院关于办理诈骗刑事案件
具体应用法律若干问题的解释》

第7条 明知他人实施诈骗犯罪，为其提供信用卡、手机卡、通讯工具、通讯传输通道、网络技术支持、费用结算等帮助的，以共同犯罪论处。

（执笔：石魏、江珞伊）

帮助信息网络犯罪活动罪和相应的
共同犯罪如何区分

——郝天娇、梁逍遥等帮助信息网络犯罪活动罪案例[*]

案例要旨

　　在对帮助信息网络犯罪活动罪和相应的共同犯罪进行区分时，关键环节之一就是对行为人主观"明知"的把握。在实际案例中，应结合被告人供述之间的相互印证、对话记录等事实证据，全面、充分地考量被告人的主观方面，究竟是对被帮助对象利用其帮助行为实施网络犯罪属于"明知"，还是对所帮助的相应共同犯罪属于"明知"，亦或是都不构成。在此基础上，才能对行为的性质进行准确把握和认定。

基本案情

　　2021年1月初，被告人郝天娇、梁逍遥协商通过"猫池"设备给需要的人提供服务来挣钱，二被告人商量好后到天津通过一男子取得一套"猫池"设备，随即带着设备与该名男子回到任丘，由在缅甸的境外人员通过电脑远程操作给"猫池"安装好系统，天津来的男子教会如何操作。二被告人通过网络及向被告人张威风购买手机卡后，由郝天娇通过蝙蝠聊天软件联系到客户，使用该"猫池"设备为客户提供手机信号，梁逍遥负责开车，为境外电信网络诈骗分子提供通讯传输技术支持，共获利1.6万元，二人各分得8000元。2021年1月至2月8日，被告人张威风明知郝天娇、

---

　　* 案例来源：（2021）冀0982刑初438号刑事判决书。

梁逍遥利用信息网络实施犯罪，仍为郝天娇、梁逍遥提供手机卡 76 张，非法获利 17 850 元。已查明现有陈某、刘某等 11 名被害人因被告人的行为被他人骗取 1 170 359.43 元。

分歧意见

任丘市人民检察院以涉嫌诈骗罪对被告人郝天娇、梁逍遥提起公诉，以涉嫌帮助信息网络犯罪活动罪对被告人张威风提起公诉。公诉机关认为，被告人郝天娇、梁逍遥明知他人从事电信网络诈骗而提供通讯帮助，利用所使用的手机卡诈骗他人钱款 1 170 359.43 元，数额特别巨大，应当以诈骗罪追究刑事责任；被告人张威风明知他人从事电信网络犯罪活动而提供手机卡 76 张，违法所得 17 850 元，应当以帮助信息网络犯罪活动罪追究刑事责任。

被告人郝天娇辩护人的辩护意见认为，被告人郝天娇构成帮助信息网络犯罪活动罪，不应以诈骗罪定罪。郝天娇与境外犯罪分子并不认识，没有与境外分子有共同诈骗的故意，其仅是通过网上联系，在取得"猫池"设备后按照诈骗分子的要求使用，其使用该设备的目的是为境外犯罪分子提供帮助来获取报酬，而不是与境外分子共同分得诈骗款项。

被告人梁逍遥辩护人的辩护意见认为，梁逍遥的行为不构成诈骗罪，应以帮助信息网络犯罪活动罪定罪。梁逍遥不知道自己参与的是诈骗行为，其没有与上线达成共同诈骗的合意，在整个犯罪过程中，主要是由被告人郝天娇负责联系上线，梁逍遥开车、给电瓶充电等，按日工资标准收取报酬。

法院认为，被告人郝天娇、梁逍遥明知他人利用信息网络实施犯罪，仍为该犯罪提供通讯传输技术支持，收购他人手机卡二十张以上、违法所得一万元以上；被告人张威风明知郝天娇、梁逍遥实施电信网络犯罪，仍为其二人提供手机卡用于拨打电话，收购他人手机卡二十张以上、违法所得一万元以上，以上三被告人收购他人手机卡数量及违法所得数额均达到情节严重标准，其行为已构成帮助信息网络犯罪活动罪，依法应予惩处。

公诉机关指控被告人郝天娇、梁逍遥对他人实施电信网络诈骗属于明知，对此被告人郝天娇在侦查阶段未有供述，在庭审中辩解称其只知道

"猫池"设备可用来打电话,上家让他们插拔手机卡,给他们开工资,不知道上家实施的是诈骗行为;被告人梁逍遥在侦查阶段供述称,郝天娇对他说有一种叫"猫池"的设备,插上手机卡后能打电话,可以为需要的人提供服务挣钱,他当时对郝天娇说不太相信,后来买来机器、装上系统,拨打电话确实挣到了钱,从该供述可以看出梁逍遥知道通过"猫池"设备挣钱,但不知是在为诈骗分子提供服务,其当庭亦辩解称在整个犯罪过程当中没有人告诉他拨打电话是用来诈骗,其在侦查阶段的供述与当庭辩解应属一致;又张威风供述梁逍遥、郝天娇当时说是打电话用,后来经他询问,二人告诉他说用于境外赌博,而为张威风提供手机卡的堵某、蔡某等多人都证实张威风向他们购卡时所说用途均不是诈骗;另公安机关提取了三被告人手机录屏视频,此为原始证据,亦为原始载体,通过查看该手机录屏,不能显示有涉及诈骗的直观内容。虽然梁逍遥在侦查阶段有过用"猫池"设备帮助缅甸那边的人往中国境内拨打诈骗或网络赌博电话,郝天娇肯定也知道是网络诈骗的供述,但同时其讲明没有人告诉他是打什么样的电话,按其供述给"猫池"设备装系统的是境外人员,而此后是郝天娇通过蝙蝠聊天软件联系到的客户,至于郝天娇是如何与客户进行的沟通其并不知情,故梁逍遥此说只是自己推测客户可能实施的是诈骗或赌博等类违法犯罪活动,而非明知对方进行的就是诈骗行为,结合全案证据,不能仅以梁逍遥此部供述作为其明知对方诈骗而对本案予以定性。综上,现有证据不能证实该二被告人事先与诈骗分子有通谋或明知他人实施诈骗而提供帮助,公诉机关指控二被告人明知他人实施诈骗犯罪证据不足,不予支持,对辩护人认为应以帮助信息网络犯罪活动罪定罪的辩护意见,予以采纳。

法院最终判决:被告人郝天娇犯帮助信息网络犯罪活动罪,判处有期徒刑二年,并处罚金人民币一万元;被告人梁逍遥犯帮助信息网络犯罪活动罪,判处有期徒刑一年九个月,并处罚金人民币一万元;被告人张威风犯帮助信息网络犯罪活动罪,判处有期徒刑一年二个月,缓刑二年,并处罚金人民币八千元。

评析意见

本案意见分歧的焦点,在于对被告人郝天娇、梁逍遥行为的定性问题，检察机关认为应以诈骗罪追究被告人郝天娇、梁逍遥的刑事责任，而二被告人辩护人的辩护意见均认为，其行为不构成诈骗罪，仅构成情节较轻的帮助信息网络犯罪活动罪，此意见也为法院所采纳。

认定是否构成帮助信息网络犯罪活动罪的重要环节之一，在于正确理解和把握法条中的"明知"。《最高人民法院、最高人民检察院关于办理非法利用信息网络、帮助信息网络犯罪活动等刑事案件适用法律若干问题的解释》第 11 条提供了本罪主观方面"明知"的推定情形。对于本罪的"明知"，有观点认为，"明知"包括确切明知和概括明知，清楚知道被帮助对象实施的网络犯罪的性质、危害等当然属于"明知"，知道被帮助对象是利用其帮助行为实施网络犯罪，但不知道其具体性质的，不影响"明知"认定；概括明知不同于可能明知，可能明知意味着行为人既有可能知道也有可能不知道，如在案证据只能证明行为人可能明知的，不能认定为"明知"，否则不符合故意犯罪理论，程序上也不符合存疑有利于被告人的法理。[1]本文赞同这一观点，同时认为应注意区分"明知可能"和"可能明知"，前者是指行为人明知自己的行为可能为他人实施的信息网络犯罪提供便利或条件而实施，符合帮助信息网络犯罪活动罪的"明知"特征，而后者意味着行为人既有可能知道也有可能不知道被帮助对象实施的网络犯罪，正如上文所述，不能认定为帮助信息网络犯罪活动罪的"明知"。本案中，梁逍遥只是自己推测客户可能实施的是诈骗或赌博等类违法犯罪活动，进而实施帮助行为，因而对于被帮助对象利用其帮助行为实施网络犯罪，被告人属于"明知"，但对于诈骗犯罪，被告人仅为"可能明知"，而非"明知可能"。

有学者认为，就帮助信息网络犯罪活动罪而言，根据其构成要件可以转化为两种类型：①明知正犯的犯罪计划或意图且有促进犯罪行为更容易实现的意思（"明知且促进型"），②虽然明知正犯的犯罪计划或意图但是没有促进该犯罪行为易于实现的意思（"明知非促进型"）。根据"犯罪意

---

〔1〕 周加海在"帮助信息网络犯罪活动罪的司法适用——首期实务刑法论坛"上的发言，https://mp. weixin. qq. com/s？_biz＝MzA3MTc3NjI2MQ＝＝&mid＝2651802892&idx＝1&sn＝f17d58a4a918867dc367dd2f5603e02f&chksm＝84d38c66b3a4057090b29653ea6d05410beec988de09e051ea0844a428591761884d462c23d2&scene＝27，最后访问日期：2024 年 2 月 4 日。

思联络说"，只有"明知且促进型"才具有可罚性，而"明知非促进型"则不具有可罚性。帮助信息网络犯罪活动罪的设定实际上对于上述两种类型都予以犯罪化，并且意在将上述第二种类型的出罪可能予以封堵。[1]在司法适用中，对于"明知且促进型"的帮助信息网络犯罪活动行为，按照相应的共同犯罪罪名处罚已足，无须依托《刑法》第 287 条之二进行评价。比如，行为人为了他人的诈骗犯罪能够实现，专门制作了更改来电显示号码的软件，则属于"明知且促进型"的帮助信息网络犯罪活动行为，按照诈骗罪的帮助犯处罚即可；如果行为人仅制作了更改来电显示号码的软件，在他人购买时予以出售，则属于"明知非促进型"的帮助信息网络犯罪活动行为，应当按照《刑法》第 287 条之二认定和处罚。[2]

本文赞同这一观点，同时结合上述观点，主张在实务认定中按照以下情形进行划分：①行为人知道被帮助对象是利用其帮助行为实施网络犯罪，但不知道其具体性质时，由于行为人主观上对被帮助的罪名没有认识，因而不可能具有促进"该犯罪行为"易于实现的意思，属于"明知非促进型"的帮助行为，成立帮助信息网络犯罪活动罪。在这种情形中，行为人主观上属于上述的概括明知；②行为人知道被帮助对象实施犯罪的具体性质，但没有促进该犯罪行为易于实现的意思时，属于"明知非促进型"的帮助行为，成立帮助信息网络犯罪活动罪。在这种情形中，行为人主观上属于上述的确切明知，例如，行为人通过广告联盟的形式，为信息网络犯罪行为提供广告推广，只要能够获得相应收益，推广效果的实现并非行为人所追求，而且其推广行为可能针对多个信息网络犯罪行为。[3]③行为人知道被帮助对象实施犯罪的具体性质，同时具有促进犯罪行为更容易实现的意思，属于"明知且促进型"的帮助行为，成立相应的共同犯罪罪名。在这种情形中，行为人主观上属于上述的确切明知。

本案中，现有证据不能证实该二被告人事先与诈骗分子有通谋或明知他人实施诈骗而提供帮助，因而二被告人只知道被帮助对象是利用其帮助

〔1〕 参见刘艳红：《网络犯罪帮助行为正犯化之批判》，载《法商研究》2016 年第 3 期。
〔2〕 参见江溯主编：《网络刑法原理》，北京大学出版社 2022 年版，第 455 页。
〔3〕 参见江溯主编：《网络刑法原理》，北京大学出版社 2022 年版，第 455 页。

行为实施网络犯罪，但不知道其具体性质，属于上述情形①中"明知非促进型"的帮助行为，认定为帮助信息网络犯罪活动罪是合理的。同时，公诉机关认为被告人郝天娇、梁逍遥明知他人从事电信网络诈骗而提供通讯帮助，而法院认为这一点无法被现有证据证明，表明在实务中，依据行为人主观方面的要素认定其行为性质固然重要，但作为其基础的准确把握其行为的主观方面的事实同样关键，应当综合现有的证据要素进行全面、充分的考量，厘清行为人对于相应被帮助的犯罪到底是"明知可能"，还是"可能明知"。

法条链接：

《中华人民共和国刑法》

第 287 条之二　明知他人利用信息网络实施犯罪，为其犯罪提供互联网接入、服务器托管、网络存储、通讯传输等技术支持，或者提供广告推广、支付结算等帮助，情节严重的，处三年以下有期徒刑或者拘役，并处或者单处罚金。

单位犯前款罪的，对单位判处罚金，并对其直接负责的主管人员和其他直接责任人员，依照第一款的规定处罚。

有前两款行为，同时构成其他犯罪的，依照处罚较重的规定定罪处罚。

（执笔：郭锦天、敬力嘉）

增加计算机信息系统数据从而非法获取该计算机信息系统数据的行为性质

——张某某非法获取计算机信息系统数据案

案例要旨

行为人以非法获取计算机信息系统数据为目的，未经授权擅自登录计算机信息系统，并对计算机信息系统数据进行增加或修改，但未影响系统正常运行，情节严重的，构成非法获取计算机信息系统数据罪。

基本案情

被告人张某某，男，1990 年 12 月 3 日出生，公司员工。2018 年至2019 年期间，被告人张某某通过其私自窥探到的账号、密码，多次非法登录某资源交易平台，并在系统内新增管理员账号及相关单位子账号（影子账号），以此查看平台内部分招标项目的投标情况、报价单等，并将相关信息有偿提供给有竞标意向的人，从中非法获利人民币 34 674.16 元。案发后，张某某已退出全部违法所得。

分歧意见

公安机关以破坏计算机信息系统罪立案并移送审查起诉。公安机关认定的理由为：根据《刑法》第 286 条第 1 款和第 2 款的规定，破坏计算机信息系统罪是指违反国家规定，对计算机信息系统功能进行删除、修改、增加、干扰，造成计算机信息系统不能正常运行，或者对计算机信息系统中存储、处理或者传输的数据和应用程序进行删除、修改、增加，后果严重的行为。本案中，张某某通过私自窥探到的账号、密码，冒用他人身份进入系统，新增管理员账号、投标公司"影子账号"的行为，符合《刑法》第286条第2款的规定，系对计算机信息系统中存储、处理或者传输的数据进行增加，非法获利3万余元，且属后果严重，遂以该罪移送检察机关审查起诉。

江苏省南通市崇川区人民检察院审查后认为，犯罪嫌疑人张某某未经授权擅自登录计算机信息系统，通过增加账号，非法获取计算机信息系统数据，但未影响系统正常运行，并未造成计算机信息系统不能正常运行的后果，不符合破坏计算机信息系统罪的实质构成要件，仅构成非法获取计算机信息系统数据罪，并对张某某提起公诉。江苏省南通市崇川区人民法院于2020年7月28日作出（2020）苏0602刑初306号刑事判决，以被告人张某某犯非法获取计算机信息系统数据罪判处有期徒刑三年，缓刑三年六个月，并处罚金一万元。宣判后，被告人张某某未提出上诉，判决已发生法律效力。

评析意见

非法获取计算机信息系统数据罪由2009年实施的《刑法修正案（七）》增设，是指自然人或者单位违反国家规定，侵入国家事务、国防建设、尖端科技技术领域的计算机系统以外（即刑法第285条第1款规定以外）的计算机信息系统或者采用其他技术手段，获取该计算机信息系统中存储、处理或者传输的数据，情节严重的行为。结合本案被告人张某某的犯罪行为，可从以下正反两个方面释明本案的法律适用：

（一）构成破坏计算机信息系统罪应以破坏数据的完整性或功能的可用性为要件

犯罪行为所侵犯的客体是确定犯罪行为性质及区分此罪和彼罪的最基本的要件之一。结合刑事审判参考案例第1049号《杨某某诈骗案》和刑事审判参考案例第783号《童某某、蔡某某破坏计算机信息系统案》的裁判理由，破坏计算机信息系统罪侵犯的具体客体是国家关于计算机信息系统的管理秩序以及计算机信息系统所涉及的某一领域的社会管理秩序。具体而言，主要是对数据和应用程序（不包括系统文件和系统程序）进行上述非法操作，使相应的数据或程序丢失、更改、损坏。破坏计算机信息系统罪的客观方面表现为破坏计算机信息系统功能后果严重的行为，或者对计算机信息系统中存储、处理或者传输的数据和应用程序进行删除、修改、增加的操作，或者故意制作、传播计算机病毒等破坏性程序，造成计算机信息系统不能正常运行。因而，判断是否构成破坏计算机信息系统罪，首先需要考量有无造成计算机信息系统不能正常运行或影响计算机信息系统原有功能正常运行的后果。本案中，犯罪嫌疑人张某某未经授权擅自登录计算机信息系统，增加账号的行为，对计算机信息系统功能及存储、处理或者传输的数据和应用程序均不产生实质性的影响。一方面，其他用户均可正常通过自己的账号、密码登录该系统；另一方面，系统的功能并未因该增加行为而产生任何异常。参照最高人民法院 145 号指导性案例《张竣杰等非法控制计算机信息系统案》的裁判要点，修改、增加计算机信息系统数据，但未造成系统功能实质性破坏或者不能正常运行的，不应当认定为破坏计算机信息系统罪。

（二）通过增加计算机信息系统数据，非法获取该计算机信息系统数据，符合刑法第 285 条第 2 款规定的，应当认定为非法获取计算机信息系统罪

根据《刑法》第 285 条第 2 款的规定，非法获取计算机信息系统数据罪是指违反国家规定，侵入国家事务、国防建设、尖端科学技术领域以外的计算机信息系统或者采用其他技术手段，获取该计算机信息系统中存储、处理或者传输的数据，情节严重的行为。构成非法获取计算机信息系统罪，需要同时具备非法侵入和获取计算机信息系统数据两个要件。结合检例 36 号《卫梦龙、龚旭、薛东东非法获取计算机信息系统数据案》认定的理由，没有权限或超出授权范围使用账号、密码登录计算机信息系统，属于非法侵入计算机信息系统的行为；侵入计算机信息系统后下载、复制、记录其储存的数据，可以认定为非法获取计算机信息系统数据。本案中，被告人张某某没有登录该交易中心电子交易平台信息系统的权限，其利用偷瞄到的账号、密码登录该系统的行为属于没有权限的非法侵入；张某某在计算机信息系统中增加账号的行为，虽可评价为增加数据，但该行为不致影响计算机信息系统功能的行使和原数据的读取，没有对计算机

信息系统功能造成实质性影响，且主观上出于获取利用计算机信息系统数据，符合非法获取计算机信息系统数据罪的构成要件。

法条链接

《中华人民共和国刑法》

第 285 条第 1 款、第 2 款　违反国家规定，侵入国家事务、国防建设、尖端科学技术领域的计算机信息系统的，处三年以下有期徒刑或者拘役。

违反国家规定，侵入前款规定以外的计算机信息系统或者采用其他技术手段，获取该计算机信息系统中存储、处理或者传输的数据，或者对该计算机信息系统实施非法控制，情节严重的，处三年以下有期徒刑或者拘役，并处或者单处罚金；情节特别严重的，处三年以上七年以下有期徒刑，并处罚金。

第 286 条　违反国家规定，对计算机信息系统功能进行删除、修改、增加、干扰，造成计算机信息系统不能正常运行，后果严重的，处五年以下有期徒刑或者拘役；后果特别严重的，处五年以上有期徒刑。

违反国家规定，对计算机信息系统中存储、处理或者传输的数据和应用程序进行删除、修改、增加的操作，后果严重的，依照前款的规定处罚。

故意制作、传播计算机病毒等破坏性程序，影响计算机系统正常运行，后果严重的，依照第一款的规定处罚。

单位犯前三款罪的，对单位判处罚金，并对其直接负责的主管人员和其他直接责任人员，依照第一款的规定处罚。

《最高人民法院、最高人民检察院关于办理危害计算机信息系统安全刑事案件应用法律若干问题的解释》

第 1 条　非法获取计算机信息系统数据或者非法控制计算机信息系统，具有下列情形之一的，应当认定为刑法第二百八十五条第二款规定的"情节严重"：

（一）获取支付结算、证券交易、期货交易等网络金融服务的身份认证信息十组以上的；

（二）获取第（一）项以外的身份认证信息五百组以上的；

（三）非法控制计算机信息系统二十台以上的；

（四）违法所得五千元以上或者造成经济损失一万元以上的；

（五）其他情节严重的情形。

实施前款规定行为，具有下列情形之一的，应当认定为刑法第二百八十五条第二款规定的"情节特别严重"：

（一）数量或者数额达到前款第（一）项至第（四）项规定标准五倍以上的；

（二）其他情节特别严重的情形。

明知是他人非法控制的计算机信息系统，而对该计算机信息系统的控制权加以利用的，依照前两款的规定定罪处罚。

《中华人民共和国计算机信息系统安全保护条例》

第7条　任何组织或者个人，不得利用计算机信息系统从事危害国家利益、集体利益和公民合法利益的活动，不得危害计算机信息系统的安全。

《计算机信息网络国际联网安全保护管理办法》

第6条　任何单位和个人不得从事下列危害计算机信息网络安全的活动：

（一）未经允许，进入计算机信息网络或者使用计算机信息网络资源的；

（二）未经允许，对计算机信息网络功能进行删除、修改或者增加的；

（三）未经允许，对计算机信息网络中存储、处理或者传输的数据和应用程序进行删除、修改或者增加的；

（四）故意制作、传播计算机病毒等破坏性程序的；

（五）其他危害计算机信息网络安全的。

《中华人民共和国招标投标法》

第22条　招标人不得向他人透露已获取招标文件的潜在投标人的名称、数量以及可能影响公平竞争的有关招标投标的其他情况。

招标人设有标底的，标底必须保密。

（执笔：张修谱、王美霞）

破坏计算机信息系统罪的认定

——南通 X 网络科技有限公司、万某某等破坏计算机信息系统案

案例要旨

办理 DDoS 等流量攻击类案件，应结合《网络安全法》的规定，从网络的可用性层面界定"不能正常运行"的后果；秉持排除合理怀疑的证明标准，区分要素，准确认定"因果关系"；兼顾商业秘密保护与有效打击犯罪，在全面取证的基础上，综合全案证据，从客观性层面界定"用户数"，从确定性层面界定"直接经济损失"，从合理性层面界定"必要费用"；参照指导性案例，对于 DDoS 等流量攻击类案件，在法律无明确规定数罪并罚的情况下，适用从一重处断原则。

基本案情

南通 X 网络科技有限公司（以下简称"X 公司"）系家纺销售电子商务类民营企业。

2017 年 12 月初，X 公司法定代表人万某某因怀疑竞争对手 J 公司攻击了自己公司的网站，与技术总监杨某某等人商议后决定雇佣黑客攻击 J 公司网站（该网站为 1 万以上用户提供服务）。万某某通过 QQ 群与刘某（未成年人，另案处理）建立联系。2017 年 12 月 12 日上午，万某某雇佣刘某攻击 J 公司网站。当日 13 时许，刘某雇佣朱某等人共同对 J 公司网站进行 DDoS 攻击，导致网站租用的服务器被封堵，J 公司网站于当日 17 时 15 分至 18 时 30 分没有流量、不能正常运行。J 公司为应对流量攻击、恢

复网站功能，付费进行抗 DDoS 攻击服务。检察机关以破坏计算机信息系统罪对 X 公司、万某某、杨某某、朱某向法院提起公诉。法院以破坏计算机信息系统罪判处 X 公司罚金十万元，判处万某某等人有期徒刑二年至三年不等，适用缓刑。目前判决已生效。

分歧意见

法庭审理过程中，控辩双方对攻击行为是否造成计算机信息系统不能正常运行、攻击行为与危害结果间是否存在因果关系、被害公司网站用户数、被害公司经济损失认定等方面，均存在不同认识。

（一）界定"不能正常运行"存认识分歧

流量攻击对计算机信息系统功能并不进行删除、修改、增加，只是单纯的干扰，所以流量攻击并不直接或永久的破坏数据资源，而是破坏其可用性。[1] 对比我国《刑法》第 285 条和第 286 条的规定，流量攻击无疑属于干扰计算机信息系统功能的行为，只有造成计算机信息系统不能正常运行且后果严重的，才符合法律对破坏计算机信息系统罪中"干扰"程度的限定。但"不能正常运行"作为一个相对生活化的用语，本身就缺乏可供具体量化的标准。比如本案中，在案的言词证据证实涉案 J 公司网站在被攻击后，不能正常打开；当日 18 时 01 分的腾讯云诊断报告显示服务器由于被大量 DDoS 攻击而封堵；腾讯云工单及客服聊天记录显示网络被执行封堵，预计解封时间为当日 18 时 26 分；调取的腾讯云服务器 CDN 流量统计图显示 J 公司网站当天 14 时 35 分流量开始频繁出现异常，17 时 15 分至 18 时 30 分系统几乎没有流量；调取的第三方（本案系友盟）统计的网站流量数据显示涉案时间段内 J 公司网站流量接近于 0，但又不是完全没有流量的情形。上述证据均可证实 J 公司网站因受到流量攻击而导致流量锐减，浏览次数、独立访客、IP 数据较当日前后时段的数据均有明显降低，甚至网络一度被封堵，但这是否都意味着网站不能正常运行？本案中，辩护人即提出上述情形并不代表 J 公司网站不能正常运行，进而更难认定网站"不能正常运行的累计时间"。

---

〔1〕 夏良荣：《浅析分布式拒绝服务攻击原理及防范》，载《科技经济市场》2008 年第 10 期。

（二）界定"干扰"和"不能正常运行"之间存在因果关系存认识分歧

流量攻击类案件最显著的外在特征就是"不能正常运行"这一危害后果，除前述认识上的分歧外，往往都可以通过言词证据予以客观描述，可以通过网络安全服务工单、服务器异常诊断报告、网站流量分析等证实其客观性。流量攻击等"干扰"行为也可通过言词证据予以固定，可以通过攻击网站注册信息、工作日志等予以明确。但以上证据距离证实两者之间存在因果关系，进而排他性地得出系行为人的流量攻击导致计算机信息系统"不能正常运行"的结论，尚有较大空间。因为行为人往往不是直接对被害网络发送请求来进行流量攻击，而是利用网络上的协议服务器对请求的回复进行攻击。即便行为人向提供开放服务的服务器发送请求能证实，但反射设备是否系因回应行为人发出的请求而不是回应其他请求对被害网络进行了攻击无法确定。[1]本案中，辩护人即提出不排除有其他黑客在同一时间也对 J 公司网站进行了攻击，现有证据不足以证实攻击行为与指控的损害结果存在刑法意义上的因果关系，不排除其他因素的介入。

（三）界定"用户数"存认识分歧

《最高人民法院、最高人民检察院关于办理危害计算机信息系统安全刑事案件应用法律若干问题的解释》（以下简称《解释》）第 4 条第 1 款第 4 项中规定"造成为一万以上用户提供服务的计算机系统不能正常运行累计一个小时以上"属于后果严重。但对"一万以上用户"的理解存不同意见。有观点认为应对用户作形式解释而不是实质解释，应当将用户数量解释为计算机系统本身能够提供服务的用户数量，即注册用户数量；也有观点认为应将用户解释为活跃用户，如刑事审判参考第 1029 号案例《乐姿等破坏计算机信息系统案》，法院即认为应在注册用户的基础上排除重复注册的用户、"僵尸用户"或者其他"虚拟用户"。[2]本案中，辩护人即提出公安机关经侦查提取的会员数不准确，未能统计出 J 公司网站的有效用

---

〔1〕 张爽、连斌：《反射型 DDoS 攻击犯罪的认定困境及对策》，载《中国信息安全》2018 年第 1 期。

〔2〕 李晓：《乐姿等破坏计算机信息系统案——在无法准确认定经济损失、用户数量的情况下，如何认定破坏计算机信息系统的"后果严重"》，载《刑事审判参考》（总第 100 集），法律出版社 2015 年版，第 64 页。

户数据，起诉书认定用户数证据不足。

（四）界定"经济损失"存认识分歧

司法实践中，通过经济损失来认定流量攻击类案件的情形占比较高。根据《解释》第 11 条规定，经济损失，包括危害计算机信息系统犯罪行为给用户直接造成的经济损失，以及用户为恢复数据、功能而支出的必要费用。但如何准确认定经济损失仍是司法实践的难点。

一是经济损失认定的主体和程序无法律规定。网站遭受流量攻击后，为恢复数据、功能所实施的都是市场行为，缺乏统一的市场定价，即便相同的维护情形，也会因为交易对象的不同而存在诸多不同的价格。是直接依据支出的费用认定还是需要委托价格认定尚无统一结论。

二是直接造成经济损失的范围和数额认定存在分歧。价格认定机构往往是对具体物品进行价格认定，对具体事件直接造成的经济损失不能给出权威性认定。如在刑事审判参考第 784 号案例《孙小虎破坏计算机信息系统案》中，法院经审理认为孙小虎非法处理违法数据的行为并不能直接导致相关处罚款的损失，公安机关仍可通过及时修复数据等挽回[1]，故未认定该处罚款数额为直接损失。

三是必要经济损失的范围认定存在分歧。为应对流量攻击，用户在恢复数据、功能时往往会采取多种措施，如购买 CDN 加速服务、高防服务、抗 DDoS 服务，有时还需要安排员工加班等，相关防护行为发生在不同经济主体之间，并无统一标准或行业规范来考量该费用是否为必要支出。

本案中，辩护人即提出 J 公司网站在被流量攻击后可以自行恢复，被害公司无需为恢复网站正常运行支付任何费用，相关安全服务费、抗 DDoS 服务费并非流量攻击所造成的必然损失。

（五）适用法律存认识分歧

正如前文特点部分论述的，流量攻击类案件往往同时涉及多个罪名。我国《刑法》第 287 条规定："利用计算机实施金融诈骗、盗窃、贪污、

---

〔1〕 冯莉：《孙小虎破坏计算机信息系统案——如何认定和适用破坏计算机信息系统罪中的"经济损失"和"违法所得"情节》，载《刑事审判参考》（总第 86 集），法律出版社 2013 年版，第 79 页。

挪用公款、窃取国家秘密或者其他犯罪的，依照本法有关规定定罪处罚。"对该条的理解也存在分歧意见。检例第 35 号《曾兴亮、王玉生破坏计算机信息系统案》认为，对锁定他人智能手机导致不能使用，以解锁为条件索要钱财，同时符合数额较大或多次敲诈的情况，认定为牵连犯，应从一重罪处断。[1] 刑事审判参考第 1049 号案例《杨丽涛诈骗案》采用了同样的认定思路，认为如果其手段行为没有触犯破坏计算机信息系统安全罪，应当依照刑法有关规定定罪处罚，否则，应按照牵连犯的处罚原则，从一重罪处断。[2] 但刑事审判参考第 1202 号案例《赵宏铃等盗窃案》则认为，应当将《刑法》第 287 条视为"例外规定"，"凡是利用计算机实施的相关犯罪，不论行为手段是否构成相关计算机犯罪，均应以相关犯罪处罚，不再认定牵连关系，适用从一重罪的刑法处罚原则。"[3]

本案中，行为人出于恶意竞争、打击报复等目的，以流量攻击的方式，致使他人合法提供的网络服务不能正常运行，造成经济损失 1 万元以上，同时触犯了破坏计算机信息系统罪和破坏生产经营罪。

评析意见

本案涉案公司均系家纺销售电子商务民营企业，均占据较高市场份额，案件起因系企业间不正当竞争。检察机关准确认定采取流量攻击妨碍、破坏竞争对手网络服务的行为性质，创新办案模式，依法打击不正当竞争行为，有效的引导了家纺电商行业合规经营，形成了可供借鉴的工作经验。案件于 2022 年 8 月被最高检作为检察机关依法惩治破坏市场竞争秩序犯罪典型案例发布。

（一）应从网络的可用性层面界定"不能正常运行"

根据《网络安全法》规定，网络安全是指"通过采取必要措施，防范

────────────

〔1〕 最高人民检察院法律政策研究室组织编写：《网络犯罪指导性案例实务指引》，中国检察出版社 2018 年版，第 10 页。

〔2〕 王东：《杨丽涛诈骗案——侵入红十字会计算机信息系统，篡改网页内容发布虚假募捐消息骗取他人财物的行为，如何定罪处罚》，载《刑事审判参考》（总第 101 集），法律出版社 2015 年版，第 109 页。

〔3〕 聂昭伟：《赵宏铃等盗窃案——非法侵入景点检售票系统修改门票数据获取门票收益的行为如何定性》，载《刑事审判参考》（总第 110 集），法律出版社 2018 年版，第 61 - 62 页。

对网络的攻击、侵入、干扰、破坏和非法使用以及意外事故，使网络处于稳定可靠运行的状态，以及保障网络数据的完整性、保密性、可用性的能力"。这一规定表明，《网络安全法》主要保护的是网络可用性和数据（含数据资源和计算资源）安全性。DDoS 等流量攻击主要针对网络的可用性，通常表现为服务器宕机、计算机信息系统运行崩溃、中断等情形。办案中，需要注重技术用语和法律用语的转化，将上述技术性表现形式转化为法律规定的"不能正常运行"。

实践中，完全不能运行相对容易理解。如本案中，J 公司使用的是腾讯云服务器，在网站被持续异常流量攻击后，腾讯云对 J 公司执行 IP 封堵[1]操作。网络被封堵后，虽然在流量监测上反映的数值与 0 并不完全重合，但根据封堵的工作原理，被封堵网络已经不能再登录，认定为"不能正常运行"没有争议。根据腾讯云封堵时间的设置，DDoS 攻击只要激活腾讯云的封堵操作，则计算机信息系统不能正常运行的起步时间一般为 2 小时。在办理 DDoS 等流量攻击类破坏计算机信息系统案时，可根据历次封堵操作的起止时间来判断计算机信息系统不能正常运行的累计时间。

实践中，一些规模比较大的计算机信息系统，用户通常会购买高防服务或者购买充足的服务器，攻击通常只会导致其正常用户打开服务的速度变慢，影响用户的使用流畅度和体验感，此类情况是否属于"不能正常运行"尚存争议。鉴于实践中对破坏计算机信息系统罪适用所持的宽泛化立场，以及该罪名对其他罪名的不当挤压，如对计算机信息系统中存储、处理或者传输的数据和应用程序进行删除、修改、增加的情形，有直接认定破坏计算机信息系统罪的倾向，故从限定和规范罪名适用的角度，应对"不能正常运行"做严格限定。当然，从本质上说，对计算机信息系统功能进行删除、修改、增加，都是干扰。结合最高法第 145 号指导性案例《张竣杰等非法控制计算机信息系统案》明确的指导意义，通过修改、增加计算机信息系统数据，对该计算机信息系统实施非法控制，但未造成系

---

〔1〕 封堵：是腾讯云为用户提供的免费 DDoS 攻击防护服务。当外网 IP 被攻击峰值超过 2Gbps，腾讯云会执行 IP 封堵操作，一般封堵的时长为 2 小时，大流量攻击时，封堵的时长从 24 小时到 72 小时不等。

统功能实质性破坏或者不能正常运行的，不构成破坏计算机信息系统罪。因而，没有从根本上影响网络可用性的干扰行为，如微信清粉、静默关注类案件，都不符合造成计算机信息系统"不能正常运行"的情形，实践中也大都是以非法控制计算机信息系统罪定罪处罚的。

（二）应区分要素，把握排除合理怀疑标准认定"因果关系"

一是区分要素，采取分层次的刑事证明标准。对于基础的、入罪标准的构成要件事实，仍需要进行严格证明，相应的事实均要有确切的证据予以证实，比如行为人针对某网站实施了流量攻击行为、被攻击网站出现了不能正常运行的后果等。而对于流量攻击行为与结果间的因果关系，应把握排除合理怀疑的标准，采用审慎的自由心证方式，结合计算机信息系统受到攻击的时间、不能正常运行的方式，予以认定，而不必强求排除一切怀疑，去证明网站不能正常运行不存在其他人员的攻击。

二是全面、整体考量，分析流量攻击与危害结果间因果关系的合理性，确保在案证据能够相互印证，形成完整证据锁链。例如，本案办理过程中，在证明被告人实施流量攻击造成 J 公司网站不能正常运行时，采用了以下方式：①借助专门技术对攻击源进行分析，溯源流量攻击路径，锁定攻击源 IP 地址。②审查认定行为人网络身份与现实身份的同一性时，通过核查攻击源 IP 地址与实际地址的对应关系，调取网络账号登录记录、实名制注册信息等，明确网络终端归属，建立行为人与存储介质间的关联性。如犯罪嫌疑人本人身份开通的网络宽带账号、手机号码、注册的微信、QQ 等即时聊天软件账号等，都能反映其背后的真正使用人。③收集行为人在实施网络攻击过程中的聊天记录、转账记录等电子数据，全面反映雇佣他人进行流量攻击的事实和造成的危害后果。如转账记录结合犯罪嫌疑人供述等言词证据，证实了万某某雇佣刘某等人实施流量攻击并支付费用的情况，且多次支付费用的时间点与网站受攻击时间一致，也与公安机关调取的服务器 CDN 流量统计图相吻合；再比如万某某等人为攻击组建的专门微信群聊天记录显示：万某某等人商议对 J 公司网站实施流量攻击；当日 15 时许万某某称："J 公司网站的一定把他给攻破"，16 时许称："J 公司网站打不开"，19 时许称："J 公司网站断断续续可以打开"等情况，可印证万某某等人实施流量攻击的起始时间，证实 J 公司网站受到攻击产生了不能正常运行的后果。一般认为，有证据证明行为人实施了流量攻击行为，被害网络受攻击的类型、特点与行为人实施的攻击一致，攻击时间和被攻击时间相互吻合，即可推定网络攻击系行为人实施。由此造成的网络不能正常运行的后果，应由该行为人承担。

（三）应全面取证，从客观性层面界定"用户数"

一是吸取典型案例办案经验，引导公安机关依法、全面提取电子数据，并组建秘密卷。《乐姿等破坏计算机信息系统案》未能准确认定用户数的重要原因在于涉案公司仅提供了自行统计用户数量的公证书，拒绝提供用户信息详情，致使统计数据的真实性无法得到确认。本案在侦查之初也存在类似问题。为此，检察机关创新证据呈现方式，在惩罚犯罪的同时，充分考虑被害公司合理诉求、兼顾被害公司利益保护，建议侦查人员依法全面提取 J 公司网站相关会员信息电子数据，但装订成秘密卷，仅提供给办案单位及律师审阅，庭审质证采取不公开方式。同时及时告知 J 公司对相关证据采取的保密措施和知悉范围，消除其数据外泄的顾虑，使其主动配合侦查机关调查取证，为准确认定网站用户数夯实了证据基础，实现了商业秘密保护与打击犯罪的有效平衡。

二是参照指导性案例典型意义，对用户数做客观判断。检例 33 号《李丙龙破坏计算机信息系统案》的指导意义中，对于域名劫持用户数的认定表述也体现了"用户数"认定难的问题。该案检察机关起诉及法院判决均是根据独立 IP 用户来计算用户数量的，但在指导性案例的论证过程中，有专家提出，根据独立 IP 用户来计算用户数量，不太符合现实，也不太符合技术实际。经综合考虑，对用户数的认定，指导性案例采取了较为谨慎的概括性表述，指出："认定遭受破坏的计算机信息系统服务用户数，可以根据计算机信息系统的功能和使用特点，结合网站注册用户、浏览用户等具体情况，作出客观判断。"[1]本案在认定用户数时，借鉴了上述认定模式，结合 J 公司提供的网站鉴定文书以及案发前

---

[1] 万春、缐杰、张杰：《关于〈最高人民检察院第九批指导性案例〉的解读》，载《人民检察》2017 年第 23 期；最高人民检察院法律政策研究室组织编写：《网络犯罪指导性案例实务指引》，中国检察出版社 2018 年版，第 24 页。

两年申报材料、新闻报道等显示网站用户情况及增长情况的材料，对侦查人员依照法定程序提取截至案发时的网站注册用户数据进行筛查，在去除电话号码、身份资料等信息错误的无效数据和重复数据后认定网站用户数。

（四）应从确定性和合理性层面分别界定"直接经济损失"和"必要费用"

一是直接经济损失应具有确定性。不确定性的、或然性的经济利益或可得收益不能认定为直接经济损失，如孙小虎破坏计算机信息系统案中的罚款；需要支付成本、人工等继续经营的收益，不能认定为直接经济损失，如本案中 J 公司网站受攻击后减少的营业额；受到流量攻击后，附条件的赔偿金、违约金，也不能径直认定为直接经济损失。在认定直接造成的经济损失时，可以结合费用支付的必然性或是否已经实际支出来确定金额。当然，实践中还经常出现直接经济损失不大，但次生危害严重的情形，如企业商誉受损、用户大量流失等，根据《解释》规定，上述情形暂不能作为入罪标准，但为体现罪责刑相适应，在构成犯罪的前提下，均应当作为量刑情节考量。

二是必要费用的支出应具有合理性。应对流量攻击，犹如医生对症下药，讨论费用是否必要，应采取类似于审查是否存在过度医疗的情形，从技术角度论证该防护措施，如同时具备针对性和合理性，应认定为必要费用。针对性是指采取的措施可以有效应对流量攻击，如不具有应对流量攻击的功效，即不能对症下药，缺乏针对性。合理性是指采取的措施与攻击的程度匹配、措施得当，如受到流量攻击后安排工人修复网络、购买即时抗 DDoS 服务一般认为是必要的，例如检例 69 号《姚晓杰等 11 人破坏计算机信息系统案》即明确认为涉案公司为修复系统数据、功能而支出的员工工资系因犯罪产生的必要费用，应当认定为本案的经济损失。[1]但基于被攻击而添置大量硬件服务器，则带有明显的预防特征，一般认为不属于有针对性的合理支出。

---

〔1〕 最高人民检察院第一检察厅编著：《最高人民检察院第十八批指导性案例适用指引》，中国检察出版社 2020 年版，第 79 页。

（五）从一重处断是此类案件法律适用的一般原则

根据指导性案例对办案的指导、参照、借鉴的价值作用，对于 DDoS 等流量攻击类案件，不论是一行为触犯数罪名的想象竞合犯，还是手段行为与目的行为同时构罪的牵连犯，在法律无明确规定数罪并罚的情况下，均应采用理论通说，适用从一重处断原则。

其一，行为人基于破坏生产经营的目的实施了 DDoS 等流量攻击行为，在流量攻击行为尚不构成犯罪时，应当直接按照其目的构成的犯罪定罪处罚。如行为人采取 DDoS 攻击的方式，造成他人直接经济损失 8000 元，此时因未达到破坏计算机信息系统罪的追诉立案标准，行为人仅构成破坏生产经营罪。在这种情形下，DDoS 等流量攻击只是行为人实施犯罪的手段，按照《刑法》第 287 条规定，对行为人直接以破坏生产经营罪定罪处罚没有争议。

其二，行为人基于破坏生产经营的目的实施了 DDoS 等流量攻击行为，同时构成破坏计算机信息系统罪和破坏生产经营罪的，应择一重罪处断。在这种情形下，如将《刑法》第 287 条视为"例外规定"，仅以行为人的主观目的构成的犯罪定罪处罚，则容易出现罪责刑不相适应的情形。仍以本案为例，行为人基于破坏生产经营的目的，通过实施 DDoS 流量攻击破坏他人计算机信息系统，影响了他人正常的生产经营。此时，如果行为人破坏计算机信息系统的行为后果特别严重，构成破坏计算机信息系统罪，而破坏生产经营行为未达到追诉立案标准，不构成犯罪，则依法应以破坏计算机信息系统罪定罪，行为人可能被判处五年以上有期徒刑；如果行为人在实施上述破坏行为的同时，仅造成经济损失 1 万元，此时如仍以"行为人主观目的构成的犯罪定罪处罚"，则可能只被判处三年以下有期徒刑、拘役或者管制，显然有违朴素的刑罚公正观念。

法条链接

《中华人民共和国刑法》

第 286 条 违反国家规定，对计算机信息系统功能进行删除、修改、增加、干扰，造成计算机信息系统不能正常运行，后果严重的，处五年以下有期徒刑或者拘役；后果特别严重的，处五年以上有期徒刑。

违反国家规定，对计算机信息系统中存储、处理或者传输的数据和应用程序进行删除、修改、增加的操作，后果严重的，依照前款的规定处罚。

故意制作、传播计算机病毒等破坏性程序，影响计算机系统正常运行，后果严重的，依照第一款的规定处罚。

单位犯前三款罪的，对单位判处罚金，并对其直接负责的主管人员和其他直接责任人员，依照第一款的规定处罚。

《最高人民法院、最高人民检察院关于办理危害计算机信息系统安全刑事案件应用法律若干问题的解释》

第4条 破坏计算机信息系统功能、数据或者应用程序，具有下列情形之一的，应当认定为刑法第二百八十六条第一款和第二款规定的"后果严重"：

（一）造成十台以上计算机信息系统的主要软件或者硬件不能正常运行的；

（二）对二十台以上计算机信息系统中存储、处理或者传输的数据进行删除、修改、增加操作的；

（三）违法所得五千元以上或者造成经济损失一万元以上的；

（四）造成为一百台以上计算机信息系统提供域名解析、身份认证、计费等基础服务或者为一万以上用户提供服务的计算机信息系统不能正常运行累计一小时以上的；

（五）造成其他严重后果的。

实施前款规定行为，具有下列情形之一的，应当认定为破坏计算机信息系统"后果特别严重"：

（一）数量或者数额达到前款第（一）项至第（三）项规定标准五倍以上的；

（二）造成为五百台以上计算机信息系统提供域名解析、身份认证、计费等基础服务或者为五万以上用户提供服务的计算机信息系统不能正常运行累计一小时以上的；

（三）破坏国家机关或者金融、电信、交通、教育、医疗、能源等领域提供公共服务的计算机信息系统的功能、数据或者应用程序，致使生产、生活受到严重影响或者造成恶劣社会影响的；

（四）造成其他特别严重后果的。

第 11 条　本解释所称"计算机信息系统"和"计算机系统"，是指具备自动处理数据功能的系统，包括计算机、网络设备、通信设备、自动化控制设备等。

本解释所称"身份认证信息"，是指用于确认用户在计算机信息系统上操作权限的数据，包括账号、口令、密码、数字证书等。

本解释所称"经济损失"，包括危害计算机信息系统犯罪行为给用户直接造成的经济损失，以及用户为恢复数据、功能而支出的必要费用。

《中华人民共和国计算机信息系统安全保护条例》

第 2 条　本条例所称的计算机信息系统，是指由计算机及其相关的和配套的设备、设施（含网络）构成的，按照一定的应用目标和规则对信息进行采集、加工、存储、传输、检索等处理的人机系统。

《中华人民共和国刑事诉讼法》

第 15 条　犯罪嫌疑人、被告人自愿如实供述自己的罪行，承认指控的犯罪事实，愿意接受处罚的，可以依法从宽处理。

第 188 条　人民法院审判第一审案件应当公开进行。但是有关国家秘密或者个人隐私的案件，不公开审理；涉及商业秘密的案件，当事人申请不公开审理的，可以不公开审理。

不公开审理的案件，应当当庭宣布不公开审理的理由。

（执笔：任留存）